销售服务公司集团管控探讨

——基于信息化视角

Xiaoshou Fuwu Gongsi Jituan Guankong Tantao

—— Jiyu Xinxihua Shijiao

李 倩 谢付杰 著

西南财经大学出版社
Southwestern University of Finance & Economics Press

图书在版编目(CIP)数据

销售服务公司集团管控探讨——基于信息化视角/李倩,谢付杰著.
—成都:西南财经大学出版社,2016.6
ISBN 978-7-5504-2448-7

Ⅰ.①销… Ⅱ.①李…②谢… Ⅲ.①商业企业管理—研究 Ⅳ.①F715

中国版本图书馆 CIP 数据核字(2016)第 122290 号

销售服务公司集团管控探讨——基于信息化视角
李 倩 谢付杰 著

责任编辑:植 苗
责任校对:涂洪波
封面设计:杨红鹰 张姗姗
责任印制:封俊川

出版发行	西南财经大学出版社(四川省成都市光华村街 55 号)
网　　址	http://www.bookcj.com
电子邮件	bookcj@foxmail.com
邮政编码	610074
电　　话	028-87353785 87352368
照　　排	四川胜翔数码印务设计有限公司
印　　刷	郫县犀浦印刷厂
成品尺寸	170mm×240mm
印　　张	14.25
字　　数	260 千字
版　　次	2016 年 6 月第 1 版
印　　次	2016 年 6 月第 1 次印刷
书　　号	ISBN 978-7-5504-2448-7
定　　价	75.00 元

摘 要

在集团管控能力方面，国内的大型企业集团与西方发达国家的企业集团相比，还有很大的差距。通过研究沃尔玛、摩托罗托、GE、HP、PHILIPS等西方企业集团的管控模式不难发现，西方发达国家由于信息化建设工作起步较早，其企业集团的信息化建设经过40多年甚至更长时间，一般都经历了从独立的部门信息化建设到MRP和ERP时代，因此其集团管控能力都得到了管理信息系统的有力支撑。同时，国外市场上也已经形成了许多非常成熟的企业管理软件厂商，比如德国的SAP和美国的Oracle、IBM等公司，为国外企业集团信息化提供了全面解决方案。国际著名的咨询公司麦肯锡也在报告中明确指出："跨国公司与中国企业相比最大的进步之一就是实现了集中管理。"

与西方国家企业集团大多是在市场经济中通过资本纽带逐步形成的途径不同，国内许多大型企业集团则是近几年在原有的国家部委等政府机构的基础上改制形成的，如中国航天科技集团公司就是在原来的国家航空航天部的基础上重组、改制而成的。由于长期处于计划经济体制环境下，这些企业集团最鲜明的特点是"先有子公司、后有母公司""大而不强"，母子公司的产权关系和管理模式不清晰，因此集团公司对于下属单位的管控能力非常弱，在管理上比较松散，运营风险较大。

近几年，一些大型集团型企业由于对子公司的管控力度弱而造成巨额损失甚至破产，如众所周知的中航油事件、中信泰富事件等，引起国家有关部门的高度重视。由于企业规模庞大、分布地域广，母子公司间存在"委托—代理"机制和"信息不对称"问题，要想加强集团公司的管控能力，通过建立强大的集中式管理信息系统是一个非常有效的途径。

本书以一家典型销售企业为案例分析了在信息化背景下，对于销售连锁运营管控的建设方案和路径选择。以期对于类似企业在进行信息化建设或者集团管控方案选择时，具有参考借鉴作用。

全文主要分成四个部分：

第一部分，理论部分，梳理关于集团管控的一些基本理论。

第二部分，针对“ZSF”项目进行分析和理解，据此提出系统设计目标。

第三部分，对“ZSF”的战略、模式进行理解和分析，对业务流程和管理需求进行梳理和分析，提出“ZSF”流程咨询的方法，以及“ZSF”需要重点改进的流程和问题；最后推导出“ZSF”的信息化整体蓝图，并提出“ZSF”信息化的建设规划。

第四部分，根据第三部分的分析，提出“ZSF”连锁运营管控平台的系统解决方案。我们遵循整体规划、分步实施的原则，将“ZSF”的整体信息化步骤分成三期，并对每一期的建设方案进行了阐述，尤其是针对第一期的内容，从系统解决方案、关键业务管理、应用价值等角度进行了详细阐述，确保做到“前台简单、后台缜密”。

由于时间和笔者水平的限制，本书肯定存在某些不足和疏忽的地方，恳请读者给予指正，为谢！本书在写作过程中得到重庆工商大学融智学院科研处和西南财经大学出版社的支持和帮助，一并表示感谢。

目　录

1 集团管控理论概述

1.1 集团管控的含义

集团管控是指大型企业的总部或者高级管理层为了实现集团的战略目标，在集团规模扩张过程中，通过对下属企业或部门采用层级的管理控制、合理配置资源、控制经营风险等策略，使得集团的业务流程和组织架构达到最佳运作效率的一种管理体系。

集团管控的概念起源于20世纪80年代，目前也没有较为精准的定义，有些咨询机构也把集团管控称为“管理”中的管理等。集团公司管控体系主要有放权和收权两个建设方向。第一，放权。集团公司一般情况下是从一个核心子公司发展起来的，集团公司的管控体系随着集团公司所依托的核心主业的发展而逐步放权。第二，收权。在新的实质性集团公司诞生后，就需要加强对体系内成员单位的管理。建立一个高效运营的集团管理体系是放权和收权的一致目的。集团管控主要有以下三种形式：

（1）母公司对子公司的管控，如一汽集团对一汽吉林汽车的管控；

（2）母公司对分公司的管控；

（3）母公司对供应链、联盟的管控，如沃尔玛对供应链的管控。

1.2 通过划分权责确定管理深度

集团公司在确定了相应的管理内容和管控点之后，就可以依据组织结构和管理层级来确定集团公司和下属各级子公司或业务单元之间的权责划分，因此要先明确集团公司的组织结构和管理层级，然后再进行权责划分。

（1）集团组织结构层级原则上最多三级。根据国资委的要求，集团公司的组织层级一般尽量控制在三级以下，若超过三级就容易出现集团管控失控的情况。集团公司在设置组织结构层级时，不但要实施管理权层级的原则，而且一定要摒弃股权层级的原则。也就是说，为了避免出现集团公司组织结构的层级太长而导致集团管控失效的局面，集团公司内部需要将下属企业按照管理组织结构层级进行划分。

（2）设置权、责、利完整的集团组织结构。直线职能制是集团公司的组织结构设置的一般形式，而法人治理结构则按照三会一层的标准进行实施和建设。比如汽车行业，各大企业集团为了使自主品牌及各专业化车型发展壮大，都纷纷成立了事业部，将自主品牌、乘用车以及商用车分别进行对标发展。

（3）选择准确的管控点，完善权责的划分。明确集团公司组织结构和管理层级后（如集团公司干部管理权限），集团公司对三级单位干部如董事、总经理有任免权，三级单位可以依据相关管理规定自行决定人员的任免。

1.3 集团管控模式选择与构建的影响因素

集团管控模式的影响因素归纳起来可以分为两类。第一类是企业内部的影响因素即管控模式的限制性因素，包括企业发展历程、企业人员以及企业规模。第二类是企业外部的影响因素即管控模式的主导性因素，主要是指外部环境和相对应的企业战略。集团管控模式服务的主要目标是集团总体战略的实施，而且是集团战略实施的重要组成部分。决定管控模式与战略实施合理性的一个根本标准就是契合度。

1.3.1 外部影响因素

集团管控的重要任务就是使得产业单位能够更好地适应外部环境。外部因素根据企业外部环境的不确定性分为四种类型，如表 1.1 所示。

表 1.1　　　　　　　　环境不确定性分类

	简单	复杂
确定	简单+稳定=低度不确定 外部因素的数量少 各因素保持不变或变化缓慢	复杂+稳定=中低度不确定性 外部因素的数量多 各因素保持不变或变化缓慢
不确定	简单+不稳定=中高度不确定 外部因素的数量少 各因素变化频繁，不可预见，且会产生反作用	复杂+不稳定=高度不确定性 外部因素的数量多 各因素变化频繁，不可预见，且会产生反作用

一般说来，企业战略分为总体战略、竞争战略和职能战略三个层次。影响集团管控模式的因素主要是总体战略和竞争战略。本书将从四个方面来分析战略的影响：

（1）战略阶段对管控模式的影响。研究发现，多数大公司的发展都会经历四个阶段：数量扩大阶段、地域扩散阶段、纵向一体化阶段和多种经营阶段。如表 1.2 所示，每一个阶段都有对应的组织结构和管控模式。

表 1.2　　　　　　　　企业不同战略阶段的组织特征

战略阶段	组织结构特征	集权与分权
数量扩大阶段	企业的组织结构比较简单，往往只有一个办公室，执行单纯的生产或销售功能。	集权
地域扩散阶段	要求把分布在不同地区的各个办公室统一组织起来，产生了协调、标准化和专业化的问题，单纯的一个办公室已不适应。产生新的组织结构，即单一办公室分解为带有数个功能科室的组织形式。	集权
纵向一体化阶段	在企业中出现了中心办公机构及众多功能部门，各生产单位之间具有很强的生产技术联系，管理权力集中在上层，形成了集权的职能制结构。	集权
多种经营阶段	企业经营跨越多种行业，与此相适应，实行分权的事业部制组织结构。	分权

（2）经营战略对管控模式的影响。企业战略如果按照企业经营领域划分，可以分为单一经营战略和多种经营战略两种。如表 1.3 所示，不同的经营战略对应不同的组织结构。

表 1.3　　　　　　　**经营战略与组织结构的对应关系**

经营战略	组织结构	集权与分权
单一经营	直线职能制	集权
副产品型多种经营	职能控股制	部分集权
相关型多种经营	事业部制	分权
相连型多种经营	混合结构	部分分权
非相关型多种经营	母子公司制	分权

（3）竞争战略对管控模式的影响。迈克尔·波特将竞争战略分为成本领先战略、差异化战略和集中化战略。这三种竞争战略对企业集团的要求如表 1.4 所示。

表 1.4　　　　　　　**竞争战略与组织结构的对应关系**

竞争战略	组织特征	集权与分权
成本领先战略	高度的中央集权 标准的操作程序 高效的采购和分销系统 容易掌握的制造技术 密切监督，有限的雇员授权 经常的和详细的控制报告	集权
差异化战略	有机的、宽松方式的行动 加强基础研究能力 加强市场能力 协调性强 奖励雇员的创新 公司名誉依靠质量和技术领先	分权
集中化战略	高层指导性政策在特定战略目标上结合 奖励和报酬制度灵活 客户忠诚度高 加强雇员与客户接触的授权 衡量提供服务和维护的成本	集权

（4）战略风格对管控模式的影响。企业战略分为保守型战略、风险型战略及分析型战略三大类。如表 1.5 所示的是与战略风格相对应的组织结构。

表 1.5　　战略风格与组织结构的对应关系

结构特征	保守型战略	风险型战略	分析型战略
主要结构形式	职能制	事业部制	矩阵制
集权与分权	集权为主	分权为主	适当结合
计划管理	严格	粗泛	有严格也有粗泛
高层管理人员构成	工程师、成本专家	营销、研究开发专家	联合组成
信息沟通	纵向为主	横向为主	有纵向也有横向

1.3.2　内部影响因素分析

内部因素对集团管控模式的影响主要集中在对企业治理结构的影响和对企业组织结构的影响两个方面。

（1）内部因素对企业治理结构的影响。内部因素对企业治理结构的影响一般来说主要考虑三个方面：第一，企业发展历程；第二，创业者或企业领袖的感召力；第三，企业的股权结构。在现代企业发展中，企业领袖的感召力至关重要。

（2）内部因素对企业组织结构的影响。内部因素对于企业组织结构的影响主要考虑企业人员素质、企业规模和企业生命周期三个方面。企业规模越大，一般来说与之所对应的组织结构就会越复杂，从而对分权的要求也就会越高。

1.4　集团管控的基本管控模式

1.4.1　“三分法”管控模式

集团管控模式“三分法”是比较常用的一种方法，当然也遭到众多非议，但是它为我们提供了一个思考的角度，因而还是很有借鉴意义的。集团总部为了保证公司稳定的现金流，谨防财务风险，在财务管理和投资管理方面必须加大控制力度；在战略型管控中，对下属公司在整体人才培养、营销管理、危机公关等方面的一致性得到了加强；操作型管控比较细致，从上至下，一管到底，事无巨细。

（1）财务管控型。在财务管控型模式下，集团总部对集团整体的财务收支状况和资产运营情况实施监控，做出相应的投资决策，并对整个实施过程进行监管，还实施对外部企业的兼并、收购等过程；而下属企业则只要求在集团总部的控制下，完成其每年既定的财务目标。

（2）战略管控型。在战略管控型模式下，集团总部对集团整体的财务收支状况和资产运营情况实现监控，进行整体的财务目标设定和财务规划；而各下属企业也根据本身的运营情况制订相应的业务发展规划，并进行合理的资源预算安排，以确保目标的实现。目前世界上大部分集团公司都采用或正准备采用战略管控型模式。

（3）操作管控型。在操作管控型模式下，集团总部从战略规划制订到实施各个方面都会涉及，面面俱到，对集团的各种职能管理非常深入。

在操作管控型模式下，集团中各下属企业的业务必须具有相似性。因为在这种模式下要求下属企业的业务之间具有较高程度的相似相关性，以确保集团总部的资源状况、管理经验和技能工艺能满足管控整个集团企业的需要。

1.4.2 "四分法"管控模式

因为"三分法"对集团的管控行为分割过于简单，而集团往往采用混合式的管控模式，不可能采取单一的管控模式，并且管控行为也不能简单地划归到某一个模式。所以，"四分法"可以对集团管控进行更加细致的解读。虽然"四分法"在某种程度上也存在着一定的片面性，但是与"三分法"相比可以对集团行为有更加准确地解读。

（1）孵化财务型。这种模式和财务管控型相似，集团成立新公司，一般通过购并、整合、拆分和内部培养等方式，集团比较重视下属公司的资产情况和财务状况等，只要下属单位完成既定的财务指标即可。集团只需要负责孵化出新的企业，剥离瘦狗企业。

（2）战略指导型。战略指导型模式对集团下属单位的业务相关性要求不是很高，具体的业务运营只需要下属单位自行决策实施，可以对集团进行审批、备案等，集团只要从战略指引、风险规避等方面进行管控。

（3）战略协同型。在这种模式下，集团为了发挥"1+1>2"的协同效应，对下属单位的业务相关性要求比较高，这样才能使各下属单位的资源优势和经营优势得到充分利用，从而可以使整个集团的核心竞争力提高。战略协同型需要集团的职能管理和协作水平处于一个很高的水平。

（4）运营操作型。运营操作型和操作管控型很相似，强调集团的智能管理，最好做到面面俱到，对下属单位和部门的管理涉及方方面面，事无巨细，除了对集团营销、危机公关、人才培养等方面要加强管理外，还需要对下属公司的销售管理、运营管理、渠道管理以及人力资源管理等加强监督与管理。

1.5 企业集团管控分析框架

企业集团管控包含了一个非常复杂的跨层次系统，笔者的研究从有利于组织和员工能力提升的视角出发来进行探讨，关注集团从管理决策层到下属实施层和内外部监督层各个层级的工作，总结出企业集权管理控制过程中的十项工作内容，包括组织结构设计、业务管理与流程组合、职责权限划分、全面预算核查、业绩考核与系统、战略规划、规章制度制定、工作任务部署、配套服务支撑、风险防护措施。这十项工作相互交叉、相互影响，每项工作本身又包含了一个具体而复杂的体系。本书在这里只讨论前六个方面。这六个方面的工作构成了集团管控的主要方面，其中集团职责权限划分是管控工作的核心内容。只有整个集团在职责权限上划分明确且被员工接受，才能充分发挥出集团组织和员工的能力，从而提高整个集团的运行效率。

1.5.1 集团业务组合分析及管控模式选择

业务工作的开展是一个企业存在和发展的前提与必要条件。熟悉业务，并深入了解企业所处行业状况和整个宏观经济的背景环境，才能更好地对企业进行管理，从而做出有利于企业发展的正确决策。企业咨询人员在对业务进行了解和分析的时候更是需要谨慎，抓住业务发展的核心内容和方向，才能使企业得以成长。我们通常用波士顿矩阵或GE矩阵对企业的业务组合进行合理分析。GE矩阵是用企业业务竞争力与市场吸引力两个维度的不同组合来表示不同的业务实力，再进一步将集团现有业务板块在矩阵中进行分布，分析集团不同业务的发展状况。集团打入市场初期所使用的业务组合一般都位于双高水平地带，即拥有较高竞争力和较强的市场吸引力，这些业务由于发展时间相对较长，能获得一定的资金和技术等资源倾斜，一般发展成了集团的核心业务。因此，对这部分业务应该采取运营操作型管控模式，要最大限度地发挥投入资源效用，使业务的生命周期延长，更长久地在市场上占据一席之地；同时可以通过技术改进和创新、开发新市场、研究新产品，增强业务发展能力，进入新的成长阶段。在研究这类型业务板块的组织模式的时候，要充分考虑其业务发展较成熟、风险防护能力强和资金丰富、技术水平高等特点，选择事业部制的结构，以促进规模经济，增加灵活性，提高管理效率。同时，可以选择成立全资子公司，在整个集团中使用操作型管控模式，子公司由集团总部全面管控。

对于处于中间水平地带的业务板块，由于其竞争力和市场吸引力都处于中间水平，需要另外考虑其与主业的协调一致性，如在资源和发展要素上要与主业相互配合，在整个集团内部的战略定位处于什么水平，其发展应该经历哪些阶段。在这些业务的生命周期的不同阶段，所需要的管控模式应该是不同的，如在发展的初期阶段，在市场上的地位还未稳定，风险较大，需要选择运营操作型管控模式。而在成长阶段和成熟阶段，又可以根据这些业务在整个集团中所处的战略地位的高低来设定不同的管控模式，如战略地位较低的业务，应该选择孵化财务管控型，在整个集团中进一步合理分配企业资源。但若战略地位不高但与主业的资源存在较高的相关性，同时集团内部存在较多的下属单位和部门，且业务繁多且复杂的时候，则应该选择战略协同型管控模式；资源相关性较高，但是集团业务不多的时候，则应该采取战略指导型管控模式。

对于处于双低水平地带的业务板块，由于其在市场上的竞争能力较差，且吸引力水平不高，集团可以通过将此类业务拆分或者剥离出去的方式，来保证资源合理分配和提高资源使用效率。

对于其他存在相反属性的业务板块，如在市场上的竞争能力较差但吸引力较强的业务，或在市场上具有较强竞争能力但吸引力不高的业务。出于充分利用集团内部丰富的人力资源，以及集团控制下宽阔的营销渠道，达到增强竞争力或者市场吸引力的目的，在选择管控模式的时候，首先应该想到的是运营操作型管控模式；然后，考虑该类业务在集团所处战略地位的未来发展，根据该类业务能否在未来的发展中处于战略核心地位，而选择战略型管控模式（包括战略指导型和战略协同型），或者孵化财务型管控模式。

1.5.2 管控模式选择

对于管控的模式在进行选择时，需要考虑的主要维度如下：

（1）战略地位。该维度以集团对业务板块的需求程度和重要程度为依据，将业务板块的战略地位分为三个层次："战略核心"表示该业务处于支柱核心地位，“战略重点”表示该业务作为集团重点培育，“战略从属”表示该业务应该依附前两个层次的业务而存在。最后依据这三个层次的战略地位来进行集团总部与各单位的权利划分，以确定总部集权与权力下放的程度。该维度涉及“需不需要”集权管理的问题，业务所处的战略地位越高，需要选择集中管理模式的可能性就越大。

（2）资源相关性。该维度从各类资源，包括市场资源、人力资源、资金和技术等资源，与主业甚至是整个集团所需要资源的协调相关性角度，来进行集团总部与各单位的权力划分，以确定总部集权与权力下放的程度。该维度涉及“能不能够”集权管理的问题，资源相关性程度与能够选择集权管理模式呈正相关。

（3）发展阶段。该维度依据各项业务生命发展周期，起步、成长、成熟时期各自不同的风险防护能力的特点，来进行集团总部与各单位的权力划分，以确定总部集权与权力下放的程度。该维度涉及“应不应该”集权管理的问题，业务所处的发展阶段越早，就越应该选择集权的管理模式。

集团在选择管控模式的时候，首先要根据各业务的成熟度和未来发展能力、风险防护与规避能力、市场占有率和对集团做出的业绩贡献等指标来对各业务板块的战略地位进行综合评判。然后根据不同的战略地位，将各业务单位在由资源相关性和发展阶段所表示的二维表中反映出来，以确立其管控模式，从而进一步得出业务单位所属的战略地位与管控模式之间的对应关系。一般情况下，集团多采取混合的管控模式，不同业务单位可能采取不同的管控模式。同样，一个业务单位内部也可以使用两种管控模式的混合模型。

1.5.3 管控导向的确定

一般情况下，完成“管控模式”的确定步骤之后，企业会选择不同的“管控导向”，在不同的“管控导向”牵引下，又存在不同的“管理重点”，这些“管理重点”代表的是集团总部对各二级单位的倾向。如：在运营型管控模式下，管控导向注重对业务的扶持和对绩效的管理，在此基础上形成的集团对二级单位的培育重点是单位发展战略和生产计划的制订、技术的创新、人力资源的合理配置等相关内容；在财务型管控模式下，使用财务指数指标和关注单位效益被认为是管控导向，其相对应的管理重点对单位的财务营运资金状况和现金流流向进行严密监控，使用一切行之有效的手段，如资产重组、收购兼并等方式来促使单位价值的升值，注意对集团工艺技能和可用资源的保护；而在战略型管控模式下，管控导向关注协调性和一体化发展，也注重绩效状况，与之相关的监控重点则包括战略定位与核准、服务与配套措施的采取和检测绩效完成情况。

目前，在我国企业发展的进程中，中国企业集团化发展已成为我国经济增长的亮点。未来，企业集团在追求全球市场的激烈竞争中，将越来越有分量，能更多地在国际产业发展和竞争制度和规则的制定方面占据一席之地，进而不可否认地成为我国经济发展的主力军。但在企业集团的发展进程中，集团管控一直以来都是企业集团的一个管理难题。集团管控最核心的目标是要保证整体企业战略的合理执行，从而进一步保证实现企业整体目标。基于此，接下来本书希望从产业层面着手，以重庆“ZSF”动力机械销售服务有限公司（以下简称“ZSF”）集团的管理运作流程为例，从战略的角度讨论分析 ZSF 集团在多个产业的发展过程中的集团管控的现状和管控运作流程，找出 ZSF 集团在行业发展中存在的问题，提出符合 ZSF 集团的管控模式，并提出具体的实施方案，借此为 ZSF 集团培育和提升其核心竞争力，充分发挥 ZSF 集团在多个领域的技术和资源优势，为 ZSF 集团利润和市场竞争地位的快速提升提供参考。

2 “ZSF”项目背景与目标理解

2.1 对“ZSF”运营管控平台项目背景的理解

“ZSF”是目前国内规模较大的专业化摩托车发动机和通用动力生产企业，摩托车发动机设计生产能力达到400万台/年，通用汽油机设计生产能力达到250万台/年，微型发电机组、微型耕作机、割草机、微型水泵机组等终端产品设计生产能力达到30万台/年。从整个行业的角度来看，“ZSF”更是中小型动力机械行业转型的桥头堡，“ZSF”更可能成为行业终端服务的集中地和领导者。

“ZSF”目前主要从事动力机械连锁营销以及售后服务，未来将向中小型动力机械服务一体化解决方案提供商的方向转变。目前采用“加盟连锁”的发展战略模式使产品和服务直接面对消费者实现渠道扁平化。

2.1.1 “ZSF”经营网络规划及布局

区域及开店类型的维度：先发展地级，县级主要以直营店、合营店为主，其中地级以旗舰店为地级核心向其所及区域辐射，再发展乡镇加盟店。

时间维度：2015年内在六省一市区域范围内开设50家经营网点，其中计划25家为合营店、25家为加盟店；3年内建设网点3 900家。

经营范围的维度：初期以维修本公司品牌的车辆为主，同时为其他品牌的车辆提供维修服务保证网点的稳定运营；以本品牌配件零售为辅，在不具备一定的规模时以地区合营店或直营店为配送销售中心，负责摩托车配件等销售业务。

“ZSF”经营范围主要包括：①摩托车维修、电动车维修服务；②农机、通用机械产品销售及维修；③发动机及摩托车、电动车零配件销售；④二手摩托车经营；⑤机油、轮胎、电瓶销售。

2.1.2 “ZSF”经营网络发展的目标

“ZSF”营销售后服务经营网络发展的目标分为三个阶段目标。第一阶段，发展连锁经营网络主要是以服务网点进行规模化扩张，通过规模效应将“ZSF”服务品牌的网络推向六省一市，发展到成长期后再向全国拓展。第二阶段，通过健全的网络体系，将“ZSF”品牌向营销型系统转变，从导入期过渡到成长期。随着连锁体系的网点合理化布局，建议逐步植入新的产品和经营体系。第三阶段，通过连锁体系能力的聚合后，充分运用规模效应，逐步释放能量增加增值服务。

2.1.3 “ZSF”管理现状分析

经过多年的建设与发展，“ZSF”的信息化工作已经具有一定的规模和水平，实现了生产、销售、设备资产、财务、人力资源及办公自动化的信息化管理，在信息的挖掘与信息资源利用方面也取得了一定的成绩。“ZSF”目前在用的信息化系统如表 2.1 所示。

表 2.1　“ZSF”在用的信息化系统一览表

系统品牌	应用范围
用友 U8 系统	主要在“ZSF”门店应用，系统范围包括财务、进销存
用友 OA 办公系统	在全集团范围内应用，主要进行日常办公管理
SAP R/3 系统	在“ZSF”总部应用，系统范围包括 MM、PP、FI、CO、QM、SD
DMS 系统	在“ZSF”总部应用，用于处理经销商要货、收发货、库房、用户信息、质量信息
400 热线系统	针对机车等各产品的服务热线
自动化立体仓库系统	高架仓库物资的收发存管理

各个应用系统基本能够满足各相关部门的业务需求，但存在系统太多、关联度不够、技术上没有统一的标准（例如，有的系统在 NET 平台，有的在

J2EE 平台，有的采用 SQL-SERVER 数据库，有的采用 ORACLE 数据库等），造成实施及维护的成本以及对资源需求较高。另外很多独立的系统，造成数据标准不一致，数据信息不能共享，无法对企业管理提供有效信息，产生了信息孤岛问题。目前的信息化系统显然不能适应“ZSF”未来业务扩张和一体化管理的需要。目前的信息化和管理要求之间的矛盾主要体现在：

（1）现有的信息化应用系统以部门应用为主，未能覆盖所有核心业务领域，同时系统之间互通性差，缺乏有效集成，绝大部分信息不能共享；

（2）现有业务系统受局部需求的限制，未进行统一规划，系统缺乏足够的扩展性，难以适应组织和流程的变化与未来持续的改进；

（3）各信息系统自成体系，缺乏对业务流程执行控制与监管，特别是跨系统的业务流程；

（4）IT 基础管理薄弱，数据和流程缺乏标准化与规范化，影响了数据的集成共享和流程的通畅；

（5）应用主要停留在执行层，而且多为对手工操作的模拟和辅助，没有引入先进的 IT 管理理念和科学的信息工作流程；

（6）缺乏统一的流程规划和 IT 咨询，难以支持领导和管理者的辅助决策分析需求；

（7）信息化管理部门刚刚筹建，IT 运维流程也需要进一步规范化和标准化。

2.2 对“ZSF”运营的管控目标

2.2.1 总体目标

通过信息化建设实现管理改进，帮助企业实现战略目标，这才是信息化的目的。“ZSF”本次的信息化建设是基于未来 5 年以上的发展前瞻，并结合“ZSF”当前的管理需求而设计的。

本次“ZSF”连锁运营管控平台搭建的总体目标是：集结连锁运营行业的最佳业务实践，通过全面的信息化咨询实施，引进先进的企业管理理念，梳理、优化业务流程，加强企业内部的系统管理，加强公司的管理与控制，降低成本，提高周转效率，建立科学合理的财务、业务等部分的业务管理模式和集计划、控制、监督为一体的业务管理平台，达到资源的最优配置，提高运作效率，循序渐进，持续优化，为企业决策提供强有力的支持，确保企业的核心竞争力得到进一步巩固。

本书认为，“ZSF”信息化建设的主题可以定义为“新服务、新模式、新平台、新高度”。“ZSF”提供的是中小型动力机械一体化服务，这是一种新的业务模式，与之配套的信息化管理系统也需要一个创新型的管理平台。只有这样，才能支撑“ZSF”未来在产业链上的长足发展。

通过本项目的实施，加强各个区域网点的人力资源配置，健全售后服务体系，满足公司现有营销渠道和网络建设升级的需要。通过实施本项目提高公司终端渠道的辐射面积和延伸程度，将公司打造成国内首家从摩托车发动机和通用动力产品制造、终端销售和售后服务三个环节兼备的标志性企业，实现向上游零配件和下游终端市场的延伸。

2.2.2 “ZSF”项目的具体目标与内容

通过流程咨询实现流程优化，通过信息化系统实现流程固化；咨询成果影响着信息化系统的框架，信息化环境下的管理流程也具有一定的特殊性。通过本项目的实施，我们希望能够达到如下目标：

（1）引进最佳业务管理经验，梳理、优化企业在连锁门店管理、渠道管控、财务管理、物流管理、客户管理等环节的管理模式及流程；

（2）通过IT咨询+IT实施的方式，实现管理思路的落地运行，解决管理思路不断沉淀、优化及快速复制的问题；

（3）通过IT系统的实施，提高整个价值链的运行效率及管理标准化、透明化、可复制化，降低企业整体的运营成本及运营风险；

（4）通过IT系统的实施，既满足“ZSF”总部对区域运营中心、维修中心的财务及运营管控，又能满足各维修中心自身运营管控如收发存管理、客户关系管理、财务管理等的需要；

（5）通过本项目的实施，实现知识的有效转移。

3 “ZSF”连锁运营 IT 咨询方案

3.1 “ZSF”IT 咨询方法论

3.1.1 IT 咨询“四元屋”模型

一个好的信息化规划的前提是理顺的战略、模式、流程和组织。战略、模式、流程和 IT 支撑，构成了 IT 规划的总体思路，我们称之为“四元屋”，如图 3.1 所示。

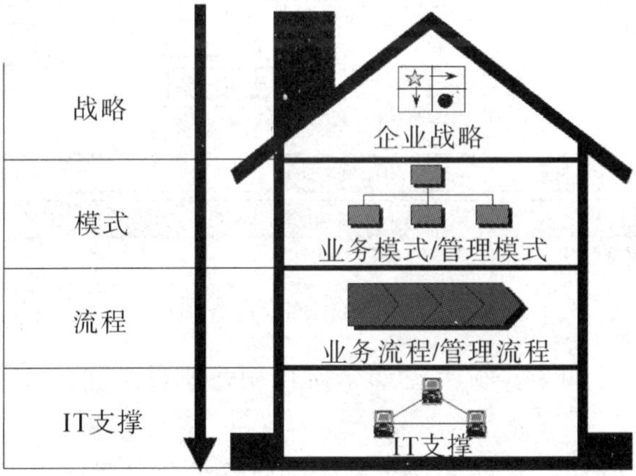

图 3.1 咨询“四元屋”模型

企业的战略部署决定了企业发展方向；在战略的指引下进行业务模式设计和管理模式设计，使之能够符合未来企业战略的要求；在模式的框架下进行企业整体业务流程和各业务板块流程的设计，并定义在每个流程中的管控点；IT

技术的构建是基于上层的战略要求和管理需求的，信息化是支撑企业未来发展的重要载体，在一些特定的业务模式下，信息化甚至成为企业未来成功与否的关键。

3.1.2 IT 咨询建设过程方法论

IT 咨询建设的内容需要涵盖上文所说的战略、模式、流程和 IT 技术设计；IT 咨询建设的过程分为 4 个阶段：①战略明晰与现状评估阶段，主要进行战略、模式的理解和分析；②信息化基础提升阶段，主要进行流程咨询和优化，进行信息化分析；③IT 蓝图规划阶段，主要进行 IT 系统框架和功能设计，进行 IT 运维的设计；④实施规划阶段，主要进行系统实现和流程执行。详见图 3.2。

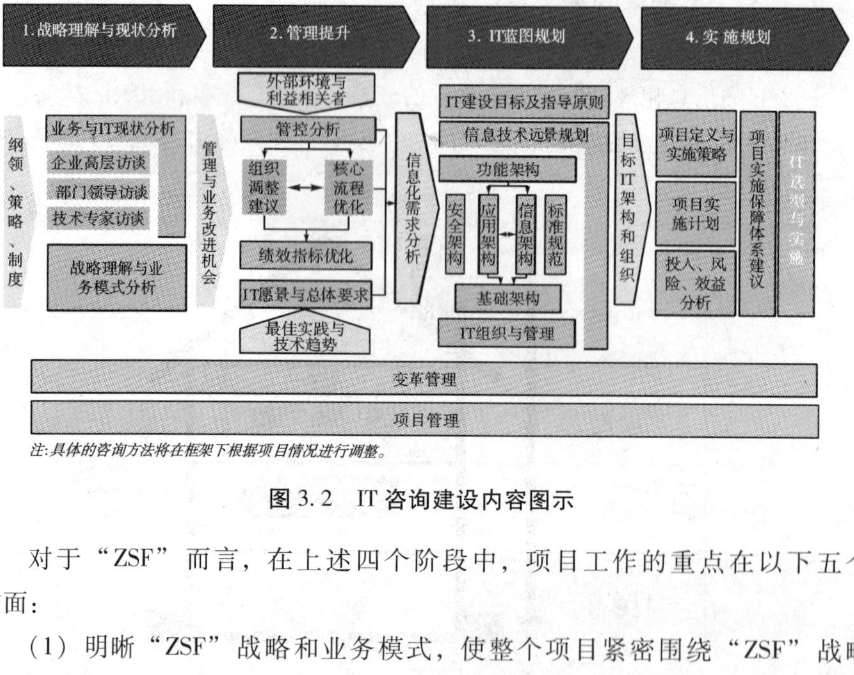

注:具体的咨询方法将在框架下根据项目情况进行调整。

图 3.2　IT 咨询建设内容图示

对于“ZSF”而言，在上述四个阶段中，项目工作的重点在以下五个方面：

（1）明晰“ZSF”战略和业务模式，使整个项目紧密围绕“ZSF”战略展开。

（2）战略指引下的“ZSF”的管控体系的分析，以及管控流程的梳理。

（3）进一步明确 IT 应用需求，保障流程落地，在此需求的基础上进行框架性总体系统规划设计，并完成未来的实施方案和采购方案设计。

（4）进行“ZSF”的信息化蓝图规划和连锁运营管控平台的详细设计，搭建驱动和支持“ZSF”战略、组织与流程有效运作和目标实现的IT体系，包括IT总体架构、应用架构、详细运营系统设计。

（5）IT运维体系的详细设计。

3.1.3 IT咨询风险控制方法论

IT咨询项目是一个综合了管理和IT技术设计的项目，可以理解为是介于管理咨询和IT系统实施之间的建设工程。与传统的信息化系统建设相比，IT咨询容易与企业的发展和管理相结合；与一般意义的管理咨询相比，IT咨询既有咨询又有工具支撑，更容易执行。

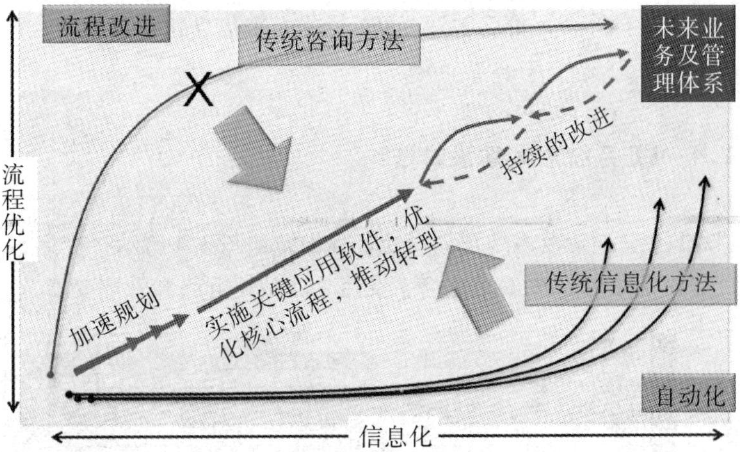

图3.3 IT咨询风险控制图示

同时，由于“ZSF”存在着老系统新模式、老员工新组织等特征，因此在“ZSF”的IT咨询和IT系统建设项目中，我们需要规避如下风险：

（1）技术鸿沟：企业在进行信息化建设中，一提到信息化，大家都认为是技术部门和技术人员应该做的事情，所以信息化建设成了技术人员的事情。而技术人员又不可能非常清楚各个业务部门、职能部门的专业工作内容，根本不可能真正从企业管理和业务发展角度出发，以致信息化建设最终失败。通过此次信息化总体规划，将彻底改变技术人员对信息化的错误理解，使公司全体人员对信息化达成统一的认识。

（2）投资黑洞：在规避信息化建设中，因为没有总体、分布规划而不知道先上什么系统、后上什么系统，以致造成了公司上的信息化系统用起来不是很合适，需要不断地进行修补、投入，信息化成了企业投资黑洞的风险。

（3）信息孤岛：通过此次 IT 咨询，将彻底规避“ZSF”当前的信息孤岛现象，同时也规避未来信息化建设的信息孤岛现象，实现集团整体信息的统一和全面集成。

（4）豪华盛宴：通过此次 IT 咨询，将彻底规避企业为了追求技术指标而选择最先进的信息系统，将企业信息化变成购买奢侈品。此次信息化总体规划，将根据“ZSF”业务、管理需要，规划设计一套适合“ZSF”且为之量身定做的信息化体系。

（5）效率陷阱：很多时候，一提到信息化，就想到将手工进行的工作搬到电脑中就完成了信息化，这种思路下的信息化建设肯定失败。此次信息化总体规划，将从“ZSF”管理模式、管理流程、业务流程等方面综合分析，对信息化详细需求进行综合评价后制订“ZSF”的未来信息化发展规划，彻底规避这一效率陷阱。

3.1.4 IT 系统规划建设方法论

在“ZSF”交通运营系统规划设计过程中，如图 3.4 所示将贯穿 SOA 的设计理念，实现业务与 IT 的高效融合，支持企业战略升级和管理变革。

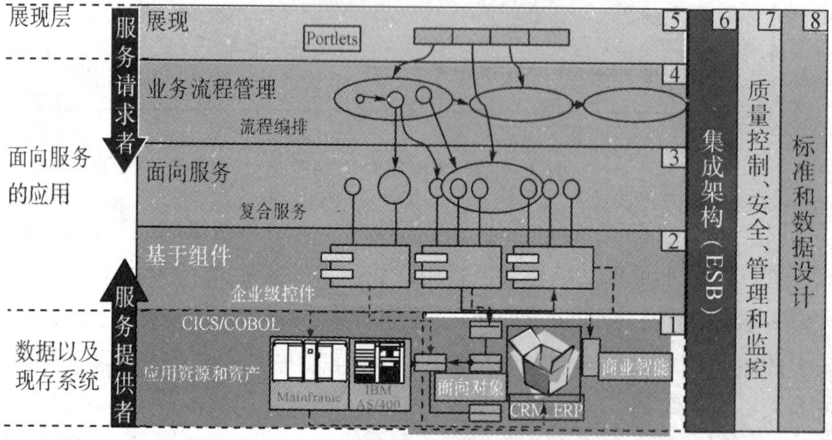

图 3.4 IT 系统规划建设图示

（1）总体规划、分步实施

在明确“ZSF”发展战略、信息化总体思路、信息化建设总体目标的基础上，进行“ZSF”管理信息化系统的总体架构设计。依据总体架构，按期分步骤地实现总体目标的要求，在每个信息化系统建设过程中，制订具体的建设计划和方案。

（2）集中统一，集成应用

在进行管理信息化建设的过程中，实现“统一设计，统一标准，统一规范，统一接口”，从整体上对“ZSF”的管理信息资源进行分析和规划，使“ZSF”管理信息化系统建立在一个信息资源共享、集成应用的一体化信息系统平台。

（3）实用性和效益性原则

系统建设须尊重当前“ZSF”的管理现状，结合当前的最佳业务管理实践，保证基本功能圆满完成，解决重点、难点问题，节约建设投资，控制运行维护成本。

（4）业务信息安全管理原则

各类业务信息是“ZSF”经营管理的核心机密，将安全管理原则贯彻系统规划、建设、运行管理全过程。建立健全管理机制，运用网络、软件系统、数据库、备份、权限管理等手段确保业务数据处理、存储和系统运行的安全、可靠和完整。

（5）急用先上，易用先行

在管理信息化建设中不可能面面俱到，在规划中我们将按照“急用先上、易用先行”的要求和管理信息化建设原则，抓住主要问题，解决主要矛盾。在“ZSF”管理信息化规划覆盖“ZSF”全业务的前提下，将主要的精力和工作重点放在能够最有效为“ZSF”解决问题的地方。

3.2 “ZSF”战略理解与经营管理模式分析

在进行“ZSF”管控模式和流程分析之前，我们首先需要理解“ZSF”的战略体系，分析“ZSF”的战略特点、当前阶段对管理和运营的要求，并在后续项目中，用战略指导管控模式和管控流程分析工作。

对“ZSF”战略和模式理解、分析的主体思路如图 3.5 所示。

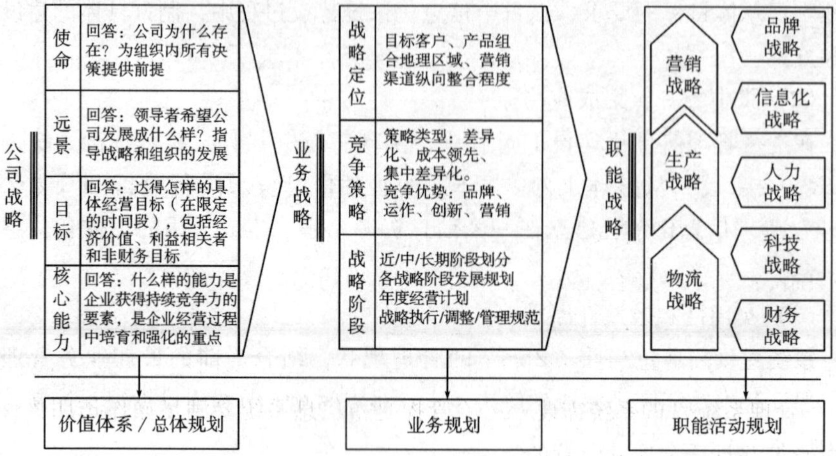

图 3.5 “ZSF”战略目标分解图

3.2.1 “ZSF”战略体系理解

3.2.1.1 公司战略愿景明晰

“ZSF”的战略愿景：成为中国中小型动力机械服务第一品牌。

三年目标：销售规模达到 8.767 2 亿元，门店数量达到 3 913 家，重点市场份额达 15%，基本建成能够搭载上级公司通机/农机的销售网络，成为中小型动力机械行业服务第一品牌。

五年目标：销售规模突破 30 亿元，门店数量达到 7 981 家，全国市场份额达 10%；基本建成能够搭载上级公司所有整机/车的销售网络，成为中国中小型动力机械行业服务第一品牌。

八年目标：销售规模突破 60 亿元，门店数量突破 1 万家，全国市场份额达 20%以上，成为中国销售服务行业知名品牌。

经过前期咨询项目的建设，“ZSF”的企业战略已经非常清晰，主要任务就是对“ZSF”的公司战略、业务战略进行明晰并理解，使明晰后的战略可传导，与日常工作结合起来。

3.2.1.2 公司职能战略理解

(1) 财务策略

集中管理：构建符合连锁经营企业需要，符合资本市场需求的财务系统。通过建立 ERP 系统，集中管理收支两条线，实现“ZSF”体系统一财务核算以及统一财务政策，确保“ZSF”总部对于财务的统筹和控制。

管控到店：构建必要的管控措施，确保财务安全，有资金注入的门店必须由总部指派财务人员，接受财务系统和区域的双重管理。

（2）信息策略

信息策略的目标可以概述为：前台简单、后台缜密；集成应用、风险管控。所谓前台简单、后台缜密是指信息系统的前台设计必须简单易于操作，但是后台体系要满足现有“ZSF”系统业务推进的需要，必须设计缜密，便于管控；实现“ZSF”营运过程的可视化、可控化、高效化、可复制化。集成应用是指信息系统要集成“ZSF”ERP/CRM/OA/网站管理/网络营销平台/DMS（业务管理系统）的系统需要；风险管控是指信息系统要满足操作透明化，风险可管控并且适合连锁经营的需求。

（3）物流策略

构建扁平化的物流网络，通过区域管理中心管理各地中转库辐射各级门店，借助全过程物流和第三方物流的力量，打造能够覆盖主要县级市场、低成本、高效率的“ZSF”物流体系，如图3.6所示。

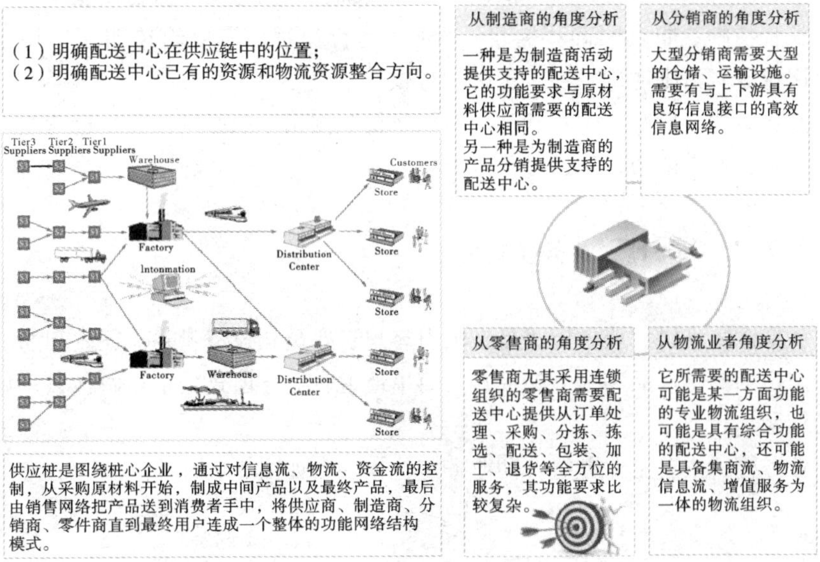

图3.6　扁平化的物流网络图示

物流配送中心经营战略定位——为连锁门店各级渠道的零配件需求提供物流服务和全局零配件库存管控。

（4）人力资源策略

人力资源策略包括：贴近需求、强化管控，注重本土、打造团队，强化培训、提升能力，以德为基、构建文化。

贴近需求、强化管控：建立具有连锁运营管理的组织结构，通过业绩控制、权限控制、人员控制、信息控制管控。

注重本土、打造团队：根据市场需要打造符合连锁经营需要、市场化程度高的业务团队，各区域和门店注重人员本土化；强调清晰的绩效考核，实现收入和业绩挂钩，充分调动业务人员的主观能动性；根据开店需求，做好人才储备。

强化培训、提升能力：建设满足未来人才梯队发展需要的“ZSF”大学，在各区域设置分部，满足区域就近开班和培训的要求；培训课程要面向市场和“ZSF”运营的实际需要，通过培训培养合格人才的同时，促进“ZSF”企业以及品牌的广泛影响，推动业务同步增长。

以德为基、构建文化：建设独具特色的、以德为基础的服务企业文化。

（5）运营管理策略

运营管理策略包括：流程清晰、职责明确；数据透明、监督到位。

流程清晰、职责明确：构建“ZSF”运行流程，需要简单明了、易于执行、岗位职责清晰明确、易于理解和考核。

数据透明、监督到位：管理和考核坚持数据第一的原则。在重运营结果的同时，强化监督能力，确保过程可控。

3.2.2 “ZSF”业务模式分析

从概念上来讲，业务模式是在吸引客户、雇员和投资者并保证盈利的前提下，向市场提供产品和服务的模式。简单地说，业务模式是企业做什么、如何做的问题。

业务模式主要由业务组合和业务定位构成，如图 3.7 所示。

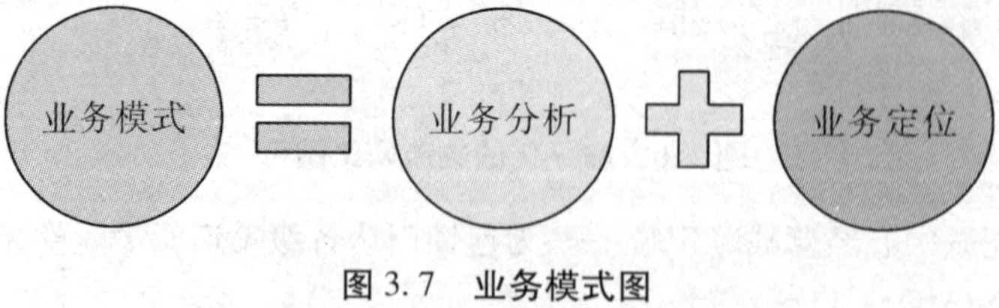

图 3.7　业务模式图

业务分析主要关注的是业务在具体细分上面不同纬度下的情况；业务分析主要对业务模块进行产品分析、市场分析和客户分析，通过这三个纬度对业务的基本情况有一定的把握。

业务定位主要关注的是业务在整个企业价值链中或在整个行业环境中所处的位置；业务定位主要对业务模块进行盈利点、价值链中的角色、价值实现途径分析。

3.2.2.1 "ZSF" 业务定位分析理解

业务定位是指企业业务在价值获取过程中的角色。

在业务定位中，首先要明确的是该业务的盈利点是什么，盈利点是业务本身创造价值的根本；同时，每一个业务都在企业的价值链中扮演着相应的角色，而角色的定位将影响业务的实现途径和实现方法以及实现周期；业务要想获得价值，就需要结合内部相应的资源和外部相应的支持来获取，找到相应的途径为创造价值提供平台，如图 3.8 所示。

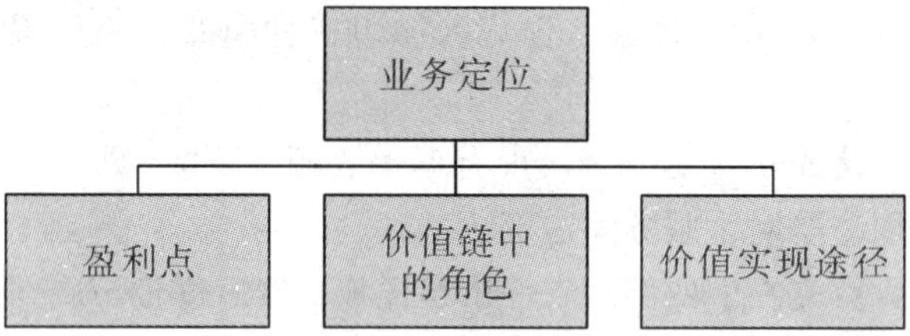

图 3.8　业务定位图示

商业模式：从六省一市样板市场建设开始，逐步发展直营、合营、加盟层级清晰的全国连锁经营网络，聚焦 ZS 集团两/三轮车及发动机维修服务的核心优势，逐步切入上级公司整机/车的销售服务，带动 ZS 集团摩托车、发动机、通机、农机等产品销售的持续增长，通过维修/服务/管理/销售/网络的集合优势，通过服务拉动 ZS 集团整车/机销售，最终达到"ZSF"门店盈利的目的。

3.2.2.2 "ZSF" 业务组合策略分析

业务组合是指企业业务与产品的集合。

在业务组合中首先要对业务本身的现状进行分析，在对业务基本状况有所了解的前提下可以将业务放入市场这个大的环境中进行考验；进行市场分析的过程中要对向客户销售什么、如何能够为客户提供什么样的价值来做分析以获得充分的市场信息；而产品与价值明确后对于客户的细分，以及客户喜好的划分也将成为对业务支撑的基石。

在公司级战略和业务战略的指引下，咨询还需要进行业务战略和竞争策略的理解，主要包括产品策略、渠道策略、市场推广策略。

（1）产品策略

产品战略：服务是产品，零部件是载体，维修是根本，专业/便捷/性价比高是“ZSF”服务产品的竞争优势。

专业：独具优势的两/三轮车以及发动机维修技术及零部件，专业化服务标准和服务流程，确保服务质量，接受服务监督，让客户修得放心，用得安心。

便捷：遍布全国县乡的服务网络，所有门店5千米半径内免费上门接送服务，维修期间备有免费用车可供借用；便捷的400免费电话可随时接受您的咨询/投诉，并提供24小时紧急抢修当地服务热线。

性价比高：“能修不换，能换零件绝不换总成”，维修质量优于平均水平；提供质量担保，如因维修和零配件质量问题免费重修与更换。

（2）渠道策略

渠道可控：门店分为直营、合营和加盟三种模式，确保渠道“ZSF”可管控。

先易后难：优先整合上级公司现有渠道资源，再吸纳社会服务渠道资源，最后再考虑争取竞争对手服务渠道资源。

先近后远：首先在中西部六省一市建样板，然后逐步拓展到北部区域，最后覆盖沿海及全国其他地区。

发挥整合优势：“ZSF”在维修服务的基础上，通过发挥ZS集团整合优势，构建整车/机销售平台，获取更大发展空间。

（3）市场推广策略

明确盈利模式：发挥上级公司摩托车及发动机维修优势，构建销售和服务一体化平台，通过规范管理和服务发挥第三方品牌的竞争优势，实现门店盈利。

构建招商推广模式：着重推广符合市场和合作伙伴需要的生意机会以及商业模式，通过标准化的招商模式，实现网络拓展和标准复制。

率先树立品牌形象优势：尽快建立全新的、面向市场、符合行业特点和未来发展需要的优势品牌形象。

3.2.2.3 “ZSF”连锁经营管理架构

“ZSF”连锁经营管理定位为服务加销售的管理模式。区域管理：区域管理公司模式注册独立法人。终端网络类型：旗舰店（集团下设子公司，独立法人）、直营店（集团下设子公司，独立法人）、合营店（集团下设子公司，独立法人）、加盟店（外部门店，多数以个体经营为主）。其连锁经营管理架构如图 3.9 所示。

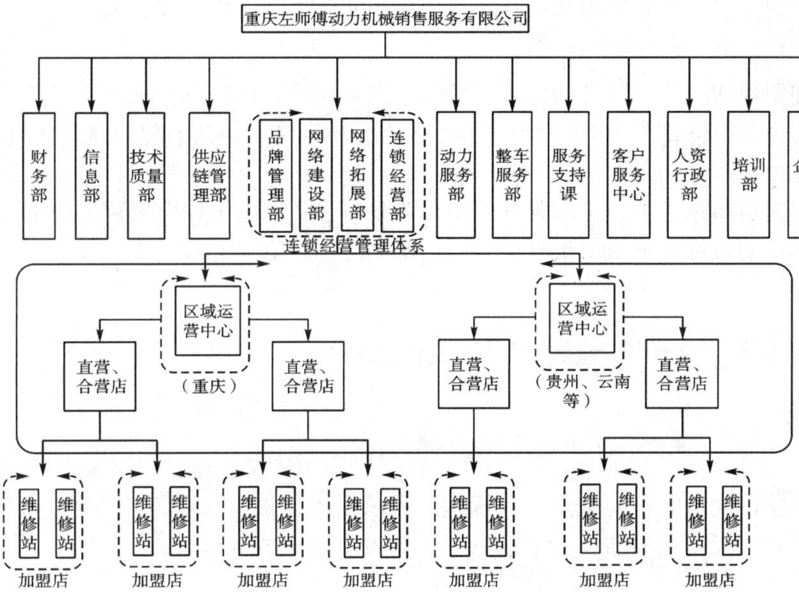

图 3.9 "ZSF" 连锁经营管理架构图

"ZSF" 动力销售服务的管理架构为四级，但是目前的 "ZSF" 没有把公司管理架构、财务管理架构、物流管理结构划分得很清晰。

区域运营中心为管理职能的分公司没有实际参与业务。地级以旗舰店的形式管理下级网点，并且具有发展下级加盟店的职能。

地级旗舰店具有以下功能：①展示功能；②物流功能；③对下级提供培训服务、新品推介功能；④向地级消费者提供维修服务功能。

3.2.2.4 "ZSF" 动力销售服务连锁体系资源配置

"ZSF" 动力销售服务连锁体系目前每层级网点的配置都有相应的资源计划目标，同时也能体现出连锁管理的特点。旗舰店硬件配置：品牌宣传平台、片区物流仓库、产品推广区、维修区。旗舰店人员配置：财务、出纳、库管、服务工程师、客户关系管理人员、配件销售兼招商人员。直营店、合营店硬件配置：产品推广区、维修区、店内仓等。直营店、合营店人员配置：财务、维修、库管等。

3.2.2.5 "ZSF"动力销售服务连锁体系商务政策

合营模式政策：公司按照比例与其他方合营，公司出资比例约为60%，负责提供资金、技术、管理和培训，在协议中明确了双方的主要权利、义务，并按照约定享受一定比例的收益。

加盟模式政策：以合同形式授权加盟商使用公司的商标、商号、品牌技术和经营模式，公司负责物流配送、技术培训和指导、全国性统一营销广告活动，并提供持续的经营指导。合作方自主经营、自负盈亏。

加盟费用标准：标准店5万元（收取5万元保证金，两年合作期满退回）；加盟授权店2.5万元（收取2.5万元保证金，两年合作期满退回）。

3.2.3 "ZSF"连锁运营管控模式分析

3.2.3.1 管控模式设计的基本原则

企业在发展的不同阶段，对管理的需求是不同的，如图3.10所示。对于"ZSF"来说，需要面向未来，设计可以持续升级的管理模式。

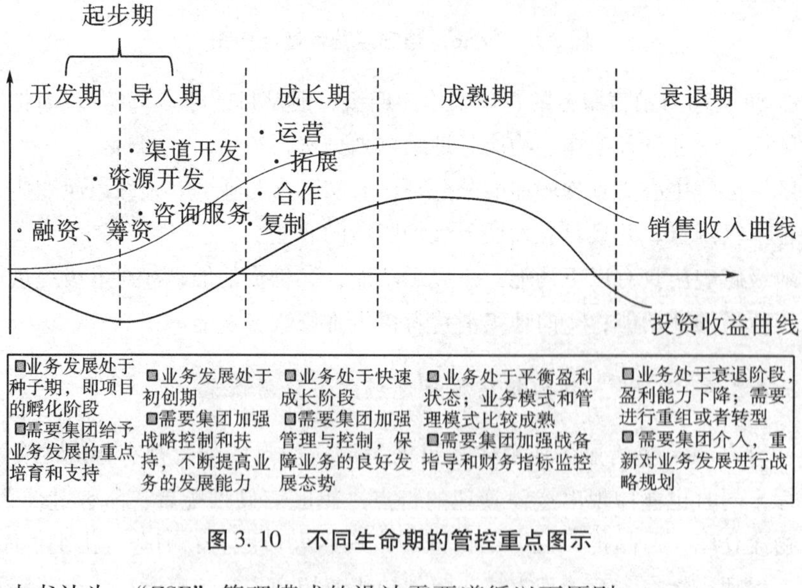

图3.10 不同生命期的管控重点图示

本书认为，"ZSF"管理模式的设计需要遵循以下原则：

（1）整体利益最大化

在集团所有业务系统内，各区域中心、门店通过战略协同，实现业务的有机组合、资源合理分配，达到整体经济利益的最大化，而不是实现个别子公司利润的最大化。

（2）可持续性发展

要根据内外部市场环境制定中长期战略发展目标，并将该目标分解到各子公司，以保障公司的可持续性发展。

（3）战略协同性

在整体战略发展目标的指导下，对“ZSF”区域中心、门店的业务进行专业化分工和优化组合，通过设计合理、有效的管理体制和监控管理模式来对各成员进行资源配置，保证战略发展的协同性。

（4）规模经济效应

在内部形成合理的经济、技术、业务、营销等方面的专业化分工，形成投资的集中化效应、单体经济的规模化效应和业务发展的协同效应，从而降低生产成本、管理成本、内部交易成本，提高市场竞争力，创造更大的收益。

（5）优化资本结构

通过对有形资产的监控管理和合理调剂，加速资本存量资产的利用和周转，提高资本的流动性和增值性。

（6）资源的配置效应

根据与区域中心、门店之间的构成关系（资本型或混合型），采取不同的管理模式（集权式、分权式或混合型型）和运行体制，使内部的资源得到合理配置。

（7）财务协同收益

通过设立资金结算中心、财务公司等集中化财务管理形式，采取收支两条线的资金控制模式以及集团对子公司的财务宏观指导和业务人员的委派等管理方式，一方面规避了整体财务风险，另一方面在财务政策、财务计划、财务管理以及资金的募集和调剂、税收等方面得到了统一的战略规划，从而获得整体财务协同收益。

（8）品牌效应

公司整体经营的规模化、经济实力、诚信度、品牌认知度要远远高于单个成员公司，因而，通过整合品牌价值来提高各子公司的市场营销能力和市场竞争力。

（9）技术创新能力

通过在总部设立孵化器，即在总部成立集中的总部管控中心和共享服务中心，加大资金和人力资本的投入，提高新技术、新产品的创新能力和创新速度，将新产品转移给各子公司，从而提高整体的产品技术含量和产品质量。

(10) 市场扩张能力

利用集团整体资源优势（主要是人才和资金）、技术优势、品牌优势以及市场营销网络资源，将下属各子公司的产品进行集合营销，从而降低市场开拓成本和市场运营成本，提高市场的扩张能力和盈利能力。

3.2.3.3 连锁运营管控模式选择

总部对区域中心、门店的管理在严格按照管理模式进行管理的前提下，必须做好自身的职能定位，以培养自身的战略发展和投资组合能力，做好内部资源的利用和开发，发挥资源的潜在效应，并帮助子公司实现经营业绩的提升。一般来说，从上至下的管控分为财务管控、战略管控和操作管控几种典型类型（见图 3.11）。

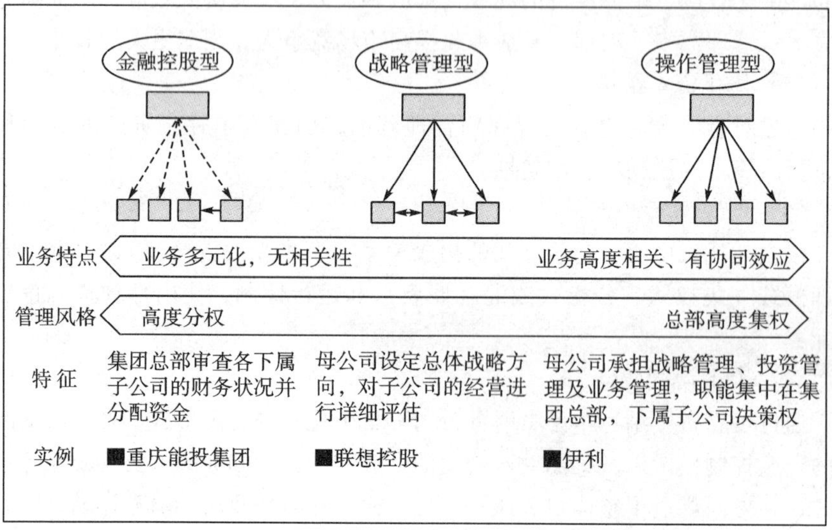

图 3.11 不同管控模式下的区别图示

(1) 操作管控型总部职能定位

操作管控型公司以追求主导产业市场占有率与资本增值为目标，有明确的产业导向，既采取股权控股又从事具体业务的实际经营。集团人员较多，管理费用高。多元化的初期采用较多，此时主业由集团经营，多元化业务由子公司经营。子公司主要负责业务运营，一般定位为经营单位。

（2）财务管控型总部职能定位

财务管控型的总部主要负责财务管理、集团规划、监控、投资管理及兼并收购等，而子公司负责战略制定、攻关、人才培养、法律、审计、营销及现金管理等。财务管控型集团以追求资本增值为唯一目的，无明确的产业选择，资产管理是核心功能，以财务指标数据为主的资本控制。公司总部多为财务管理人员，通过资本运营手段对被控子公司指导、监控，进行符合投资回报目标的兼并、收购、重组和出卖、转让。没有特定的核心企业，一般适用于没有明显主导产业的无关多元化企业。

（3）战略管控型总部职能定位

战略管控型企业将科研攻关、人才培养、法律、审计、集团营销及现金管理等集中管理，而子公司主要负责监控实施与资源协调、财务预算和控制、子公司运作/分支机构运作的管理和控制，一般定位为利润中心。战略管控型集团追求资本增值和多元化产业发展双重目标，有明确的产业选择，有核心企业，集团关系稳定，总部通过控股方式形成战略型企业集团。集团制定公司整体发展战略，被控股公司的业务活动服从整体战略。集团通过股东大会和董事会支配重大决策和经营活动。

操作管控型子公司只有较低层次的人事管理权及对战略与经营决策的执行权；战略管控型业务单元具有战略制定权及一定范围内的经营决策权；财务管控型子公司不仅能制定战略，而且具有经营决策权及人事决策权等。三种管控类型集团之间的责任与权利划分如图 3.12 所示。

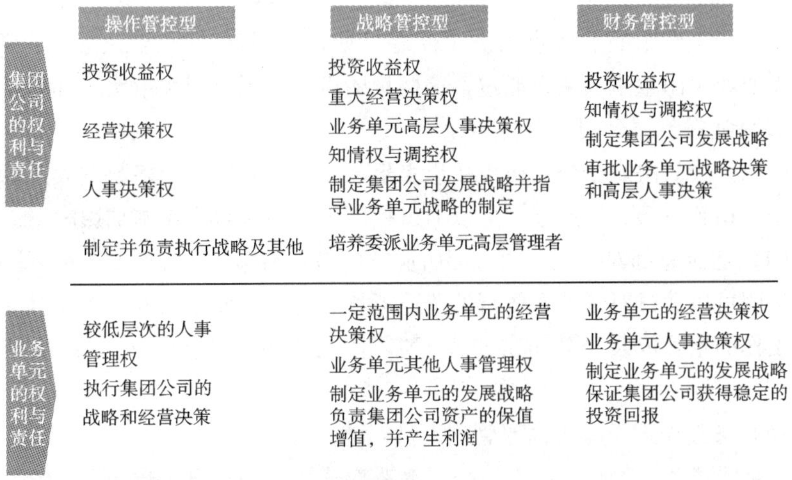

图 3.12　不同管控类型集团间的责权区别图示

企业管控模式选择受各种因素的影响，至于每一个公司选择什么样的管控模式更适合于自身的发展并没有标准化模式和规范化要求，关键要根据每一个公司进行跨国经营的具体情况而酌情选择。

从公司管控模式来看，不同国家对于管控模式的选择、不同发展阶段、不同的经济发展时期、不同企业规模、不同发展战略定位的差异性，其集团管控模式也尽不同。

管控模式选择主要根据集团之间的经营发展状况、环境特征及区域经营状况等影响因素，来选择不同的管理方式。

3.2.3.4 连锁运营管控实现的方法和手段

对区域中心和门店的管控主要根据总部与下属公司构成关系的不同而采取相应的管理方法，但总的来讲，总部与下属公司管理主要采取集权与分权、定性与定量、宏观指导与微观监督相结合的方法。既体现子公司独立经营自主权的合法性，又要保证公司经营目标战略发展的协同性，采取“量体裁衣”“因地制宜”管理控制策略。

管控手段主要有：

（1）通过股东大会

集团通过股东大会对子公司的经营决策实施影响。但也有例外情况，即子公司非全资子公司。当集团持股低于2/3时，由于子公司股东大会的特别决议需要2/3以上的股东行使议决权，因而集团就不一定能够完全实施其影响。

（2）通过总部董事会

子公司经营中的一些重大决策问题，如接受或转让财产、借入巨额资金等，需要经集团董事会决议通过，这样集团可以对子公司决策实施部分影响。

（3）通过下属公司董事会

股东大会只决定子公司极少数重大事项，作用有限，而多数重大业务决策权在子公司董事会，因此集团可以通过控制子公司董事会来施加影响。

（4）通过总部对下属公司、门店业绩的考核与指导

集团可以通过对子公司例行的业绩考核、有关重要事项的审查和对子公司某些工作的指导以及子公司定期或不定期的汇报请示，对子公司的决策产生影响。

（5）通过派遣董事等高层管理人员影响决策

一是派遣董事。总部向下属公司派遣部分特别是超过半数以上的董事，可对下属公司领导层做出的决策给予重大影响，将集团的意志贯彻到子公司的决

策中去。二是派遣招聘任命公司子公司的管理层。通过对子公司管理层的任免权，集团可以影响到公司子公司的日常经营决策权。三是派遣监事或审计员。监事和审计员通过履行监察、审计职责，对子公司经营决策有相当影响。集团可以通过派遣监事或审计员对子公司决策产生影响。

（6）通过职能管理

集团通过各种定期或不定期的汇报制度，以及各种管理流程中的审批制度，对子公司的日常决策产生影响。

3.2.3.5 "ZSF"连锁运营管控的重点

在本书中，我们建议对管理结构和治理结构进行系统思考，重点考虑和分析如下问题，如图3.13所示。

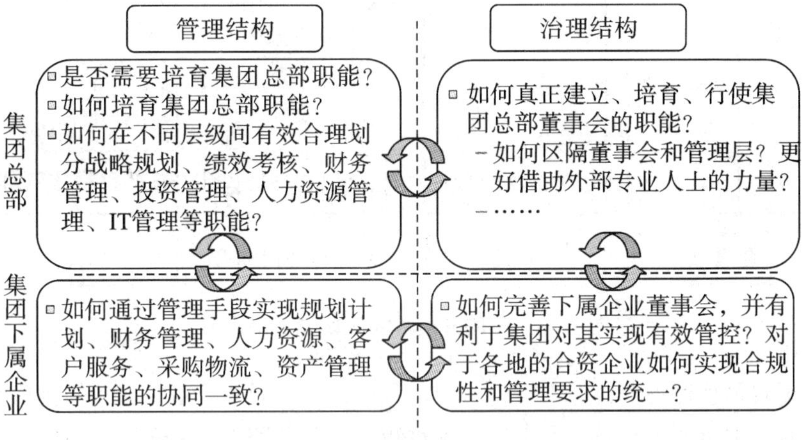

图3.13 运营管控重点图示

（1）"ZSF"总部管理结构方面

- 是否需要培育"ZSF"总部职能？
- 如何培育"ZSF"总部职能？
- 如何在不同层级间有效合理划分战略规划、绩效考核、财务管理、投资管理、人力资源管理、IT管理等职能？

（2）"ZSF"下属公司管理结构方面

- 如何通过管理手段实现规划计划、财务管理、人力资源、客户服务、采购物流、资产管理等职能的协同一致？

（3）"ZSF"治理结构方面

- 如何真正建立、培育、行使"ZSF"董事会的职能？

● 如何区分董事会和管理层？更好借助外部专业人士的力量？

（4）“ZSF”下属企业治理结构方面

● 如何完善下属企业董事会，并有利于“ZSF”对其实现有效管控？对于各地的合资企业如何实现合规性和管理要求的统一？

本项目中，我们建议首先分析“ZSF”的治理结构，根据“ZSF”的治理关系，确定“ZSF”及其下属公司的管控模式，确定不同层次下的职能定位，如图 3.14 所示。

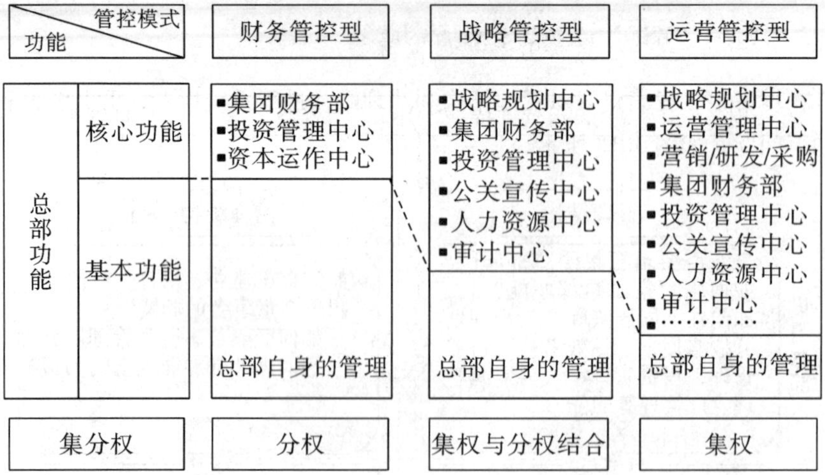

图 3.14　不同管控模式的功能区别图示

不同的管控类型，上下级公司的角色定位是不同的，预置配套的授权功能和考核方案也各不相同。在咨询实施过程中，我们将对“ZSF”连锁运营管控职能进行设计，并结合“ZSF”已有的运营手册进行管理优化。接下来，需要根据职能定位确定管控维度、管控途径和管控手段。然后，我们建议“ZSF”对下属公司的财务、人力资源、IT 等管控的组织建立、途径、信息传达、职责等方面进行详细分析和选择。

3.3 “ZSF”连锁经营业务管理需求分析与建议

3.3.1 业务流程咨询和优化方法

在业务流程梳理过程中我们通常会对企业的流程进行分级分类，从企业的一级流程，到各职能板块的二级流程，到各业务实务的三级流程，分别进行梳理、建档，如图 3. 15 所示。

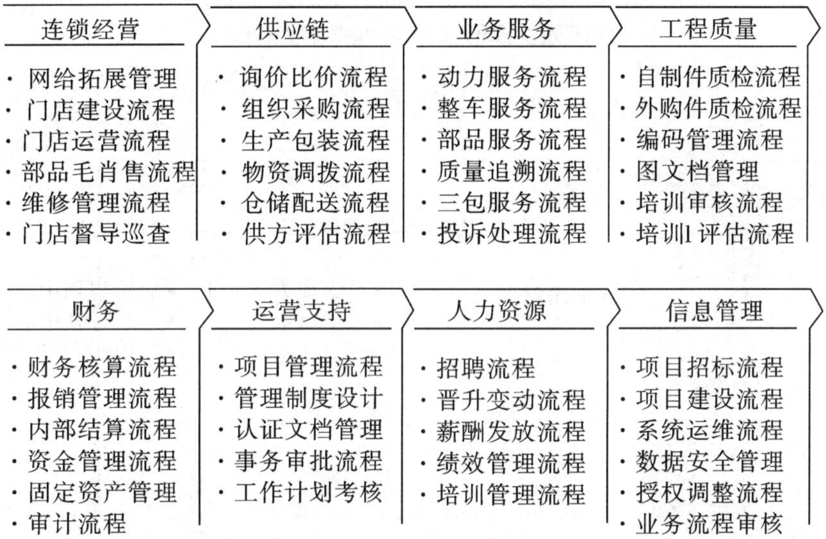

图 3. 15　业务流程图示

之后，采用一套逻辑严密、层层深入的流程标准化体系，如图 3. 16 所示。

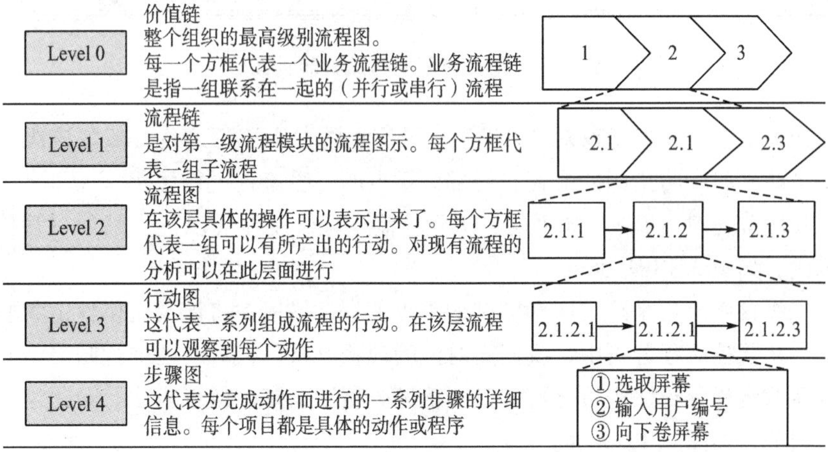

图 3. 16　流程标准化体系

一般情况下，如果是为了对业务和管理模型进行阐释和高层次的分析，可采用一级流程；如果设计涵盖信息化管理控制点的操作流程和就具体流程问题进行沟通，二级流程就足够了；如果需要描述每个信息化点的详细操作动作或程序，与系统供应商落实特殊的信息功能需求，则需要采用三级或四级流程。

华西集团总部职能部门提交业务流程统计表

序号	部门名称	使用编号	流程数量				
			一级流程	二级流程	三级流程	四级流程	总流程数
1	董事会	JTGS-01					
2	总经理办公室	JTGS-02					
3	党工部管理业务	JTGS-03		4	5		9
4	纪检监察部	JTGS-04		2	7		9
5	工会	JTGS-05					
6	共青团工作	JTGS-06		1	3	2	6
7	发展规划部	JTGS-07		2			2
8	人劳部	JTGS-08		1	13		14
9	财务管理部	JTGS-09		4	3		7
10	结算中心资金管理	JTGS-10	1	0			1
11	债权管理部	JTGS-11		2			2
12	资产管理部	JTGS-12		2			2
13	监事会工作部	JTGS-13	1	1			2
14	经营管理部	JTGS-14			6		6
15	生产技术管理部	JTGS-16			3	13	16
16	安全质量管理部	JTGS-17		1	15	10	26
17	离退休管理部	JTGS-18					
18	审计部	JTGS-19			4		4
19	档案管理处	LIGS-20			4		4
20	保卫处	LIGS-21					
21	法律事务室	JTGS-22			13		13
22	新闻宣传中心	JIGS-23		3			3
23	培训中心	JIGS-24					
24	信息中心	JTGS-04		7	8		15
合计			2	30	84	25	141

图 3.17　华西集团业务流程统计图示

在本书中，我们建议对“ZSF”管控流程的二级流程进行分析。该级流程主要是跨部门、跨集团的流程，对部分重点的三级流程进行优化。

我们首先对“ZSF”如下的一级管控流程进行梳理（以下为某项目管控流程示例，如图 3.18 所示）：

二级核心流程是跨集团和部门的重点流程，描述中将涉及岗位界定和职责分工。在管控流程分析中，我们先对流程现状分析，再对问题进行归类，并采用专业的流程分析法进行分析，如价值链分析法、疼痛链分析法、问题逻辑树分析法等，如图 3.19 所示。

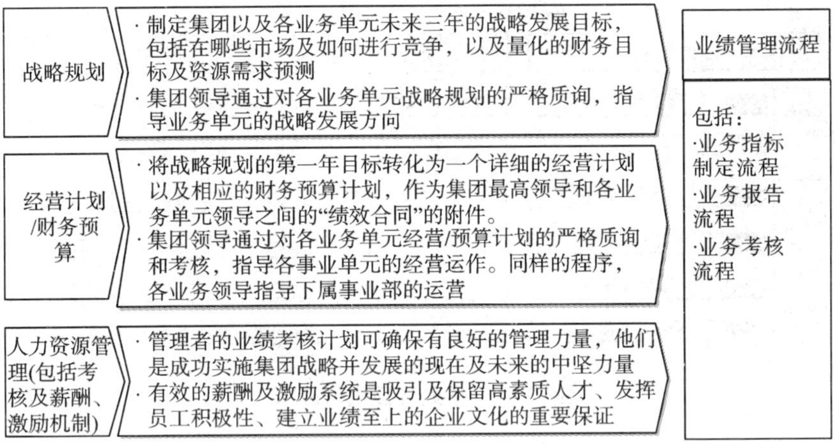

图 3.18　某项目管控流程示例

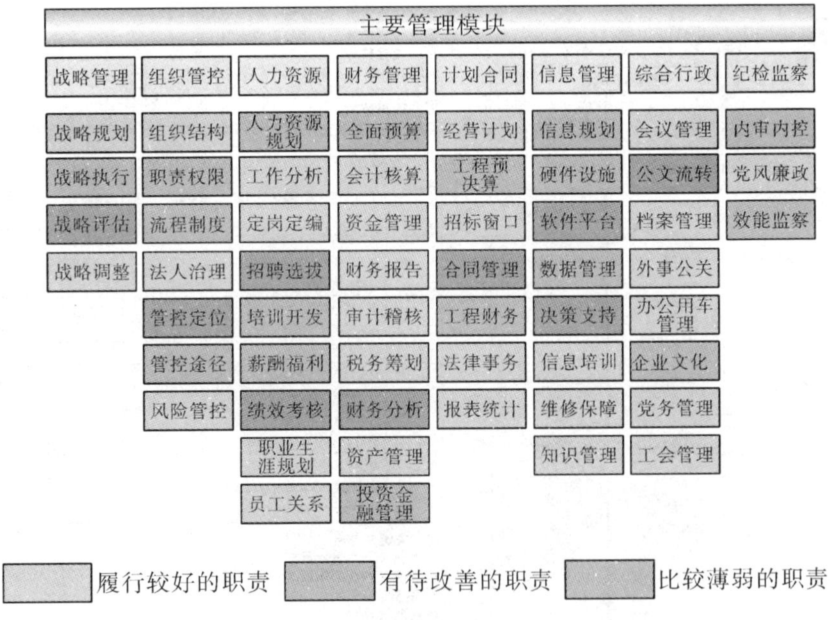

图 3.19　不同管理模块下的分工图示

在确定了流程问题之后，就可以确定流程优化目标，如图 3.20 所示。

采购流程优化的主要目标（3）

采购流程			时间	成本	质量	说明
1.2.1 采购渠道计划	1.2.1.1	采购渠道计划调整	0	+	++	侧重发挥区域采购协同效应，降低采购成本
	1.2.1.2	新供应商选择评估	+	0	0	缩短流程时间，使之富有效率
1.2.2 供应商选择	1.2.2.1	新供应商谈判	0	+	+	保证持续性引进符合要求的最佳供应商
	1.2.3.1	新供应商审批	+	0	+	使谈判过程更有效率，建立良好的合作基础
1.2.3 供应商谈判	1.2.3.2	新供应商审批	+	0	0	缩短流程时间，避免较长等候时间
	1.2.3.3	供应商年度合同谈判	+	+	+	通过年度合同签订，提高一下年度与供应商合作效果

图 3.20 采购流程优化目标

然后对核心管理流程和业务流程进行评估诊断，根据诊断结果，对流程进行优化，最终形成优化后流程。优化后的流程示例，如图 3.21 所示。

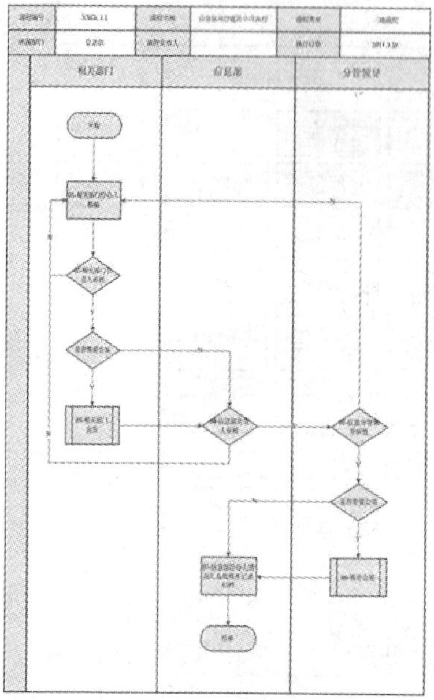

信息化项目建设立项流程说明书

一、流程目标

通过信息化项目建设立项流程确保信息化建设工作及时顺利的开展，并及时向相关领导汇报信息化建设工作的开展情况。

二、适用范围

适用于重庆轨道交通集团相关部门信息化项目建设工作的开展。

三、流程步骤

流程步骤	工作内容的简要描述及时限	重要输入	重要输出	相关表单
1	相关部门经办人结合本部门信息化需求，申请信息化项目建设的请求		信息化项目建设申请	
2	相关部门负责人审核信息化需求（不通过则返回第1步）			
3	相关部门讨论会签			
4	信息部负责人审核请求（不通过则返回第1步）			
5	信息分管领导审批（不通过返回第1步）			
6	集团相关领导会签			
7	信息部经办人汇总处理其信息化请求			

四、关键控制点

1. 相关部门负责人审核
2. 信息部负责人审核
3. 相关领导审批

五、相关说明

相关部门通过此流程开展申请信息化建设工作。

图 3.21 采购流程优化图示

3.3.2 “ZSF”业务流程分析

3.3.2.1 “ZSF”业务需求总结统计

根据咨询实施项目组对“ZSF”的前期调研，包括对具有典型代表意义的核心部门的采访和门店实地调研结果，现将所收集的业务管理需求和流程需求进行归纳整理，去除重复需求、无效需求，如表3.1所示。

表3.1 “ZSF”业务需求总结统计表

业务板块	调研部门	需求统计	
		总需求数	有效需求数
连锁运营体系	网络拓展部	15	12
	网络建设部	13	9
业务服务体系	动力服务部	11	8
	整车服务部	9	5
	部品业务部	7	4
	服务支持部	5	4
	客户服务中心	3	1
供应链体系	供应链管理部	30	19
工程质量体系	技术质量部	7	5
	培训部	4	4
公共支撑体系	财务部	16	9
	人力资源行政部	13	10
	运营支持部	9	7
	信息部	14	11
合计		156	108

3.3.2.2 “ZSF”业务需求分类分析

在前期提供的调研报告中，我们按照四步描述法，将收集的有效需求进行整理、分类、分析，并提出改进建议。业务流程分析和优化是一个系统化的工程，在咨询实施过程中还需要耗费大量的人员来进行细化和总结，这里仅作为初步分析和示例的性质进行描述，如图 3.22 和表 3.2 所示。

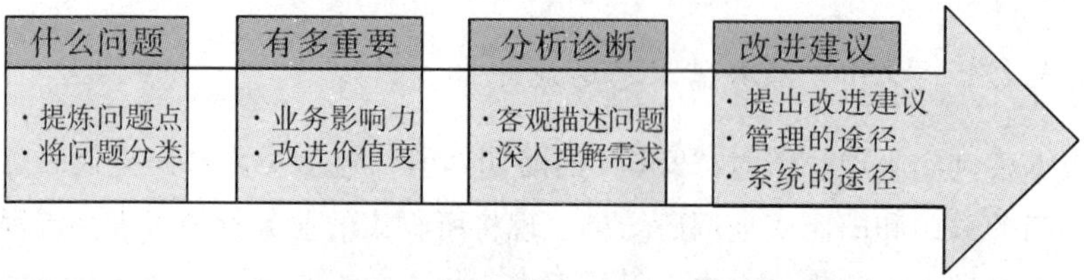

图 3.22 业务流程分析和优化图示

表 3.2 "ZSF" 重点业务需求/问题调研结果一览表

业务板块	职能模块	需求点/问题点	重要性	需求类型
连锁经营体系	连锁经营	新服务渠道开拓问题	★★★★	管理类与系统类
		新服务渠道网络布局问题	★★★★	管理类与系统类
		新服务渠道建设问题	★★★★	管理类与系统类
		门店运营成本问题	★★★★	管理类与系统类
		市场运营规范问题	★★★★	管理类与系统类
供应链体系	采购管理	采购模式管控问题	★★★	管理类与系统类
		存货成本与外采物资控制问题	★★★	管理类与系统类
		关联单位系统集成问题	★★★	系统类
	仓储物流	仓储规划问题	★★★★	管理类与系统类
		编码体系统一问题	★★★★	管理类与系统类
		库存管控与调度问题	★★★★	管理类与系统类
		运输体系建设与配送模式优化问题	★★★★	管理类与系统类
		物流结算与资金管控	★★★★	管理类与系统类
业务服务体系	动力服务	驻厂人员服务过程监管问题	★★★	管理类
		售后服务方式差异所造成的管理难度问题	★★★★	管理类
		售后服务工作监管与标准化问题	★★★★	管理类
		市场活动事前预测、事中监管、事后分析的过程管理问题	★★★★	管理类

表3.2(续)

业务板块	职能模块	需求点/问题点	重要性	需求类型
业务服务体系	整车服务	投诉及其处理的问题	★★★★★	管理类与系统类
		网点投资建设管理机制的问题	★★★★★	管理类与系统类
		三包服务费用的问题	★★★★★	管理类与系统类
	部品服务	分散采购监管问题	★★★★★	管理类与系统类
		商业模式与销售价格问题	★★★★★	管理类与系统类
		通机销售市场权责划分管理问题	★★★	管理类与系统类
	服务支持	质量追踪体系闭环管理的问题	★★★★★	管理类与系统类
		索赔过程监管控制的问题	★★★	管理类与系统类
	客户服务	客户服务组织协同联动的问题	★★★★★	管理类与系统类
工程质量体系	技术质量	自制件的编码管理	★★★★	管理类
		外购件的编码管理	★★★★★	管理类
		编码录入口的设置	★★★★★	管理类
		技术资料归档管理	★★★	管理类与系统类
	培训发展	高速扩张阶段的企业培训压力	★★★★★	管理类
		培训师资资源管理	★★★★★	管理类与系统类
		培训课程开发	★★★	管理类与系统类
		培训与人力资源管理的挂钩问题	★★★	管理类
公共管理体系	财务管理	财务管理组织的建立问题	★★★★★	管理类
		资金管理问题	★★★★★	管理类与系统类
		预算管理问题	★★★	管理类
		存货额度管理问题	★★★★★	管理类
		财务分析需求	★★★	管理类与系统类
	人力行政	管理规范的落实问题	★★★★	管理类与系统类
		人员招聘问题	★★★	管理类
		薪酬福利管理问题	★★★	管理类与系统类
		绩效管理问题	★★★	管理类

表3.2(续)

业务板块	职能模块	需求点/问题点	重要性	需求类型
公共管理体系	运营支撑	业务模式与管理定位问题	★★★★	管理类
		企业管理的系统支撑问题	★★★★	系统类
		系统接口问题	★★★★	系统类

注：需求类型：

管理类：代表需要在管理上进行改善的需求。

系统类：代表需要在系统上进行考虑的需求。

重要性程度：

★★★：代表一般性需求或问题，改进所产生的价值较小。

★★★★：代表重要需求或问题，改进所产生的价值较大。

★★★★★：代表关键需求或问题，改进所产生的价值巨大。

在进行“ZSF”业务需求分析的过程中，我们将按照前文所描述的需求分析办法进行逐项分析，并给出最终的优化建议。“ZSF”的业务模式和流程目前还处于非稳定状态，因此前期提供的需求分析报告也是基于当时的调研结果，在后期的实施过程中，还需要进行详细的调研，并采用图表、图文的方式出具需求分析报告。

需求分析描述示例：

需求要点：新服务渠道开拓。

问题描述/需求理解：“ZSF”目前经营渠道主要有传统分销渠道和新的服务渠道双重渠道，因为这两个渠道所覆盖的市场区域相同，因此它们存在一定的博弈关系。

分析与建议：充分利用价格、品牌、物流、客户群等优势，开拓新服务体系。

在“ZSF”发展连锁服务渠道时，很难不触及原渠道商的利益。因此，在初期，“ZSF”应需要重点考虑以服务为主线的连锁服务占据市场的优势分析。从目前来看，“ZSF”在开拓服务体系中应充分利用以下几个方面的优势：

- 应用扁平化渠道减少中间价格形成市场价格优势。
- 发展物流体系（第三方物流）辐射范围、快速响应客户需求、形成物流优势。
- 借助上级公司产品品牌优势扩大维修服务影响力，形成品牌优势。
- 利用合营店的合作对象原有维修的客户群形成客户群优势。

3.3.3 "ZSF"业务流程优化建议

在管理流程设计和管理需求分析方面，遵循"ZSF"价值链，从业务经营活动（供应、连锁、销售、门店维修、服务支持）和管理支持活动（财务、人力、企管、质量、培训）两个方面进行系统化的分析。

"ZSF"的战略理解和模式分析，是咨询实施团队进行管理需求梳理和IT系统框架设计的基本依据。本书的重点在于内部的管理问题梳理和IT系统关键需求梳理。经过总结提炼，本书认为"ZSF"有六个核心问题亟待解决或者确认，如图3.23所示。

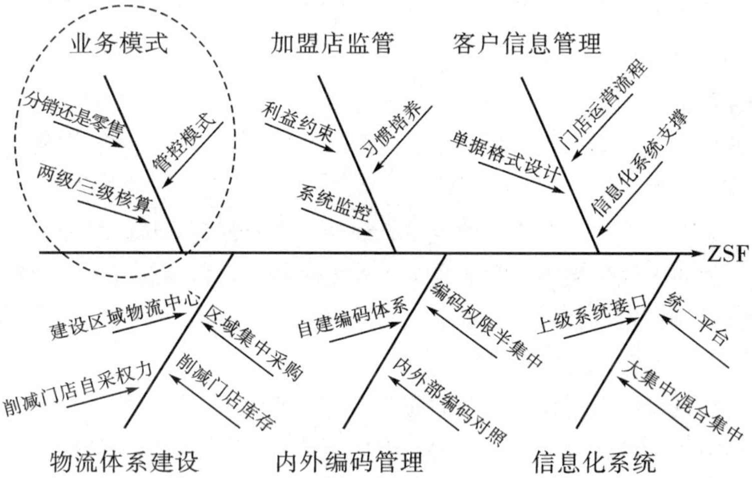

图3.23 "ZSF"的核心问题图示

3.3.3.1 明晰"ZSF"管理模式定位

目前"ZSF"的业务模式仍然处在探索—优化—探索阶段，甚至许多内部管理者对"ZSF"当前的业务模式类型是分销还是连锁都不太清楚。

从连锁经营的模式来说，除非是总店—分店模式，否则在门店下面不可以再设置下属门店。这就意味着旗舰店下面不可以下设二级直营店/合营店，加盟店更是只能作为往来单位的性质来进行管理。

从门店的业务来说，主要包括维修服务和销售。维修服务是采用连锁的方式，并据此推动配件的更换、销售业务；销售主要是以批发为主，主要客户对象是区域内的加盟店。因此可以理解为，"ZSF"的维修服务是连锁模式，而配件销售方面则是分销模式。

从投资关系来看，“ZSF”的门店包括全资、合资和加盟店。总部对不同性质的门店所使用的管控手段和管理力度是不同的，业务手段、财务手段需要配合使用，浅度监督、中度监控、深度管控，需要在不同的业务线上使用。而这些都需要“ZSF”首先对自身的业务模式和管理模式进行明确定位。

3.3.3.2 优化“ZSF”组织架构设计

目前“ZSF”的组织架构仍然在不断地调整之中，逐步向流通服务企业的架构模式转变。但是，仍然存在模式探索阶段的组织定位问题，主要问题是现在没有把公司管理架构、财务管理架构、物流管理结构划分得很清晰。

公司管理架构：总部—区域分公司—旗舰店—加盟店。

公司核算架构：总部—门店。

仓储物流架构：暂时以门店作为仓储组织，没有物流中心的规划。

公司的物流、资金流、信息流如何在三类架构中运转通畅，需要一份总体蓝图方案。

其中的难点在于区域中心的定位，许多连锁经营企业将区域分公司作为核算主体，并将下属区域内的门店统一归入该区域分公司，进行统一管理与合并纳税。在这种情况下，核算模式、资金管理模式、物流模式都将发生巨大的变化。

若是将区域中心定位为总部的前置部门，仅仅执行管理职能，那么在门店之间的物流周转就是独立法人之间的内部交易。可以以门店—总部—门店的三方结算模式来处理，也可以以门店—门店的内部关联方交易模式来处理；同时由于投资关系的原因，合营店的物流交易产生的核算结果是有差异的，也直接影响合并报表。

3.3.3.3 优化“ZSF”网络拓展风险控制

连锁服务网点的覆盖率、辐射力、影响力是“ZSF”直营店选址、合营店实力评估的重点。一山不容二虎，“ZSF”在网点拓展的过程中尤其需要注意对当地原渠道经销商的利益进行权衡。

对原有经销商的服务接管同样需要时间，其中需要考虑产品的销售定价、市场激励政策等手段，避免激化市场矛盾。在门店拓展的前期，建议以合营模式为主，一方面可以分摊经营风险，另一方面可以充分利用合资商在当地的客户群和影响力，快速站稳脚跟、树立样板。

3.3.3.4 优化“ZSF”加盟店监管办法

加盟店是“ZSF”的重要利润来源，也是上级公司产品销售市场的重要购买力量。但是加盟店的监管是最难的，许多连锁经营企业都败在加盟店的监管上。加盟店可能是夫妻店、师傅店，服务的品质很难靠管理制度来约束，所以从管理上需要对其经营进行监管。同时，需要有一套完善的加盟管理制度及考核体系，并有一个一体化的系统平台来支撑对终端服务和终端的管理。

3.3.3.5 优化“ZSF”市场信息数据库

做终端的本质在于做客户，以前的客户信息掌握在渠道商手中，“ZSF”未来要做的事情是获取最完整的、第一手的市场信息，建立客户信息中心，进行商机的整合，促进二次销售；以点带面，一传十，十传百。与此同时，还可以收集一线的销售信息、竞争信息、故障统计等数据，通过商业智能分析系统完成情报分析、营销分析、服务分析，指导企业的战略决策。

3.3.3.6 优化“ZSF”物流供应体系

江津店单店库存成本约 20 万元，未来平均单店库存成本预计在 10 万元左右，未来 3 000 多家门店的总库存量是非常惊人的，因此必须进行仓储体系的优化。

取消门店库存，门店备齐常用配件并维持低库存，保证数天的维修用量即可，降低库存资金占用；建立区域仓储配送中心（可以租赁第三方仓库），辐射区域内的门店，按照门店要货计划配送物资到各门店，保证门店物资不短缺；逐步取消门店自主采购权，杜绝质量风险；区域配送中心执行集中采购，获取规模化优势；区域配送中心负责建设当前区域范围内的供应商体系，并对采购质量负责。这样，既可以解决门店资金占用的问题，又可以满足门店配件用量需求，对供应商体系的建设也有好处。这种商流、物流分离的模式，需要信息化系统进行支撑，否则很难通过人工方式来处理集中采购—集中收货—内部调拨—内部结算的业务。

3.3.3.7 优化“ZSF”物资编码体系

“ZSF”面临的物资编码问题主要有两个：一是自制件编码的继承使用问题；二是外购件的编码设计和识别问题。

（1）自制件编码问题。动力集团和机车集团的编码规则不同，很难采用其中的一种规则去统一两套体系；目前的编码规则是沿用上级集团的编码规则，然而流通行业物料编码和生产型企业的编码设计原则有很大的不同。如果“ZSF”目前借用R3系统进行编码管理，仅仅是个过渡阶段，那么我们认为未来“ZSF”必然需要专属的系统、独立的编码体系，以适应自身发展的需要。

（2）外购件编码问题。外购件的编码混乱是目前非常令人头疼的问题。首先是门店对外购件的技术鉴别能力不足，导致实物和入账编码不一致；其次是外购配件未标明适用机型的，编码字段都以4个0表示，导致许多编码重复；此外，对通用件的通用性无法鉴别，导致后期维修过程产生质量问题；最后，不同厂家拥有不同的编码体系，和上级公司的编码体系差异巨大，给后期的库存管理、往来沟通和对账带来困难。

最好的解决办法是建立“ZSF”自己的编码体系，同时建立“ZSF”信息化管理系统，在系统中以“ZSF”自己的编码为主编码，以动力集团、机车集团、外部单位的编码体系作为对照编码，解决对账和“沟通语言”问题。取消在门店外采购配件的权力，解决门店编码输入不规范的问题；配件的采购由区域配送中心执行，区域配送中心拥有实物识别、编码录入、维护的权力，解决编码重复录入、录入错误等规范性方面的问题；集团对口管理部门负责编码规则的设计、维护，对例外业务进行审批管理。

3.3.3.8 优化“ZSF”信息化管控工具

“ZSF”自建信息化管理系统是必然趋势，而且对于“ZSF”来讲，信息化系统一定是基于统一平台的，否则未来将面临长期的集成和接口开发工作；同时还需要解决“ZSF”系统与动力集团、机车集团系统的接口问题。需要接口的数据包括以物料编码、BOM表、存货档案为首的基础数据，和以订单、收发货单为首的日常动态数据。系统集成的模式包括实时集成、周期性数据更新和手动触发集成等；在集成技术上包括点对点的接口开发、中间件集成和总线集成等。

具体采用哪种集成方式，需要哪些数据进行交互，这需要根据“ZSF”的管理要求来定，这个工作将在系统框架确定之后才能展开，这里不再赘述。

在考虑集成的同时还需要考虑系统安全性的问题，尤其是在全国化大集中应用的模式下，需要高度保护“ZSF”的数据安全，建立银行级的企业信息平台。

3.4 “ZSF”连锁运营管控平台设计框架与建设路径

流程咨询的下一步是进行 IT 方面的咨询，针对流程咨询的结果对 IT 系统的需求进行分析，找到 IT 系统和咨询成果的结合点，据此进行系统平台的功能设计，最后开展系统实施工作，如图 3.24 所示。

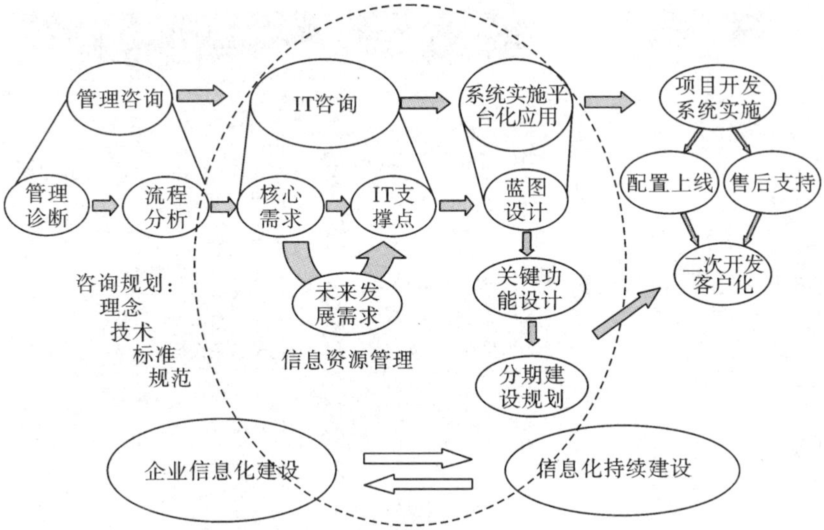

图 3.24　企业信息化建设服务链

在这个阶段，主要工作有两项：一是 IT 咨询；二是信息化平台设计。

其中，IT 咨询工作的主要内容是将企业当前的核心业务需求转化为信息化的需求，并考虑未来企业的管理需求，合并成为“ZSF”信息化系统的支撑点。

信息化平台设计的主要工作包括信息化系统框架描绘、子系统关键功能设计，以及系统的分期建设规划。这些将在下文进行详细阐述。

3.4.1 “ZSF”信息化支撑点分析

信息化支撑点是企业业务流程和业务管理需求与系统功能的交集。咨询将通过咨询调研结果进行业务差距分析，根据业务差距分析的结果，从 IT 角度明确为弥补这些差距需要努力的方向，制定未来的 IT 目标；根据信息化现状和有关业务经验，明确在实现 IT 战略目标过程中必须坚持的原则，为规划和后续工作提供指导；根据业务需求，确定企业信息化建设的总体蓝图；与客户业务和 IT 管理人员确认 IT 战略与原则、总体蓝图。

从发展的角度制定“ZSF”的 IT 支撑点。横向上，从战略、模式、流程几个维度进行分析；纵向上，考虑现在的管理需求和未来的需求发展。最终的 IT 支撑点是一些系统级的需求，如图 3.25 所示，这也是“ZSF”信息化整体蓝图设计的基本依据。

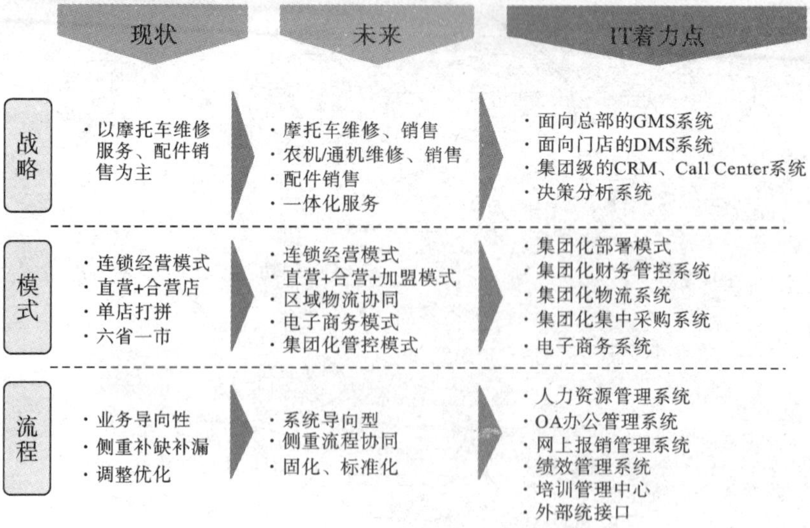

图 3.25 “ZSF”信息化建设整体图示

“ZSF”目前以上级公司摩托车维修服务、配件销售为主，未来将发展到各大品牌摩托车、通机、农机的维修和销售；同时可以借助“ZSF”在全国的渠道优势，建立物流仓储中心，并从线下业务发展至线上电子商务。从这个角度看，“ZSF”在业务管理领域，存在着对门店管理系统、集团集中采购管理系统、集团物流管理系统、电子商务系统的需求，在后端存在着对集团财务管理系统、人力资源管理系统、呼叫中心、培训系统的需求，以及系统之间的接口需求。

从业务管理的维度分析“ZSF”的 IT 支撑点。对每个业务流程进行分析，对流程管理中的难点、要点进行分析，制定流程管控点，并据此匹配业务系统的关键功能。这也是“ZSF”进行连锁运营管控平台关键功能设计的基本依据，在前期提供的业务需求调研报告中已经有了比较详细的系统支撑建议。更多的内容需要更详细的调研，将在咨询实施阶段提供。

3.4.2 “ZSF”信息化整体蓝图设计

本书中的“ZSF”信息化整体蓝图，是基于前期的售前调研结果的，在实施阶段可能随着业务需求的变更而产生一些局部调整。本蓝图是基于“ZSF”未来5年以上的发展规划，能够支撑“ZSF”5~10年的信息化应用，具体见图3.26。

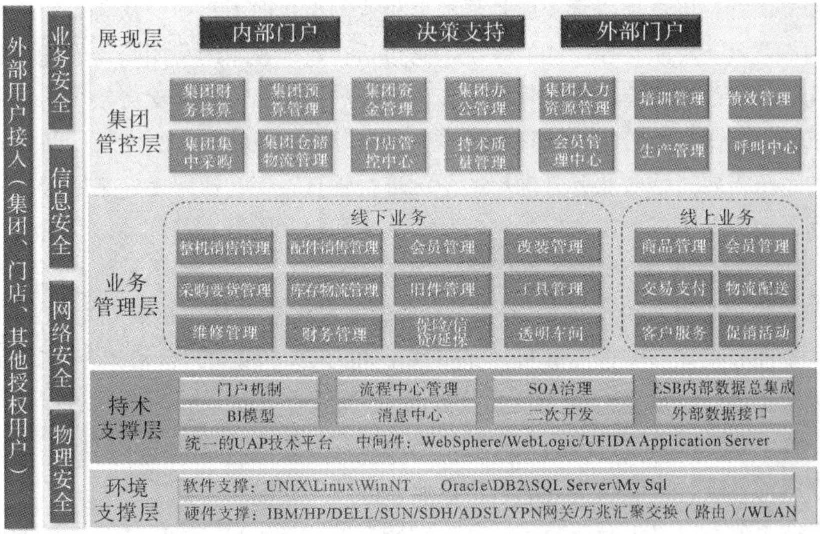

图3.26 “ZSF”连锁运营管控平台整体架构图示

“ZSF”连锁运营管控平台整体蓝图架构，我们可以总结为“一个平台，五层架构，双线支持，N项应用”。

（1）一个平台

建立统一的连锁运营管控平台，使得“ZSF”的业务流程在同一个平台中协同应用。该平台通过用友UAP技术平台来实现，在统一的UAP平台上架设不同板块的业务系统，并保证系统之间的数据集成。

（2）五层架构

从下至上分为环境支撑层、技术支撑层、业务管理层、集团管控层和展现层五层。

环境支撑层：要求“ZSF”连锁运营管控平台需要能够适应复杂的环境，包括对多种操作系统的支持、对多种数据库的支持、对不同硬件服务器和网络环境的支持。

技术支撑层：要求采用统一的技术平台，即用友 UAP 平台。技术平台需要支持门户界面自定义、流程自定义、数据分析自定义、消息引擎自定义，需要能够支持数据接口、ESB 数据集成和二次开发。用友 UAP 平台基于 SOA 架构的特性，使得它具有无可比拟的优势。

业务管理层：业务管理层是从经营的角度进行业务系统的搭建，业务管理层中部署的系统需要根据“ZSF”当前的网店拓展进度和管理要求来进行分期设计，包括进销存、财务、维修、CRM 等。

集团管控层：集团管控层是从整个企业的高层向下辐射，从各大职能板块分别部署具备集团管控功能的系统。它包括：业务领域的集团物流管理、集中采购管理、门店管控、质量管理、会员中心数据库等，管理支持领域的集团财务核算、集团资金管理、预算管理、人力资源管理系统等。纵向上，集团管控层的系统需要能够对业务管理层的系统进行垂直管控；横向上，集团管控系统之间需要无缝集成，以确保关键信息的共享和相互监督。

（3）双线支持

双线，即线下和线上。“ZSF”未来的模式将涵盖线下的传统模式和线上的电子商务模式。电子商务可以是 B2C 的电子商务模式，也可以是 B2B 的分销模式，还可以是 B2C 的商流物流分离模式。

线下业务以渠道管理为主，包括对门店自身业务的管理，对门店下属加盟维修店的管理，对摩托车、通机增值业务的管理。

线上业务以电子商务推广、电子交易为主，与此同时还包括线上线下流程集成、数据集成。

（4）N 项应用

按垂直管控与横向协同的原则，“ZSF”未来将部署更多的管理系统，这些都将在当前部署的统一平台上进行扩展。用友 UAP 平台本身能够提供的部分，可以优先采用；用友体系外的系统，则需要 UAP 平台能够与其进行系统集成，保证未来“ZSF”连锁运营管控系统的长期运行。

3.4.3 “ZSF”连锁运营管控平台关键功能设计

本书对于“ZSF”连锁运营管控平台关键功能的设计，仅能落实到模块二级菜单级，具体的应用功能细节需要在实施阶段提供。结合“ZSF”的业务调研情况，我们认为，“ZSF”连锁运营管控平台的关键功能至少应当包括表 3.3 列示的内容。

表 3.3　　　　　　“ZSF”连锁运营管控模块列表

	系统模块	核心应用
连锁经营	销售管理	整机销售、配件销售、订单管理、价格管理
	服务管理管理	维修项目、维修工时、维修工单、维修结算、维修成本、服务过程管理（服务派工、服务过程记录）
	库存管理	整机、配件、用品、工具、出库、入库、调拨、盘点
	门店采购管理	门店采购计划、采购计划跟踪、门店采购结算、门店采购发票
	会员管理	会员级别、会员卡、会员积分、积分兑换、会员服务
	绩效管理	目标管理、指标管理、指标填报、指标查询
	增值业务	保险、信贷、置换、抵押
	市场活动	活动计划、活动预算、活动执行、效果评估
供应链管理	采购管理	集中采购管理、采购计划、采购计划汇总、询价比价、采购订单、采购到货、采购结算、采购发票
	物流管理	物流中心设置、配送计划管理、库存平衡、调拨管理、物流签回、物流费用结算
	库存管理	仓储中心设置、库区管理、货架管理、条码管理、出库管理、入库管理、移库管理、盘点管理
	生产管理	生产计划、物料需求计划、车间管理、用料管理、完工入库、成本管理、包装管理
质量管理	质量管理	质量检验主数据（检验特性、检验标准、检验方法）、质量检验计划（采购入库质检）、质量检验结果和盘点、质量分析
业务服务	客服管理	三包件管理、投诉管理、售后回访、服务监督
	呼叫中心	分大区建立呼叫中心
财务管理	财务核算	总账、应收、应付、现金管理、网上报销、协同凭证、成本管理
	合并报表	报表定义、抵销关系、数据采集、抵销分录、工作底稿、合并报表、数据追溯
	资金管理	账户管理、资金监控、收支管理、资金计划、银企直联、资金预测、资金分析
	预算管理	预算编制、执行控制、预算调整、预算分析、绩效评估
	审计管理	审计计划、审计项目、审计档案、审计资源、在线审计、数据抽取、监控预警

表3.3(续)

	系统模块	核心应用
其他	决策分析系统	销售分析、采购分析、库存分析、财务分析、服务分析
	绩效管理	绩效计划、绩效指标、绩效方案、绩效执行、绩效评估
	B2B/B2C	商品管理、商铺管理、会员管理、交易管理、网上支付、物流配送、在线服务、市场推广、促销活动。

3.4.4 "ZSF"连锁运营管控平台分期建设规划

系统的分期建设规划是和企业发展规划分不开的，系统分期的原则是"急用先行、持续改善"。对于"ZSF"来说，目前在总部ERP、呼叫中心、立体仓储管理方面都已部署了系统，能够提供一定程度的管理支持；而在门店方面，系统缺口比较大。作为"ZSF"发展成败胜负手的门店经营，是IT系统建设的重点；目前"ZSF"在门店拓展上的进度要求也较为严格。因此，门店应当作为信息化建设的重点。

从业务模式上看，"ZSF"第一阶段的重点在渠道建设，主营业务在于摩托车维修、改装、配件销售，农机销售、农机配件销售和维修；后期将向电子商务模式拓展，实现线上、线下联动。

从渠道进度规划上看，"ZSF"第一阶段重点在六省一市，主要工作是建立样板店；后期将向全国市场复制、推广。

有了这些分析作为基础，我们结合上文的"ZSF"信息化整体蓝图，将"ZSF"连锁运营管控信息化平台分成三期，见图3.27。以适应"ZSF"在每个阶段的管理要求，确保信息化能够有效支撑"ZSF"未来的发展。

第一阶段：关注渠道经营，建立门店连锁运营一体化基础管控平台。

（1）导入IT咨询，对"ZSF"的运营流程进行梳理和优化，出具流程优化报告，设计IT系统整体蓝图，准备好后期的系统开发、配置和实施。

（2）建设统一的技术平台，为一期系统的搭建和未来的扩展建立基础，确保系统之间的数据集成。

（3）部署前端的门店进、销、存管理系统，实现对门店维修、销售、会员管理等方面的管理。

（4）部署支持集团模式的集中采购和集团物流管理系统，支持前端业务。

（5）部署后端的集团财务核算系统，与前端业务集成，实现财务业务一体化。

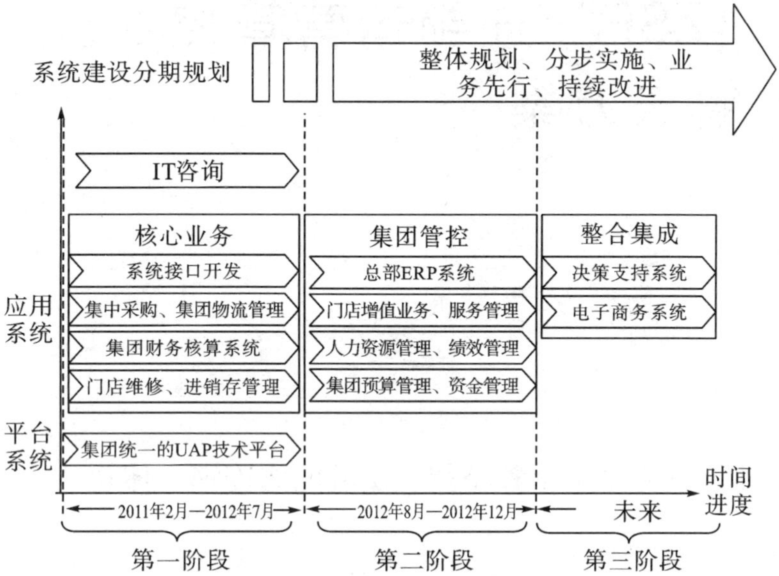

图 3.27 “ZSF”连锁运营管控信息化系统建设分期图示

第二阶段：强化业务管控，实现前端渠道管理和后端运营管理的一体化。

（1）对总部的 ERP 系统和 DMS 系统进行切换，实现总部业务系统和门店业务系统共用一个平台。

（2）随着门店业务的扩展，进行门店增值业务管理的配套支持，建设售后服务管理系统。

（3）进行集团财务系统的扩展应用，部署集团资金管理系统和全面预算管理系统，实现财务管理方面的“三算合一”。

（4）部署人力资源管理系统、绩效、培训管理系统，实现“人财物一体化”。

4 “ZSF”连锁运营管控平台解决方案

4.1 一期关注业务经营、实现门店连锁一体化

4.1.1 “ZSF”渠道管理系统解决方案设计

4.1.1.1 “ZSF”渠道管理核心需求分析

首先分析“ZSF”在渠道管理方面的核心业务现状：

售后服务没有一套相对完善的管理机制，人为主观判断的情况比较多，特别是门店技师现场维修服务的随意性较大，本来通过维修就可以解决问题，但技师为了方便却建议客户更换部件，提高了维修成本，加大了客户对维修业务的抵触性，严重影响了客户的满意度。

配件仅有30%的业务属于公司品牌，70%的业务都来自于市面上其他品牌；门店对外品牌产品采购实行单点结算，总部只给定一个总金额限制，对采购的细节无法实施监管；外品牌产品没有经过总部统一编码，导致总部的编码一片混乱，更加无法统计到部品销售的分类情况；门店自行采购的权力越大，其中采购的暗箱操作风险也非常大，致使维修成本居高不下；每天门店的缺件量为60%，由于采购的周期比较长，因此阻碍了业务的进一步提升；文化用品的销售会将基础额度直接划拨到门店，再加上设计、制作、加工的成本，虽然能在一定程度上起到宣传的作用，但致使资金的周转率进一步降低。

配件销售是采用传统经销商代理、门店直销、直营店和合营店向下属加盟店批发混合销售模式。对于发动机的配件市场零售由“ZSF”统一对外销售，但机车的配件市场没有统一，即由原经销代理商和“ZSF”共同销售经营。但

是，现在直营店、加盟店的批发和零售价格体系没有在全国统一。市场价格体系不统一，将来会出现窜货现象。由于上级公司服务和产品销售实行代理制，渠道经销商的经营能力参差不齐、进货渠道无法有效管控，市场需求不能得到真实反映。经销商订货数量小、随机性强，无法形成批量采购和运输，致使采购成本和物流运输成本较高，从而销售价格高；而销售价格高则制约了经销商的销售积极性。

综上所述，“ZSF”在渠道管理上需要将售后服务结算和配件销售两块核心业务纳入统一规范的平台中管理。下面将从渠道管理系统角度对售后服务结算管理和配件销售管理进行详细阐述。

（1）新服务渠道开拓

问题描述/需求理解：“ZSF”目前经营渠道主要有传统分销渠道和新的服务渠道双重渠道。由于这两个渠道所覆盖的市场区域相同，因此存在着一定的博弈关系。

分析与建议：充分利用价格、品牌、物流、客户群等优势，开拓新服务体系。

在“ZSF”发展连锁服务渠道时，很难不触及原渠道商的利益。因此，在初期，“ZSF”应需要重点考虑以服务为主线的连锁服务占据市场的优势分析。从目前来看，“ZSF”在开拓服务体系中应充分利用以下几个方面的优势：

- 应用扁平化渠道减少中间价格形成市场价格优势。
- 发展物流体系（第三方物流）辐射范围、快速响应客户需求形成物流优势。
- 借助上级公司产品品牌优势扩大维修服务影响力形成品牌优势。
- 利用合营店的合作对象原有维修的客户群形成客户群优势。

最后，通过以上优势，将实现“ZSF”发展新服务渠道第一阶段的战略经营目标。

（2）网络利益权衡问题

问题描述/需求理解：在新服务渠道模式下，连锁服务网点的布局是否能够覆盖所属区域，是否可以逐步替代原有渠道经销商在区域的影响力。这个是需要重点关注的问题，否则与原渠道商的竞争问题很难解决。

分析与建议：区域网络节点除需要保证价格优势外，还要解决物流体系建设与网点布局的平衡问题。

区域网络节点需要通过统一的系统平台对网点进行监管和控制，因此需要由系统平台融入全面管控机制才能完成对连锁网络的统一化管理。

（3）新服务渠道建设问题

问题描述/需求理解："ZSF"新的服务渠道经营主线以维修服务为主，其面对的客户是终端消费者。而从目前的渠道终端构成来看，基本上还是以经销商或者批发商终端为主，市场覆盖面尤其是末端市场覆盖面不够。

分析与建议："ZSF"必须要注重新服务渠道经营转化的问题。要转变经营扩展方式，自建核心终端（旗舰店、直营点、合营店），规模扩大需要通过发展加盟店迅速覆盖末端市场（乡镇等市场）完成连锁服务网络全面部署。

在发展连锁渠道的过程中，以自建终端（旗舰店、直营店、合营店）为区域核心，辐射下级管理区域。连锁经营战略目标是通过服务市场渠道逐步替代原有经营渠道，把外部相对不可全面控制的深度渠道向内部的可全面管控的扁平渠道转化。

（4）门店运营成本问题

问题描述/需求理解：当前"ZSF"动力的连锁网络从财务管理层面没有实现门店化，还是以子公司的形式运营。

分析与建议：从"ZSF"目前连锁网络的财务管理模式来看，短期具有可行性，但长期规模化运营时，量变会带来质变。一旦同类型的店面数量增加，其库存成本相关可观，因此，当在同区域范围内出现多家门店时，是否需要考虑设置区域库存，这将直接影响到开店铺货的成本问题。

（5）市场运营规范问题

问题描述/需求理解：目前，"ZSF"主要覆盖摩托车市场及配件销售、农机销售等。而在经营末端市场主要是依靠加盟店，这些加盟店可能是夫妻店、师傅店，这种加盟店占了相当大的比例。因此，在这种情况下，将会导致竞争优势衰减的情况。

分析与建议：对于"ZSF"市场运营这一问题，关键在于是否能实现对连锁经营服务市场多视角观察与分析的职能。

从经营的角度：不论是以4S店的方式进行市场布局，还是以扁平渠道的分销布局都需要考虑到战略经营目标。在连锁服务经营的市场分布方面需要明确公司植入连锁经营体系的产品范围，再进行市场布局。

从市场的角度：地级市场管理统一化、标准化相对容易落地，但县级或乡级统一化、标准化的落地实现起来具有一定的难度。市场的差异主要是在于消费者的意识以及消费能力，经营末端市场主要是依靠加盟店，而这些加盟店可能是夫妻店、师傅店，服务的品质基本上很难靠管理制度来约束，所以需要对其经营进行监管，这也是"ZSF"所没有深度触及的一块。同时，需要有一套完成的加盟管理制度及考核体系，并部署一套一体化的系统平台来支撑对终端服务和终端的管理。

（6）三包服务结算问题

现状描述："ZSF"目前的三包服务结算采取的是打包结算方式，包含两部分：①基础三包费用；②保养费用。"ZSF"将打包费用一次性结算给门店或代理商，客户在产品出现各种问题后，到门店或维修站进行三包服务时，门店或代理商以各种理由进行重复性收费，此时总部也没有相应的监管机制，因此客户对"ZSF"品牌产生消极的情绪，极大地削弱了"ZSF"的品牌形象。

分析与建议：

该部分业务涉及客户的切身利益，对"ZSF"品牌形象在市场上的影响力有一定的作用。

建议建立严格的门店考核机制，将打包费用分阶段结算给门店或代理商，考核结果较差者，扣出其中部分费用，这样既可以牵制门店或代理商的一些违规重复收费行为，还可以让他们更好地服务客户；建立客户投诉奖励机制，让客户得到实惠。

4.1.1.2 "ZSF"渠道管理系统支撑

（1）维修/服务管理

售后业务管理也称索赔，是指对质保期内的主机厂车辆、一些大客户的保外车辆以及"ZSF"下发的服务活动的车辆在进行维修后进行的索赔申请单的申报、审核管理，见图4.1。对于"ZSF"的一些非常规业务，如免费保养、PDI检查等也可以通过索赔申请（通过索赔类型来区分）来向"ZSF"申报费用。

索赔质保政策可以根据车型、车型年、配件类型（易损件、常规件、整车件等）、行驶时间、行驶里程等因素进行设置，形成车辆质保期自动判定规则的基础数据。索赔审核主要有两个方面的审核：①索赔申请单审核：主要从数据完整性、正确性、一致性等方面进行审核，其中一些完整性和一致性检查可以通过设定审核规则由系统进行自动审核。②旧件审核：旧件回运到"ZSF"后，根据旧件实物的损坏情况和索赔申请单中的故障描述是否一致来判断索赔的有效性。并可以对不一致的索赔申请单进行拒绝或者抵扣处理。

索赔管理主要包含索赔基础数据管理、索赔预授权管理、索赔申请单审核管理、旧件回运管理、旧件库存管理、索赔结算、索赔抵扣管理、二次索赔管理等。

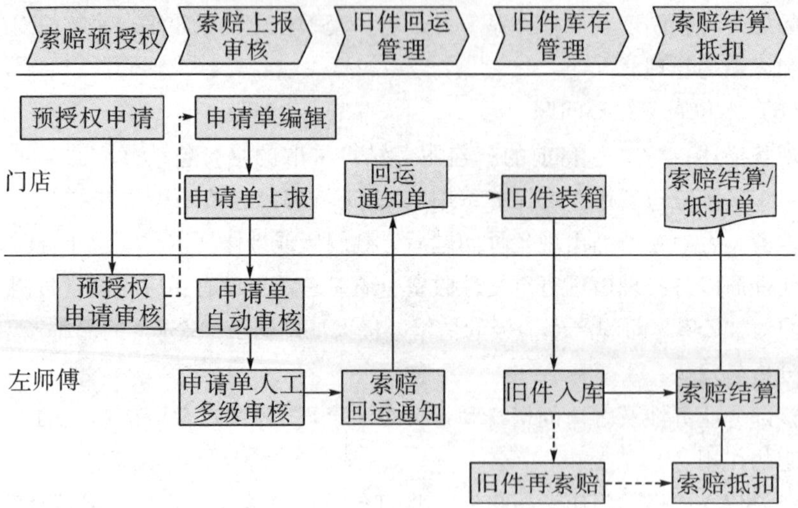

图 4.1 “ZSF”售后业务管理图示

①基础数据管理。

门店可以查询“ZSF”定义的索赔业务相关基础数据和业务参数，主要包括以下几个方面的内容：

A. 索赔工时数据主要是指各种车型的索赔工时数据，包括操作代码、操作工时、附加工时等。

B. 工时单价是指各种车型的索赔工时单价，不同车型的工时单价可以不相同。

C. 索赔管理费率：查询门店的索赔管理费率，用于计算索赔申请中故障配件的索赔价格。该数据为可选内容，可根据“ZSF”的业务实际情况选择是否设定该费率。

D. 索赔类型主要如表 4.1 所示。

表 4.1 索赔类型一览表

索赔类型	中文描述
一般索赔	普通质保期内的车辆索赔。
服务活动	由“ZSF”下发的活动，门店根据该活动进行维修后的索赔，“ZSF”不需要审核。
首次保养	新车销售后首次强制保养。
二保保养	新车销售后第二次强制保养（如有）。

表4.1(续)

索赔类型	中文描述
追加索赔	门店在索赔后对遗漏的附加项目发起的索赔，工时和配件不需要填写。
重复修理索赔	对在以前维修中修理过的项目并且做过索赔的，如果以后还有对这个项目进行索赔的申请单要报重复修理索赔。
零件索赔更换	整车索赔过期，非原车配件的索赔，针对主要故障配件。
重新递交索赔	主要针对超过索赔上报期限上报的索赔申请单在被“ZSF”端拒绝后，经过与“ZSF”沟通后由“ZSF”端下发指令，在门店端生成一张新的索赔申请单，门店端不能直接创建。
PDI 索赔	根据 PDI 业务中发生的车辆质损导致的索赔情况，“ZSF”到门店的交车检查过程中发现的非运输质损导致的索赔。 根据 PDI 业务中发生的车辆质损导致的索赔情况，客户提车前新车检查过程中发现的非运输质损导致的索赔必须要预授权。
保外索赔	针对特殊情况下的保外索赔情况，以 42 类型进行处理。42 类型索赔的约定条件如下：一是保外索赔要对索赔业务发生的门店以外的其他门店屏蔽，即其他门店无法查看 42 类型索赔的记录；二是保外索赔必须事先经过预授权才可以发起。

E. 其他费用类型，如拖车费、外出服务费等。

F. 故障代码：查询故障代码及代码描述信息。

G. 质损区域：查询质损区域代码及描述信息。

H. 质损类型：查询质损类型代码及代码描述信息。

J. 质损程度：查询质损代码及代码描述信息。

K. 质保政策定义，根据车型、车型年、配件类型（易损件、常规件、整车件 等)、行驶时间、行驶里程等因素进行设置车辆的质保期（质保里程、质保时间)。

②维修工单。

登记即时进行保养、维修的车主和车辆的相关信息（车主名称、联系电话地址、送修人、牌照号、表上里程等)、保险公司信息以及本次维修的项目、维修配件、其他服务项目等，并打印任务委托书。系统会根据客户和车辆的信息对接待人员主动给予提醒，如客户可以参加某项免费服务活动或客户上次有欠款尚未结清等。对于三包期内车辆的维修项目和配件，需要标记为索赔项目或者配件。索赔项目或者配件在结算时不收费，并可以对这些索赔项目进行索赔申请。工单中每一个维修项目（工时、配件、其他费用等）设置不同的收费对象（如保险公司、车主自付费、第三方责任人等），以便在结算时根据收费对象分别进行结算。

③维修发料。

车辆进入门店维修并创建维修工单后，维修工根据需要维修的项目进行检修，在检修过程中需要对部分配件进行更换，通过维修发料来登记更换的配件信息。保期内的车辆如果需要更换配件，需要在配件上标记索赔标记。更换的配件如果未入账，可以进行修改和删除操作，否则只能进行退料操作。

④索赔预授权管理。

预授权业务是指门店在维修业务过程中为了获得“ZSF”的索赔认可，在正式的索赔申请上报之前先简略地将客户车辆信息和维修内容记录在预授权申请里（包括维修项目、维修配件、其他费用等），然后将预授权申请上报给“ZSF”进行审批，经预授权同意之后再进行实际维修，并在维修之后正式上报索赔申请。

预授权申请从提交开始，每个阶段的状态变化都会如实地被记录，门店可以在系统中查询申请当前所处的状态，如等待审批、审核同意、审核退回、审核拒绝等。

⑤索赔申请。

对质保期内的车辆维修时，需要将工单上的维修项目、维修配件、其他费用标记为索赔标记。含有索赔项目的工单维修结算后可以进行索赔申请。

创建索赔申请单必须要有维修工单且索赔的项目（工时、配件、其他费用），不能超出维修工单的范围，且都要有索赔标记。索赔申请单主要包含车辆信息、车主信息、质损信息、故障信息、索赔工时、索赔配件、索赔其他费用等。门店对已经完成的索赔申请上报给“ZSF”审核，上报后，对应的维修工单不能进行取消结算操作。

门店对索赔申请单生命周期内的状态进行跟踪和记录，表 4.2 为索赔申请单的状态。

表 4.2　　索赔申请单的状态一览表

状态	说明
待上报	门店完成案例设定并填写完整的还未上报的申请单的状态。
已上报	门店已经上报的申请单的状态。
已接收	“ZSF”在收到门店上报的申请单后的状态。

表4.2(续)

状态	说明
审核拒绝	在自动审核时被自动拒绝和在人工授权时被人工拒绝的申请单的状态。被拒绝的申请单，门店不能再次对该工单项目申请索赔，如果想再次上报，必须通过“ZSF”授权。
审核退回	在人工授权时被退回的申请单的状态。被退回的申请单，门店可以取消或者重新编辑上报。
审核同意	在自动审核和人工授权被审核同意的申请单的状态。
提交结算	授权同意的索赔申请单提交给结算系统时的状态。
结算支付	同意支付该笔索赔费用。

⑥索赔审核管理。

门店在维修完成之后可以根据维修内容创建索赔申请并上报“ZSF”进行审核，基于维修工单创建索赔申请的过程可以由系统辅助完成，无须用户全部重新录入所有内容。

索赔申请单审核有以下两种方式：

A. 索赔自动审核。

“ZSF”对门店上报的索赔申请单首先会进行自动审核，根据自动审核的结果来判定该申请单是否需要提交人工审核，详见表4.3和表4.4。

表4.3 拒绝检查审核情况表

拒绝检查		
拒绝代码	代码说明	描述
D01	超出免费保养范围	满足条件： 1. 申请单类型为一般索赔； 2. 索赔车辆不为特殊质保车辆； 3. 索赔配件没有预授权。 规则：检查当前申请单中的索赔配件的质保期是否在业务对象《配件质保期定义》的范围内，主要是时间和里程的范围检查，两者有一项超过，则拒绝。 业务背景：整车配件不同的配件类型（如易损件、特殊件、整车件等）、不同车型的质保期有不同的质保期限。

表4. 3(续)

拒绝检查		
拒绝代码	代码说明	描述
D02	未授权的索赔	前提： 申请单类型为 PDI 索赔或者保外索赔。 规则： 判断申请单中的工时是否有预授权； 判断申请单中的配件是否有预授权； 判断申请单的其他项目是否有预授权。 以上规则有一项为否，则拒绝。
D03	超过免费保养次数	前提： 申请单类型为首保、二保。 规则： 1. 如果当前车辆类型为特殊质保车辆 判断当前车辆的所有索赔类型为“首保”或者“二保”的申请单状态为已经“审核同意”或者“已结算”，申请单的总数量（注意要加上本次）是否大于业务对象车辆中定义的免费保养次数 。 2. 如果当前车辆不是特殊质保车辆 判断当前车辆的所有索赔类型为“首保”或者“二保”的申请单状态为已经“审核同意”或者“已结算”，申请单的总数量（注意要加上本次）是否大于 1。 以上规则有一项为是，则拒绝。
D04	超过上报期限	前提条件： 申请单类型不为重新提交。 维修工单的开单日期和索赔单上报日期的时间差超过索赔上报期限。

表 4. 4　　　　　　　　　　退回检查审核情况表

退回检查		
退回代码	代码说明	描述
R01	索赔工时与故障代码不一致	当前索赔类型不为“免费保养”。 系统检查业务对象《索赔工时与故障代码关系》中是否定义了当前申请单中某个工时代码与故障代码的关系，如果定义了此关系，则检查当前申请单的故障代码是否在定义的索赔工时与故障代码关系的范围内，如果不在则退回。 如果索赔类型为“免费保养”，则不检查此规则。

表4.4(续)

退回检查		
退回代码	代码说明	描述
R02	车型与工时代码不一致	当前索赔类型不为“免费保养”。 检查当前申请单中车辆的车型与索赔工时是否在业务对象《索赔工时》中定义的范围内，如果不在则退回。 如果索赔类型为“免费保养”，则不检查此规则。
R03	车型与配件不一致	检查当前申请单中车辆的车系（车型组）与配件是否在业务对象《配件主数据》中定义的配件适用车系列表的范围内，如果不在则退回。
R04	R04A 里程越跑越少（规则1） R04B 里程数过大（规则2，3）	同一车辆多张申请单等待审核时，按开工单时间先后顺序进行审核。 1. 判断本次索赔申请单里程数是否大于或等于本次申请单开单日期以前最后一次提交的申请单中（不包含“退回”）的里程数，如果是，则进行进一步审核；如果否，退回该申请单。 2. 判断本次索赔申请单里程数是否小于或等于本次申请单开单日期以后最前一次提交的申请单中的里程数，若是，则进行进一步的审核；若否，退回该申请单。 3. 判断本次索赔申请单里程数，是否小于或等于车辆中的行驶里程，若是，则进行进一步的审核；若否，退回该申请单。
R05	申请单重复递交	前提：申请单类型不为重新提交索赔单的“索赔申请单号”系统中的索赔单（不包含“退回”）完全重复。
R06	申请单类型填写有误（重复递交申请单）	同一车辆某一索赔主工时有过1份以上的已支付申请单，但索赔类型不为重复修理索赔。
R07	VIN码不合法	索赔申请单上的VIN码不在“ZSF”的车辆档案中。
R08	门店代码填写有误	索赔单中的门店代码不合法，或代码不在当前状态为已营业的门店列表中
R09	车辆类型填写有误	1. 检查索赔单中的车辆类型是否在“ZSF”定义的车型列表中，如果为否，退回。 2. 检查当前《索赔申请单》中的车辆的车型与业务对象车辆中的车型代码是否一致，如果不一致则退回。

表4.4(续)

退回检查		
退回代码	代码说明	描述
R10	非“ZSF”配件不能索赔	申请单中某个索赔配件不在业务对象《配件主数据》中则退回。
R11	辅料配件XXX不能索赔	申请单中某个索赔配件在业务对象《配件主数据》中，但配件类型为“辅料”则退回。
R12	索赔数量大于单车用量	某一申请单中的索赔配件数量如果大于配件主数据定义中的单车用量，则退回。
R13	索赔质保期未定义	前提： 1. 申请单类型为一般索赔； 2. 索赔车辆不为特殊质保车辆； 3. 索赔配件没有预授权。 索赔配件的质保期是否在业务对象《配件质保期定义》的范围内，如果当前配件的质保期未定义，则退回。
R14	必须数据检查	检查索赔条件规定的索赔申请单必须上报数据（如车主姓名、车主电话、配件供应商代码等）不能为空，如果为空则退回。
R15	未授权工时	索赔申请单中的索赔工时项目如果没有做索赔预授权申请，则退回。
R16	未授权配件	索赔申请单中的维修配件如果没有做索赔预授权申请，则退回。
R17	未授权的其他费用	索赔申请单中的其他费用如果没有做索赔预授权申请，则退回。
R18	索赔类型有误	判断申请单中活动编号是否在《服务活动主数据》的定义中，如果在《服务活动中有定义》则判断本次服务活动是否可以索赔。如果不可以则检查不通过。 如果服务活动费用为固定费用，则自动设置申请单的费用类型为固定费用。 索赔工时费=服务活动中的工时费；材料费=服务活动中的材料费
R19	索赔配件数量异常	某一申请单中的索赔配件数量如果大于《配件主数据》定义中的单车用量，则不允许继续。

B. 人工多级审核。

对于自动审核通过的申请单，可以通过设置相应的人工审核流程（规则），对部分申请单进行人工多级审核。人工审核流程是指根据业务规则设定的系统索赔审核流程，按照授权级别由低到高逐级依次进行人工审核。首先，可以设置每一个索赔审核人员的审核级别；其次，可以自定义审核流程，用户可以随时根据索赔申请单中的某些特征数据组合设定特殊的审核流程。例如：a. 华东地区的 10 家门店的首次保养申请单审核流程为华东区索赔审核员、索赔主管。b. 申请单金额超过 2 万元的发动机类索赔申请单审核流程为发动机审核员、索赔主管、公司领导。

索赔申请的处理结果可以分为三类：

A. 同意（Pass）：索赔申请已经通过审核，系统将自动核算出该索赔申请的索赔金额，可以继续进行后续的索赔结算。

B. 拒绝（Deny）：系统不允许再次修改和上报已被拒绝的索赔申请。

C. 退回（Reject）：门店可以重新修改并再次上报被退回的索赔申请，但系统可以控制被退回索赔申请的修改再上报次数，对于超过最大次数限制的索赔申请将不允许再次上报。所有审核通过的索赔申请将按月生成结算报告，并支持打印输出。

索赔申请从提交开始，每个阶段的状态变化都会如实地被记录，用户可以在系统中查询索赔申请当前所处的状态，如等待审批、审核同意、审核退回、审核拒绝等。

⑦旧件回运管理。

旧件回运管理分三种情况考虑：

A. 一般回运："ZSF" 在审核完门店上报的索赔申请单后会定期（每月月底）下发回运通知，过滤不需回运配件，把需回运配件清单下发给门店。门店收到回运通知，基于该配件清单，记录每项配件的实际回运数量和装箱单号，并打印装箱单，通过物流回运。

B. 紧急回运："ZSF" 可以将任意待回运配件（该配件没有做过常规回运或紧急回运）定义为紧急回运，并下发紧急回运通知到门店。门店根据接收到的紧急回运通知将指定的配件做紧急回运处理。

C. 旧件销毁 ：门店可以接收到 "ZSF" 用户事先设定好的旧件销毁提醒通知。

门店可以根据旧件回运清单对旧件进行检查，将已销毁旧件设置为"已销毁"状态，将已回运但尚未销毁的旧件设置为"未销毁"状态。

⑧索赔结算。

系统对审核通过的申请单直接进行结算，并生成索赔结算单下发给每家门店。门店可以在系统中查询到索赔结算信息，并根据索赔结算单向“ZSF”开具索赔发票。索赔结算单信息同时通过系统接口上传给“ZSF”的财务系统生产财务应付凭证。索赔结算单的主要信息如下：索赔结算月份、工时费、配件费（含管理费 等）、其他费用、索赔金额、抵扣费用、索赔配件清单等。

⑨索赔抵扣管理。

对于已经支付的索赔申请单，如果在旧件回运（先结算后回运索赔旧件）后发现索赔旧件故障和索赔申请单中描述不一致或者在向供应商进行再索赔的过程中发现旧件故障，则“ZSF”可以通过索赔抵扣对已经支付的索赔费用进行抵扣操作，抵扣时可以对索赔申请单中的具体某一项工时、配件或者其他项目分别进行抵扣，支持对单个项目的部分抵扣和对全部项目的全部抵扣，抵扣后的申请单作为一张索赔类型为“抵扣索赔”的申请单提交结算系统，同时下发给门店，并在当月索赔结算费用中扣除抵扣部分的费用。

⑩二次索赔管理。

对于运回到“ZSF”的索赔旧件，“ZSF”定期向各配件供应厂商进行二次索赔业务，并将索赔旧件回运给配件供应商。配件供应商在接收到索赔旧件后进行鉴定，对不合格的索赔旧件做退回处理，以便“ZSF”在对不合格索赔旧件向门店进行索赔抵扣业务。

二次索赔管理主要包含二次索赔申请生成、二次索赔申请单发送、二次索赔申请单反馈、二次索赔结算等。二次索赔的结算信息将通过接口上传给“ZSF”财务系统生成应收凭证以便“ZSF”开具发票给供应商。

⑪关键业务报表。

关键业务报表主要有以下几种：

A. 索赔统计报表。该表统计一段时期内每个门店进厂台次、索赔台次、索赔比率等信息，以便“ZSF”了解全国范围内的质量期内车辆的索赔情况和车辆分布。

B. 月度索赔结算报表。该表统计月度各门店索赔工时费、索赔配件金额、其他费用、保养费用、抵扣费用、索赔总金额等相关结算信息，作为门店向“ZSF”开具索赔发票的依据。

C. 年度索赔结算报表。该表按年度统计各门店每个月度的索赔金额，索赔台次等相关信息。

D. 按车型统计索赔成本。该表按车型统计一段时期内各车型的索赔台次、索赔金额、平均索赔成本。

E. 旧件回运报表。该表统计各门店旧件回运情况，包括回运率、合格率等相关信息。

F. 首保索赔业务报表。该表统计各门店业务期间内首次保养业务的台次、金额。

G. 索赔申请单一次通过率统计表。该表统计各门店业务期间内索赔申请单一次通过率，包括索赔申请单份数、索赔金额、一次通过份数、一次通过金额等，用以分析经各销商的索赔申请质量水平。

H. 二次索赔结算报表。该表按供应商统计业务期间内各供应商的索赔件数、索赔金额、退回金额、赔付总金额等相关信息，作为"ZSF"在进行二次索赔业务时向供应商开票的依据。

I. 二次索赔/门店索赔对比分析报表。该表统计在业务期间内各门店上报的索赔申请单中索赔旧件在进行二次索赔业务时被供应商退回的旧件的比率。

J. Top50 故障配件统计及 Top50 故障工位统计。前者是统计在业务期间内故障发生频率最高的前 N 个配件的信息，用来分析整车配件的质量情况，作为整车配件质量（工艺）改进的参考；后者则是统计在业务期间内故障发生频率最高的前 N 个工位信息，用来分析整车质量情况，作为整车制造工艺改进的参考。

K. Top10 退回代码统计。该表统计在业务期间内门店索赔申请单被退回原因发生最多的前 N 个原因信息，以便"ZSF"有针对性地加强对门店索赔员相关索赔业务培训。

⑫门店运营管理。

基本信息管理：维护和管理门店代码、门店名称、站长、其他联系信息等，包括对门店内部关键岗位的人员管理，如服务经理、配件经理、前台接待等岗位的员工姓名、联系电话。

特定参数设定：门店业务参数可以设定的范围包括维修工时费、索赔工时费率、增值税税率、配件销售价加价率等。所有设定的参数将同步下发到门店端系统，并强制生效。

维修业务监控：维修业务主要是针对门店收集上来的客户车辆维修业务数据的查询和分析。门店每天发生的维修工单将自动上传到"ZSF"进行存档，并形成"ZSF"车辆的维修历史。

"ZSF"可以将部分特殊车辆（如售前车）的维修档案设置为特殊维修案例，这类特殊维修案例门店将无权查看。"ZSF"通过对车辆维修历史的管理，可以同时跟踪到车辆当前的表上里程（相对），以及是否进行换表的跟踪，为未来三包索赔申请单的合法性判定提供了参考依据。

⑬服务活动管理。

"ZSF"根据市场营销的需要，会在每年针对特定类型车辆发起一些服务活动，一般服务活动的费用由"ZSF"支付。"ZSF"发起一次服务活动的流程如下：一是在"ZSF"系统中建立服务活动的信息，需要指定本次服务活动门店是否可以索赔，以及索赔是否为固定费用。并指定服务活动用到的工时及配件。二是确定本次服务活动所涉及的车辆的范围。三是指定参加本次服务活动的执行门店。四是将本次服务活动下发给门店。

门店将服务完成结果周期（天）上传至"ZSF"，"ZSF"在收集整理所有的已完成车辆后，周期性（天）自动将已完成车辆信息下发给所有门店。以便门店了解完成车辆信息，防止一辆车重复参加服务活动，详见图4.2。服务活动结束后，DMS系统将产生相关的报表，对活动的情况进行相应的分析及统计处理。

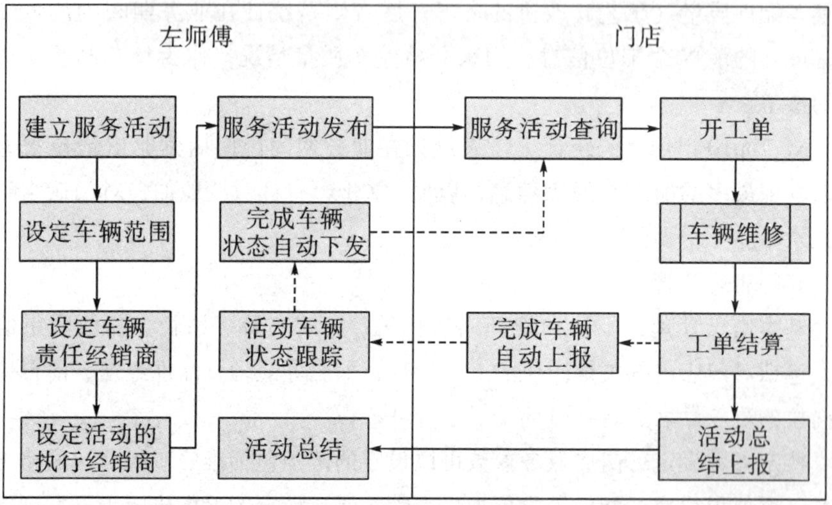

图4.2　业务流程图

以下我们具体分析每个业务流程阶段的活动：

系统支持通过如下方式设定活动的车辆范围，详见表4.5。而服务活动则涉及两种类型的门店，这两类门店在活动中的作用各不相同。见表4.6。

表 4.5　　　　设定车辆范围表

状态	说明	备注
车型范围	指定车型范围内的车辆都是活动范围内的车辆	如果一次活动指定多个范围，则车型范围、车龄范围、车辆性质三种范围是“与”的关系，要同时满足以上条件的关系才是活动范围内车辆。指定 VIN 码与以上三个范围是“或”的关系，既只要满足指定 VIN 码，或者以上三个范围，都是活动范围内车辆。
车龄范围	指定时间期间内的车辆都是活动范围内的车辆	
车辆性质	车辆为指定车辆性质的车辆都是活动范围内的车辆	
指定 VIN 码	通入导入的方式指定详细的 VIN 码列表，车辆的 VIN 码在导入的 VIN 码列表中，则为活动范围内的车辆。	

表 4.6　　　　设定活动门店情况表

状态	说明
责任门店	在导入活动范围车辆 VIN 码时，同时要指定一个对应的责任门店。责任门店要主动与责任范围内的车辆的车主联系，在服务活动作业下发时，要将此客户的信息下发给责任门店。以方便门店联系客户，同时责任门店要在集中结束前 N 天上传无法联系车辆信息及原因。
执行门店	一次服务活动参与的门店，对于进站维修的车辆，要提示此车辆参与服务活动，执行门店可以修理服务活动范围内的车辆。

（2）配件销售管理

①门店配件管理概述。

配件供应是售后服务工作中一个重要的环节，门店分布在全国各地，采用信息系统的主要目的在于有效、及时地满足售后服务需求的同时，实现对配件库存的最优化管理。完整的配件供应需要着重解决以下问题：

A. 实现配件基础资料的统一、完整。配件基础资料的整理涉及设计、工艺、生产、采购和财务等各个环节，可能存在一料多号以及名称等属性不统一的情形。配件基础资料应该统一管理，针对不同的视图（基础视图、生产视图、采购视图、销售视图、财务视图等）由不同部门负责维护，以保证整个配件资料的统一性、完整性。

B. 快速满足门店配件需求。配件品种有上万种，门店不可能全部备有库存。为了保证对门店配件订货的及时处理，一方面合理储备库存；另一方面通过信息系统提高响应速度，分析订单类型，及时处理门店订单，并将信息传递到供应商、仓库包括中转库，使门店可随时了解订单处理状态，以便合理安排维修任务和给予客户、车主明确的时间答复。

C. 合理的库存。为了提高配件满足率，提高顾客满意度，“ZSF”不会等门店下订单时才安排配件采购，同时考虑到资金有效利用也不可能把所有配件都备有库存。为了在满足市场需求和降低库存资金，依托信息系统，通过建立历史数据、建立模型与参数设定，为配件市场需求做好预测。从业务发展角度来看，区域中心配货供给能更快速地满足门店的需求。

D. 实现对配件质量的全程管理。在售后维修过程一旦使用存在质量缺陷的配件所造的后果非常严重，而配件质量管理又涉及采购、仓储、运输等各个环节，因此必须对这些环节进行全程跟踪管理。另外，配件质量管理不仅包括对故障件的识别，还需要对故障件处理过程进行全程管理，以便及时分析问题和解决问题。

E. 实现和财务系统的无缝集成。配件管理不仅涉及商流、物流，而且涉及资金流动。由于配件出入库频繁、业务量大，因此需要和财务系统无缝集成，这样才能实现业务系统和财务系统准确对账。

从“ZSF”角度来看，配件管理主要是对计划、采购、订单、销售、仓储物流、质量、财务、配件基础资料等业务的支持和协同，实现信息流、物流和资金流的统一管控，提高配件满足率和库存周转率，提高顾客满意度。从门店角度来看，配件供应主要是车辆维修业务过程中配件业务的管理，主要包含销售管理、采购管理、到货入库管理、仓库管理、出库管理、盘点管理、库存管理、索赔管理、财务管理、零部件属性管理。

②基础数据管理。

配件业务基础数据主要包含配件信息、业务伙伴信息、配件账户信息，大部分由 DMS 系统从 ERP 系统中读取，并下发到各门店；由于存在其他非上级公司品牌的配件，重点是配件编码的同一问题，建议将配件信息的补录工作延伸至区域中心管理机构，这样既能有效的管理基础数据，又不影响门店业务的开展。但需要注意以下几点：

A. 配件基础数据包括但不局限于以下数据：件号、名称、单位、适用车型、起始及终止年月、替换关系、价格、最小订购量、最小包装数、ABC 属性、零件尺寸、外包装尺寸、毛重、净重、危险品属性等。

B. 配件基础数据更新按照门店不同，有选择性地发布和更新不同的基础数据。例如，部分数据只发布给西南片区、部分数据发布给东北片区，可以按照门店属性有选择性地发布基础数据。

C. 配件的价格及成本变动信息需要有历史记录，来自 ERP 的更新；系统支持多公司、多仓库的管理模式，支持国内、国外的复杂业务模式。

③门店配件采购管理。

A. 需求计划制订分析。

当门店订单数量大于库存可用数量时系统自动会产生采购需求，同时配件库存低于预定存量时也会触发采购需求，两者之间的差异是前者产生的采购需求是已分配给特定门店订单的锁定请购量，不能再分配为其他门店订单，而后者是未分配的请购量，可以分配给其他门店订单。

采购需求产生后需要经过对最低采购量和采购批量等相关参数检核、运算后才会生成正式的采购需求，经过财务控制部门审核后转交采购部门安排订货。

a. 智能订货模型。

“ZSF” 配件储备量的原则是在满足售后需求的前提下尽可能减少库存量，尽可能提高库存周转率。而实现最佳库存储备的前提是对售后配件的需求做预测，然后再根据单位仓库成本和单位采购成本计算最佳采购批量和最佳采购周期。

在有关配件管理解决方案中，首先根据产品生命周期对车型和配件进行分类。一般来说，车型和配件都存在各自不同的生命周期，即投入期、成长期、成熟期和衰退期。投入期的车型和配件的需求量增长缓慢，从投入期转入成长期后需求明显提高，在成熟期后的需求量基本稳定，进入衰退期后需求量逐渐减少。当然，配件的生命周期要滞后于车型的生命周期，例如，即使是车型已经停产，但是配件的供应仍然还会持续若干年；而对于某些配件（如安全带），可能要在车型投入市场若干年以后才会逐渐有需求。因此，在做配件需求预测的时候，需要充分考虑到配件和对应车型各自的产品生命周期。

采用基于配件生命周期的预测方法，配件的需求一般可以根据下面四个参数来预测：该配件所安装车辆在某地区的保有量；车辆平均行驶里程；配件的使用寿命；配件的单车使用数量。

例如，计算机油滤芯的年需求量时假定：某地区保有车辆 1 000 辆，每辆车月平均行驶里程为 2 000 千米，滤芯使用寿命为 5 000 千米，每辆车安装滤芯 1 个。

滤芯每年所需数量 = 1 000×2 000×12×1/5 000 = 4 800 个。

这种方法适用于规律性的磨损和保养等需求，虽然有一定的局限性，但是仍然具有十分重要的参考价值。

b. 基于时间序列的配件预测模型。

时间序列法是一种定量预测方法，是一种广泛使用的基于历史观测值进行预测的手段。根据时间序列的类型，它又可分为随机、趋势、季节性和周期性等。根据时间序列的不同特点可以衍生出不同的预测方法：

第一，一次指数平滑模型。一次指数平滑模型基于少量的历史需求信息来确定未来的需求。其计算公式如下：

$$F(p+1)=a\times V(p)+(1-a)\times F(p) \tag{4.1}$$

式中：F(p+1)表示对时间段(p+1)的预测；F(p)表示对时间段 p 的预测；V(p)表示上一个时间阶段 p 的实际数值；a 表示平滑指数。

一次指数平滑模型是一种权数为 a 的加权预测，它既不需要存储全部历史数据，也不需要存储一组数据，从而可以大大简化数据存储问题。该模型适用于进行短期预测和非季节性的、没有趋势的需求。

第二，移动平均模型。移动平均模型是对历史上的配件消耗值通过由远及近逐项移动计算平均值的一种预测方法。移动平均只适用于短期预测，并且在数据波动不是很大的情况下使用。其计算公式如下：

$$F(p)=\frac{V(p-1)+V(p-2)+\cdots+V(p-N)}{N} \tag{4.2}$$

式中：F(p)表示对时间段 p 的预测；V(p-1)表示时间阶段 p-1 的实际值。

第三，线性回归模型。线性回归是回归分析的一种，是依据预测对象内部因素变化的因果关系来预测未来的发展趋势的一种预测方法。回归分析可以是一元的，也可以是多元的，可以是线性的，也可以是非线性的。配件需求预测领域使用较多的是线性回归，又可分为一元线性回性和多元线性回归两种。其中一元线性回归包括一个变量。其计算公式如下：

$$F(p)=a+b\times X(p) \tag{4.3}$$

式中：F(p)表示对时间段 p 的预测；A 表示常数；B 表示回归系数；X(p)表示自变量。

确定 a 和 b 的常用方法是最小二乘法，使得预测值与实际值的误差平方和最小。

第四，季节趋势模型。一年之内由于季节的变动会使配件的需求产生规律性的变化，这种规律称为季节变化。季节趋势模型可以表示如下：

$$F(p+i)=B(p)+i\times[T(p)\times S(P-L+1)] \tag{4.4}$$

式中：F(p+1)表示对下一个时间段的配件需求预测；B(p)表示配件需求的基础值；T(p)表示趋势值；S(p)表示季节值，S(p-L)是去年同一时间的季节值，L 一般是 12,即 12 个月;I 表示所预测的时间阶段距现在的差距。

综上所述，不同的预测模型所针的配件种类不同，在配件管理解决方案中可以预先定义不同的预测模型，然后根据配件分类进行绑定。

c. 经济订货模型。

为了保证售后服务的需要，“ZSF”需要建立一到多个配件中转仓库，以便在门店需要的时候及时送到。但是过多的存货要占用较多的资金，并且会增加包括仓储费、保险费、维护费和管理人员工资在内的各项开支。对于配件存货的管理，就是尽力在各种存货成本和存货效益之间做出权衡，达到两者的最佳结合。

配件储备有关的成本，分为取得成本、储存成本、缺货成本来分析。

首先是取得成本。取得成本是为了取得某种配件而支出的成本，包括订货成本和购置成本。订货成本是指取得订单的成本，包括办公费、差旅费、邮费和通信费用等支出，其中有些费用和订货次数无关，有些费用和订货次数有关。购置成本是指配件本身的价值，是数量和单价的乘积。订货成本加上购置成本，等于存货的取得成本。

其次是储存成本。储存成本是指为了保持存货而发生的成本，包括存货占用资金所应计的利息、仓库费用、保险费用、存货破损和变质损失等。储存成本也分为固定成本和变动成本，固定成本和存货数量无关，如仓库折旧、仓库职工的固定工资。变动成本和存货的数量有关，如存货资金的应计利息、存货破损和变质损失、存货的保险费用等。

最后是缺货成本。缺货成本是指由于配件没有库存而导致供应中断而造成的损失，如果紧急向供应商采购配件解决缺货损失则缺货成本表现为紧急额外购入成本。

企业储备配件的总成本等于以上三者成本之和，配件库存的最优化管理即为总成本最小。

B. 采购订单生成。

请购单生成后，系统会赋予一个请购编号，配套厂商在相应系统上维护订单状态，“ZSF”可根据请购编号对生产、交货、待检、入库、结算等状态进行追踪查询。

配件需求计划审核后由采购部门结转为采购订单并下达给供应商。需求计划结转采购订单时根据配件供应商进行分拆，相同供应商的配件需求合并到一张供应订单。如果同一配件有多个供应商时，系统中定义配额比率由系统自动分配，没有定义配额比率时则需要手工确认供应商。配件需求计划结转并下达采购订单之后，配件仓库的账面库存和可用库存都没有发生变化，但是请购数量减少，在途数量增加。

C. 采购订单入库。

采购订单发送至供应商后，供应商根据采购订单进行分批发货，“ZSF”可以跟踪采购订单的到货以及验收入库的情况。

在实际采购过程中，往往会存在到货验收时发现有错发、漏发和个别配件存在质量问题的情况，如果需要补发的数量比较多供应商可以在后续交货时补齐，但是如果数量很少，下次交货时间不确定或者比较久，并且“ZSF”订货时已经考虑到了留有余量，因此对于这种情况可以对未完成的采购订单执行强制完成操作。

当然，在实际工作中某些采购订单执行过程中需要中止时，也可以使用采购订单强制完成功能。

D. 采购开票结算。

对于已经到货的配件销售单打款后进行付款登记，并对“ZSF”开出的发票进行登记开票金额及发票号。

④门店配件销售管理。

A. 业务流程分析（见图 4.3）。

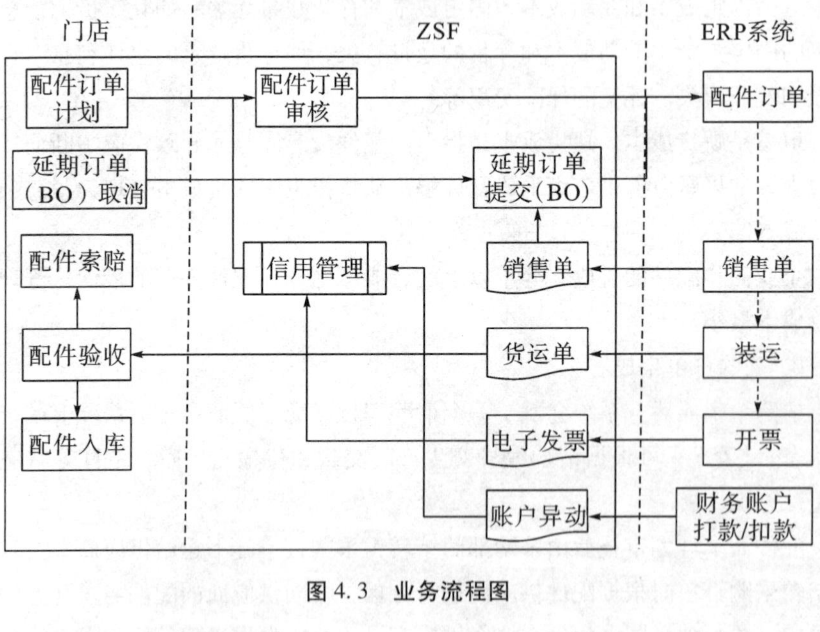

图 4.3　业务流程图

门店按照“ZSF”的配件业务管理规定（配件类型、周期、频度）向“ZSF”上报配件订单，“ZSF”对订单进行审核，对审核通过的订单进行配货、装运和发货。当“ZSF”配件账户中的余额不足时，则提醒门店进行打款。

门店可以查看和跟踪订单的状态，对于“ZSF”不能及时满足的订单(B/0)，门店可以进行修改、取消或者由“ZSF”进行自动取消；对于到货后不符合签收条件的配件（如运输过程中损坏），门店可向“ZSF”进行配件索赔申请，“ZSF”配件业务部门审核并同意后，进行相应的补货或者退货处理。

所有的影响配件库存量的操作，都需要记录流水账，库存配件的销售价格和成本价格可以在权限范围内做相应调整。具体可参见图 4.3，而相关的参数见表 4.7。

表 4.7　　参数设置表

参数	说明
订单最大行数	代表每个门店对每种订单类型的订单所能允许的最大行数。
自动拆单	如果设置为“是”，则当订单行数超过订单最大行数时，系统自动生成新订单；如果设置为“否”，则系统报错。需定义到门店。
延期自动提报时间	代表这种订单类型的配件订单，以指定时间作为自动生成延期订单的时间间隔。需定义到门店（例如，6 小时提交一次）。
延期自动取消时间	代表这种订单类型的配件订单，以指定时间作为延期订单自动结案的时间间隔。需定义到门店。
周期类别	指上报处理周期的类别，主要有三种：自然季度（1~92）、自然月度（1~31）、自然周度（1~7）。
周期内允许上报次数	该订单类型在一个周期的某一个上报处理周期内所允许的最多上报订单数。
上报处理周期	上报处理周期包括两部分信息： 一是门店配件订单允许的上报周期，由开始日期、结束日期参数来管控上报周期的范围，且上报周期不允许重叠； 二是“ZSF”对门店在每个上报周期上报的配件订单的处理日期，由处理日期参数来管控，且处理日期不能重复。 每一行上报处理周期：指在周期类别内允许门店向“ZSF”上报配件订单的第 Y 段时间段。 开始日期：指周期类别内的第 N 日。 结束日期：指周期类别内的第 M 日。 处理日期：指周期类别内的第 K 日。 (K>=M>=N) N，M 可以为负数，表示上个周期的倒数第 N×(-1)天；K 不可以为负数。

"ZSF" 根据配件的类型以及订单提报的频次不同，一般分为以下几种订单类型（见表 4.8），不同的订单订货价会有所差异。

表 4.8　　　　　　　　　　　订单类型表

订单类型	说明	价格系数
常规订单	普通的配件订单。	常规价格系数。
监控订单	"ZSF" 对认为需要特别监控的配件（如发动机或车身等），订单需要人工审核后才能提交配货。	监控价格系数。
油品订单	"ZSF" 对一些有特别要求的配件（如油品和保险杠等），"ZSF" 会统一送货。	常规价格系数。
紧急订单	门店可以选择装运条件（空运/海运/铁路运输/公路运输/自提），紧急订单的费率比其他类型订单的费率要高（由 "ZSF" 设定），一个订单周期内紧急订单的次数可以设定。	紧急价格系数
特殊订单	根据 "ZSF" 配件索赔审核结果，如果门店决定对审核通过的少装和破损类索赔件重新进行订购，则直接生成特殊订单。特殊订单的项目不能超越配件索赔单审核通过的配件项内容，且不能对配件索赔审核通过配件项进行重复下订单。允许就单个配件索赔单做多个特殊订单，特殊订单没有次数限制。	特殊价格系数
补充订单	发生配件索赔（多装）后，如果门店想保留，而 "ZSF" 也同意门店的请求则要自动生成补充订单，补充订单没有次数限制。	特殊价格系数

此外，"ZSF" 可以查询门店的库存信息，并对门店低于安全库存或者总部设定的储备要求条件的出库配件进行预警。

D. 订货计划。

根据门店库存情况，物料 ABC 属性、库存资金控制自主设立计划参数，并形成计划方案，计划方案可以有选择性地对部分门店执行计划，生成建议采购计划，用于总部对门店进行业务指导。

门店采购订货可以由系统自动产生建议采购计划，然后由手工编辑后上报；也可以由用户在系统外产生 Excel 文档的采购计划，然后导入系统中进行编辑后上报。

E. 订单管理。

针对门店提交的配件订单，系统中会从资金和库存两个方面自动进行审核。资金审核时系统根据订单金额判断是否超出门店可用资金额度，对于超出额度的订单系统不予通过，但是可以退回门店修改订单或者 "ZSF" 增加门店信用额度后重新审核。门店可用资金的计算公式为：

门店可用资金=门店账面余额-订单锁定金额+门店信用额度

其中，订单锁定金额是指已审核未结算的累计订单金额，订单结算后锁定金额减少，同时门店账面金额也减少。门店订单库存审核时根据门店订单数量判断是否超出库存可交货数量，对于超出库存可交货数量部分的配件，系统根据门店提交订单按规则做相应处理，对于同意欠货补发的订单系统会根据差额数量转为采购需求提交给采购部门处理。库存可交货数量的计算公式为：

库存可交货数量=账面库存数量-锁定数量+请购数量+在途数量

其中：锁定数量是由未完成的门店订单锁定或者手工锁定（如预留）的数量；请购数量是已生成采购需求但是未下达采购订单的数量；在途数量是已下达采购订单但是未验收入库的数量。

F. 索赔管理。

"ZSF"在向门店供货过程中，由于配货、装运、物流运输等环节产生的差异，门店可向"ZSF"进行配件索赔。配件索赔是指门店针对少发或破损的这部分配件向"ZSF"进行索赔，多发的部分申请保留或者退款。

配件索赔类型有以下三种：

多装：实际收到的配件数量比货运单多或者收到一些货运单之外的配件。

少装：实际收到的配件数量比货运单少或者未收到货运单内的一些配件。

质损：实际收到的配件有损坏的情况，在物流交接现场就能发现配件质量问题。

多装情况的处理：门店在系统中登记多运情况，可申请保留（不保留的代表回运），保留数量必须等于多运数量。当门店申请保留时，由"ZSF"审批，如果审批同意，多运转"补充订单"流程，如果审批拒绝，多装转回运清单；当门店申请不保留时，如果审批同意，多运转回运清单，如果审批拒绝，退回申请，门店可重新提报索赔申请单。保留部分，则系统自动对多运配件生成"补充订单"，该订单进入标准订单流程（在订单流程中视为DCS已审批通过，订单直接进入配件装运环节）。

少装情况的处理：门店在系统中登记少运情况"ZSF"进行审批，根据情况指定处理方式，若退款，则生成退款请求，更新门店的相应账户并向后台ERP系统发送该请求以完成相应的ERP业务操作。若处理结果为补货，则系统自动对少运配件生成"特殊订单"，该订单进入标准订单流程（在订单流程中视为DCS已审批通过，订单直接进入后续操作流程）。

质损情况的处理：门店在系统中登记质损情况，要有一个质损描述的字段，“ZSF”进行审批，可选择是否对质损件进行回运，根据情况指定处理方式：退款或补货。若退款，则生成退款请求，更新门店的相应账户并向后台ERP系统发送该请求以完成相应的ERP业务操作；若补货，则系统自动对质损件生成“特殊订单”，该订单进入标准订单流程（在订单流程中视为DCS已审批通过，订单直接进入后续操作流程）。

回运与否并不影响审批，“ZSF”可以根据实际情况决定何时审批，可以在收到回运配件之后，再进行审批，也可以在发出回运指令后即审批。

G. 开票结算。

对已经入账的销售单进行收款、开票处理，对于未付款的客户自动进行欠账处理。

⑤门店配件库存管理

门店配件库存管理的业务如图4.4所示，接下来分析几个关键步骤的管控情况。

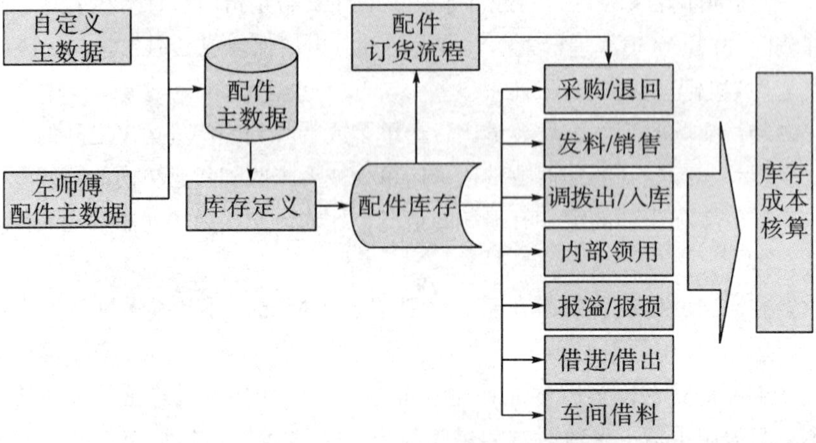

图4.4 门店配件库存管理的业务流程图

A. 入库管理。

主要分为以下几个业务关键点：

第一，采购入库。

采购入库是指向“ZSF”或第三方供应商采购的配件到货后的入库作业。如果是向“ZSF”采购，配件到货时会同时下发电子货运单和装箱清单，4S店先签收货运单，然后根据签收的货运单做采购入库。如果是向第三方供应商采购，则4S店不会收到电子货运单，此时，人工签收后可直接做采购入库操作。

第二，调拨入库。

调拨入库业务是指在不同单位或者同单位不同仓库的库存配件拨出或者拨入业务。调拨业务会生成调拨入库单或调拨出库单及流水账，并由系统自动产生应收应付账款信息。调拨入库模块主要用于查询、新建、修改、作废调拨入库单，以及调拨入库时的入账作业，还可打印调拨入库单。

第三，销售退回。

销售退回业务是指配件销售后因一些例外情况需要退货，如因质量问题客户需要退回已经购买的配件。销售退回是配件销售的逆向流程。

第四，借进登记。

借进登记业务是指某些配件在暂时缺少的情况下临时向别的单位借进配件时的入库业务，这个业务的后续操作为借进归还或者借进注销后转采购入库。借进登记模块主要用于查询、新建、修改、作废借进入库单，以及借进入库时的入账作业，还可打印借进入库单。

借进业务并且不影响系统配件库存账面库存，但是会在配件可用库存上体现。

第五，借出归还。

借出归还业务是指4S店向外部单位借出配件后，外部单位归还时的入库登记业务，借出归还依赖于4S店的借出出库登记单，没有借出出库登记单不能做借出归还入库登记操作。借出归还子模块主要用于配件借出归还入库登记单的归还入账、打印等操作。

第六，配件报溢。

在进行盘点或者其他业务的过程中发现配件实物库存和账面库存量不一致（大于）时，通过配件报损来调整配件的账面库存量。配件报溢子模块用于查询、建立、修改、报废、打印配件报溢入库单，以及报溢入库单的入库入账等操作。

B. 出库管理。

第一，维修领退料。

维修领料是指由维修行为产生的配件出库业务，维修领料依赖于维修工单。维修领料子模块主要用于维修领料时的出库发料单（工单维修材料清单）的查询、编辑、出库入账、退料入账、打印等，除此之外还可以按流水号重新打印出库发料单，查询工单维修项目和配件套餐等。

维修领料的配件在入账前，可以直接删除；入账后则通过维修退料操作。

第二，配件销售。

门店销售配件通常有两种方式：一种是由维修行为产生的维修配件销售，这种销售方式依赖于维修工单来做维修领料出库；另一种是不由维修行为产生的直接零售，这种销售方式可以根据销售工单做配件销售出库，也可以不依赖任何工单直接做销售出库业务。

门店配件销售依照销售渠道，可以分为外销和内销。

对于未入账的配件销售订单进行查询和修改，对于已经入账的销售订单，只能进行退料处理。

第三，采购退回。

采购退回是指4S店采购配件入库后，对部分或所有配件退回给配件供应商的出库业务，如果是向“ZSF”退货，则只能根据退货申请单来做退货出库，如果是向第三方供应商退货，则可以直接退货出库。订货退回模块主要用于配件订货退回出库单的查询、建立、编辑、导出、打印、出库入账等。

第四，调拨出库。

调拨出库业务是指一家4S店与另一家4S店之间或者同一家4S店内不同仓库之间调拨配件时的出库业务。调拨出库模块主要用于查询、新建、修改、作废调拨出库单，以及调拨出库时的入账作业，还可以打印调拨出库单。

第五，内部领用。

内部领用业务是指车间内部领用库存易耗物料，易耗物料的结算方式可能不同于一般配件。内部领用后不能再退料。内部领用子模块主要用于查询、建立、修改、删除、打印内部领用单，以及内部领用单出库入账等操作。

第六，车间借料。

车间借料一般是指车间技师在不确定的情况下向仓库借用配件进行测试时的出库业务，如果工单中有车间借料的配件在结算前需要先归还才能结算。

第七，借出登记。

配件借出登记业务是指对已存档的外部单位、客户或内部员工借出配件的出库登记业务。配件借出登记子模块用于查询、建立、修改、删除、打印借出登记单，借出登记单出库入账等操作。

第八，借进归还。

借进归还业务是指4S店对借进外部单位的配件的归还出库登记，借进归还依赖于4S店的借进入库登记单，没有借进入库登记单不能做借进归还出库登记操作。借进归还子模块主要用于配件借进归还出库登记单的归还入账、打

印等操作

第九，配件报损。

在进行盘点或者其他业务的过程中发现配件实物库存和账面库存量不一致（小于）时，通过配件报损来调整配件的账面库存量。配件报损子模块用于查询、建立、修改、报废、打印配件报损出库单，以及报损出库单的出库入账等操作。

C. 库存管理。

门店可以对本公司的所有配件定义配件的存放信息（库位）、库存数量、配件销售价、配件成本价、配件库存数量等相关信息。库存管理主要有以下几种：

第一，库存、库位管理。DMS 系统支持多仓库的库存管理模式、门店通过库存、库位管理定义仓库存放的配件品种存放区域，支持库存金额、安全存量的定义。

第二，成本价管理。系统自动计算每一个库存配件成本价（支持移动加权平均法、先进先出法），对于部分配件如果成本价发生异常，可以手工的方式调整配件的成本价。

第三，销售价（批量）调整，单个调整或者批量调整的方法调整库存配件的销售价。

D. 盘点管理。

盘点业务流程如图 4.5 所示。

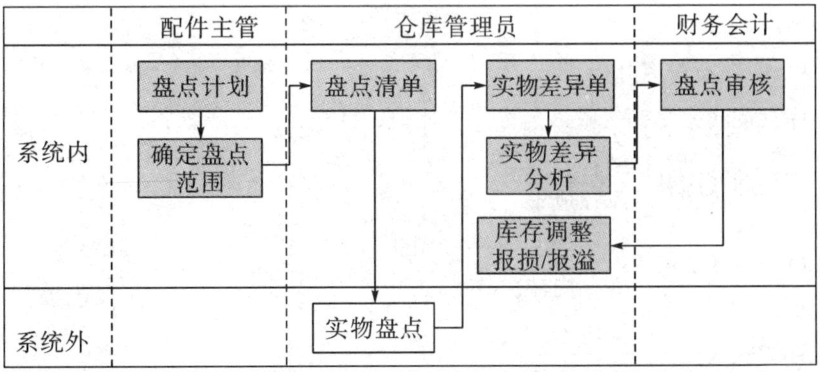

图 4.5　盘点业务流程图

配件主管根据本公司业务现状制定盘点方法、盘点周期；仓库管理人员按照盘点计划定期进行盘点，盘点时首先确定配件的盘点范围后打印盘点清单、系统将自动锁定盘点的配件。

锁定的配件系统自动控制不能进出库业务。仓管人员根据盘点清单进行实物盘点，并产生实物差异量；系统将盘点实物差异量录入系统，并进行盘点差异分析；系统自动对配件进行解锁；盘点结果由财务进行审核确认。

库存实物盘点一直是仓库管理的重中之重，也是衡量仓库管理好坏的标准之一。根据盘点范围的不同，盘点的方法主要分为以下几种：

缺料盘点法：当某一物料的存量低于一定数量时，由于便于清点，此时做盘点工作，称为缺料盘点法。

定期盘点法：又称闭库式盘点，即将仓库其他活动停止一定时间（如一天或两天等），对存货实施盘点。

循环盘点法：又称开库式盘点，即周而复始地连续盘点库存物料。循环盘点法是保持存货记录准确性的唯一可靠方法。运用此方法盘点时，物料进出工作不间断。

⑥门店关键业务报表。

A. 订单满足率分析。

订单满足率可以分为数量满足率和品种满足率两种，前者是所有满足的数量和总订单数量的比率，后者是满足的品种和总订单品种的比率。

根据订单是否分批交货，订单满足率又可分为一次满足率和闭环满足率。在一张订单有多次交付的情况下，前者只按首次交付的数量统计满足率，后者则按订单执行完成后交付的数量统计满足率（关闭的订单有可能存在强制完成的情况）。

B. 库存周转率分析。

库存周转率是销售收入与存货的比值，计算公式有三种：

$$库存周转次数=\frac{销售收入}{库存成本}$$

$$库存周转天数=\frac{365}{库存周转次数}$$

$$存货收入比=\frac{库存成本}{销售收入}$$

计算库存周转率可以按年，也可以按季度或者月进行统计，以便做对比分析。在做周转率分析的时候并不是周转率越低越好，前提是需要满足订单的需求，因此需要结合订单满足率进行分析。

C. 财务资金分析。

针对配件的财务资金分析包括盈利能力分析、应收账款利用率分析两大类。

盈利能力分析主要是销售利润率分析，计算公式如下：

$$销售利润率=\frac{净利润}{销售收入}\times100\%$$

销售利润率表示1元销售收入所产生的净利润，该比较越大表示配件的盈利能力越强。

应用账款利用率分析主要是应用账款周转率分析，计算公式有三种：

$$应收账款周转次数=\frac{销售收入}{应收账款}$$

$$应收账款周转天数=\frac{365}{应收账款周转次数}$$

$$应收账款与收入比=\frac{应收账款}{销售收入}$$

通过应收账款与收入比可以知道每1元钱的销售收入需要投入的应收账款金额。

D. 预警分析报表。

第一，预警分析主要分为订单预警分析、库存预警分析和资金预警分析三种。通过预警分析能够及时掌握经营过程的异常情况并及时予以解决。

第二，订单预警分析：一般是对逾期订单进行预警分析，对预交期已经超过当前日期的订单进行统计和分析。

第三，库存预警分析：根据配件库存高低限的设定，可以统计超额预警和缺货预警。另外，采用批次管理的情况下可以统计出每个在库配件的存放天数，然后对大于一定天数或者设定值的配件进行积压预警分析。

第四，资金预警分析分为应收账款预警分析和应付账款预警分析两种，一般采用账龄分析的方法，按时间段统计一个月内、三个月内、半年内、一年内、两年内和两年以上六种应收账款或者应付账款的分布，然后按轻重缓急予以解决。

4.1.1.3 应用价值总结

(1) 规范门店业务操作，提升服务能力

"ZSF"目前门店没有一套相对完善的业务规范管理机制，人为主观判断的情况比较多，特别是门店技师现场维修服务，其随意性较大。用友 DMS 提供的一套根据“ZSF”业务规范可配置的标准化管理平台，将门店的接待、维修、销售、退货、结算、开票、索赔、服务活动以及客户回访等业务进行一体化管理，进一步规避人为主观判断所带来的风险。

（2）加快市场响应，提高市场占有率

“ZSF”目前的部品销售仅有 30%的业务属于公司品牌，70%的业务都来自于市面上其他品牌，可见外购量的比重相当大；而单个门店外购量对于配件供应商来说并不算大客户，因此在价格和收货的时间上没有优势，就会导致门店在市场占有率上处于劣势。用友 DMS 管理系统直接将门店的配件外购需求统一由区域中心收集传回“ZSF”，“ZSF”将几十个甚至几百个门店的需求统一采购，不仅在价格上可以让供应商给予更多优惠，发货时间上也更加优先，让客户能够真正体会到物美价廉，从而进一步提高市场占有率。

（3）提高客户满意度，提升品牌形象

“ZSF”目前的售后服务采取将三包费用和保养费用一次性结算给门店或代理商，客户在产品出现各种问题后，到门店进行三包服务时，门店就以各种理由进行重复性收费，从而导致客户对“ZSF”品牌产生消极的情绪；用友 DMS 管理系统将门店服务和总部服务关联在一起协同作业，提供一套标准化的索赔管理流程，一旦出现各种问题后，客户能够在“ZSF”的任何门店都能够享受到同等的售后服务，并且总部能够实时地追踪到客户的售后服务信息，以电话回访的方式与客户互动，从而让客户享受到“ZSF”人性化的服务，进一步提升“ZSF”的品牌形象。

（4）更好监控和指导门店经营，从而提升盈利能力

“ZSF”目前的售后服务管理总部与门店的系统是独立分开的，总部虽然有 IBM 的 DMS 分销系统做支持，但是由于系统包含的要素不全，信息审核后，没有后续追溯，也没有报表支持，因此大部分业务都没有在系统里面操作；同时，门店的系统随意性比较强，和总部的系统没有实现协同作业。用友 DMS 管理系统提供实时的信息追踪查询功能，“ZSF”总部人员能够直接在系统中查询到门店的维修工单、索赔工单、产品故障现象、工单进度、结算情况等信息，可以更好地监控门店的业务；还提供丰富的门店经营性分析报表，能够从多角度展现门店的业务实际情况，如配件的盈利、库存周转率、资金周转率等；“ZSF”总部根据多维度的综合报表，就能够实时掌控门店的经营情况，及时发现问题。

4.1.2 “ZSF”全国式协同的供应链管理解决方案

4.1.2.1 “ZSF”供应链管理核心需求分析

（1）采购体系建设策略分析

需求理解：“ZSF”公司是多组织、跨地域经营，在集团公司统一管控模式下，采购中心进行物料统一的采购管理。“ZSF”公司在完全实现集团统一采购前，存在着分公司、门店自主采购与集团统一采购并存的情况。其主要采购的范围包括生产资料、包装材料、维修配件、部分品牌整车、备选易耗品、办公用品等。“ZSF”品牌车辆维修所需配件由总部统一采购并配送，其他品牌摩托车配件由各子公司、旗舰店进行外部采购。从整体采购业务上来看，主要采购业务需求在集团公司、各子公司、旗舰店、采购执行部门、生产部门业务信息的全面协同。

“ZSF”业务面向三方品牌产品的服务，在未与三方品牌签订服务合同之前，各门店面向社会车辆维修的三方品牌专属配件需求，只能通过市场进行采购。但采购价格、供方选择及货款结算必须纳入公司统一控制。

由公司在各区域寻求各三方品牌配件经销商作为供应商，并签订采购合同及价格协议。通过物料编码相应字段，归集采购货源信息，补货需求自动分解。各区域物流配送中心向定点经销商传递采购需求并完成验收入库。

公司通过对各区域物流配送中心入库数据统计汇总，向三方品牌配件供应商支付货款。未来，对于外部供应商的摩托车零配件，由ZS集团确定采购价格，“ZSF”以这个价格直接向配套厂直接采购。采购需求由下面维修店向区域管理中心提出订货计划，经区域管理中心汇总审核后，提交给“ZSF”总部，由总部直接向配套厂集中采购。

分析与建议：

具体采购体系建设采取两步走策略。

第一步：在连锁服务网络筹建初期，总部主要控制三方品牌专属配件采购价格，实行自采自收集结，快速响应市场需求。

第二步：在连锁服务网络初具规模时，采用集采分收集结，进行总部集中化采购，发挥集中采购的成本与议价优势。

（2）“ZSF”存货成本与外采物资控制问题

需求理解：目前，库存成本核算，在采购入库没有确认存货成本，每个月底汇总库存，确认库存。现在只要求门店零售卖价高于采购价格即可。存货成本控制不严，需要 IT 系统支持。江津店经营的零配件产品百分之六七十是在当地采购的，只有百分之三四十的 ZS 产品，外部采购比例较高。另外，产品标准化较差，特别是整车品种繁杂，零部件状态及供方体系更新、淘汰频繁，可替代性较差，且缺乏完整的技术变更履历记录及产品维修方案。目前，“ZSF”公司产品目录已达 10 万余条，产品状态确定困难、采购难度大，导致市场需求响应速度慢、响应率低等问题。

分析与建议：建议“ZSF”门店为车主维修服务时，对于通用件优先使用“ZSF”的产品，建立“ZSF”自有产品与第三方品牌产品的替代关系，这样可以采购降低外采比例，提高上级公司产品销售量。

(3)“ZSF”的分级库存管控需求

需求理解：区域中心、旗舰店、RDC 对库存管理的权限各不相同，要求系统需要具备分级授权功能，能够按照业务的轻重缓急分配权限，并支持安全库存管理。

管理建议：旗舰店、RDC 需要建立完整的库存管理策略，根据销售出库量等信息计算出相应的库存上限、库存下限、安全库存。安全库存可以人工设定出库存供应水平的安全库存量，主要用来平衡分配库存的问题。仓库管理需要启用条码管理，从入库到出库需要提高效率，并且减少误差。库存管理部分存货需要应用批次管理、效期管理，油品类别等商品需要管理有效期。总部库存、RDC 库存、旗舰店库存需要能看到全局库存，并且对失效商品、库存的流转量进行全面监控。

(4)“ZSF”的系统与宗动和宗机系统集成问题

需求理解：目前，对于上级公司体系内部的产品，“ZSF”与机车工厂共用一个平台，“ZSF”直接在平台上录入配件采购订单和对经销商的销售订单，简化内部的采购和销售单据。未来 IT 平台不统一的情况，如何实现现在 IT 运行效果，即“ZSF”只需要在系统录入一次采购和销售数据。

分析与建议：将来“ZSF”的 SCM 系统规划时，通过 ESB 企业数据总线与上级公司动力和上级公司机车的业务系统集成。

(5)“ZSF”的商业模式与销售价格问题

需求理解：目前，上级公司的零配件销售采用的是传统经销商代理、门店直销、直营店和合营店向下属加盟店批发混合销售模式。对于上级公司生产加工发动机的配件由“ZSF”统一对外销售，但机车的配件由原经销代理商和“ZSF”共同销售经营。但是，现在直营店、加盟店的批发和零售价格在全国没有统一。市场价格体系不统一，将来会出现窜货现象。

由于上级公司服务和产品销售实行代理制，渠道经销商的经营能力参差不齐、进货渠道无法有效管控，市场需求不能得以真实反映。经销商订货数量小、随机性强，无法形成批量采购和运输，致使采购成本和物流运输成本较高，从而使销售价格变高；而销售价格高则会制约经销商的销售积极性。

分析与建议：针对目前的渠道销售问题和价格问题，考虑到零配件的市场风险，在过渡期，建议重点规范"ZSF"能掌控的销售体系，清晰商务模式，如分销批发模式、连锁零售模式、分销零售混合模式，统一"ZSF"内部的价格结算体系和对外的市场销售价格体系。

4.1.2.2 "ZSF"供应链管理系统支撑

(1) 建立"ZSF"集团化采购管理模式

根据"ZSF"集团实际情况定义组织机构、岗位角色、商品基本档案、供应商基本档案等基础数据内容，支持"ZSF"采购组织结构的变化及调整。根据配件、包装物资等采购业务分类，应用流程配置平台定义采购业务流程规则，支撑控制采购业务流程的执行。采购过程中各部门的采购范围，依据配置好的业务流程执行采购过程：采购员进行采购计划安排并进行供应商选择及寻报价；按岗位职责提交给相应的采购员执行；质检部门进行到货检验；仓库库管员进行采购入库和库房业务，支持将供应商选择、定价、采购权、质检权及支付权相分离的应用模式。详见图 4.6。

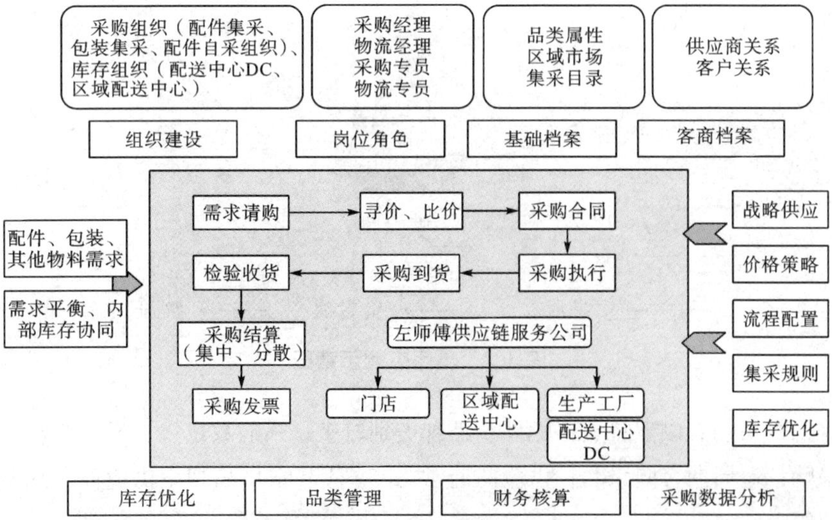

图 4.6 集团采购管理流程图

但是，"ZSF" 集团根据不同品类可配置差异化采购策略与流程。企业根据行业特点、商品分类、企业管理需求，商品采购供应将采用不同的采购策略、采购业务流程，如集中配件采购、自主配件物资采购、采购结算后商品退货业务等。

①总部集中采购业务。

在连锁服务网络初具规模时，采用集采分收集结，进行总部集中化采购，发挥集中采购的成本与议价优势。对于"ZSF" 集团采购业务来说，采购配件物资占用了企业的主要采购资金，主要包括组装、维修使用的本公司品牌配件和门店维修业务使用的外部品牌配等，详见图 4.7。

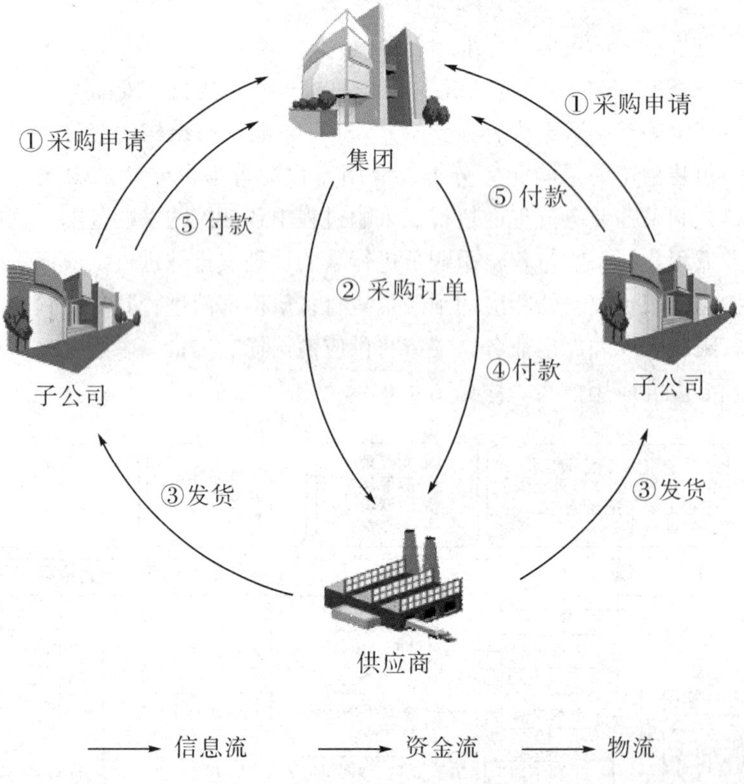

图 4.7　集团采购示意图

物资采购有以下特点：配件、品牌类别较多；采购数量大；通常按长期合同采购；短周期合同采购；供应商通常为"ZSF" 本厂品牌主供应商、战略供应商等。

集中化采购是理想的采购模式，实现集中化采购后所有配件及物资采购在执行采购业务时必需按照集中化采购清单、供应商货品对照执行。

要货计划（配件）：门店通过库存管理策略及维修需求形成配件的要货计划，通过逐级汇总（旗舰门店到配送中心），在ERP系统中形成集团物资需求。

请购单（配件）："ZSF"物流配送部门可以通过需求平衡功能自动生成配件请购需求，在ERP系统中生成请购单，而后协同采购人员处理。

采购订单（配件）：总部的采购部门通过采购寻报价、比价并生成价格审批单的流程取得价格，总部可进行统一寻价、比价，在必要时报采购相关领导审批，根据审批结果与供应商签订合同执行采购；同时也可以根据实际业务需要先与供应商签订合同后续执行采购，采购部的采购人员在每次下订单时根据请购需求生成或直接生成采购订单，并协同关联采购合同取得采购价格；已签订的采购合同（配件）的类型可为长期合同或短期合同；采购订单生成后，将执行前的采购订单交由采购总监及相关领导审批。

到货单：区域配送中心、子公司、门店可以根据实际到货进行协同采购订单生成，并且确认到货数量，同时交由品质保证部门的检验人员进行质量检验。在确认到货时，如果与实际到货数量有差异可以按参数控制要求进行确认。

库存采购入库：区域配送中心、子公司、门店保管员依据采购订单核对供应商的送货单与实物是否一致。验收入库后，由物流部保管员填写进货报单并反馈给资材部采购员。物流部保管员据此在ERP系统中协同到货及质量检验报告单生成库存采购入库单。

采购暂估：当月未到发票时，暂估采购成本入库。

采购发票：供应商与总部财务部进行集中结算，根据采购入库单生成系统的采购发票。

采购结算：若当月已收到采购发票，则直接形成采购成本单据，同时挂应付账款；若当月未收到采购发票，则须做暂估处理，并在后续发票到时再做（单到）补差/回冲；若是费用发票，则直接归集到对应的采购入库单上进行成本分摊。

采购付款：总部财务集中进行付款时，采购员填写付款申请，交由财务人员审核付款（并在ERP系统中制付款单）。

②门店自主采购业务。

在连锁服务网络筹建初期，总部主要控制第三方品牌专属配件采购价格，实行自采自收集结，快速响应市场需求。

自主采购有以下特点：配件、品牌类别较多；库存占用总部的控制力较弱，很难实现统一管理；供应商通常为外部品牌厂家的配件采购采用此种模式；自主采购模式，总部是可以控制其采购的价格在一定的范围内来执行或者约束其配件的来源，总部可以指定供应商进行自主采购业务。具体见图 4.8。

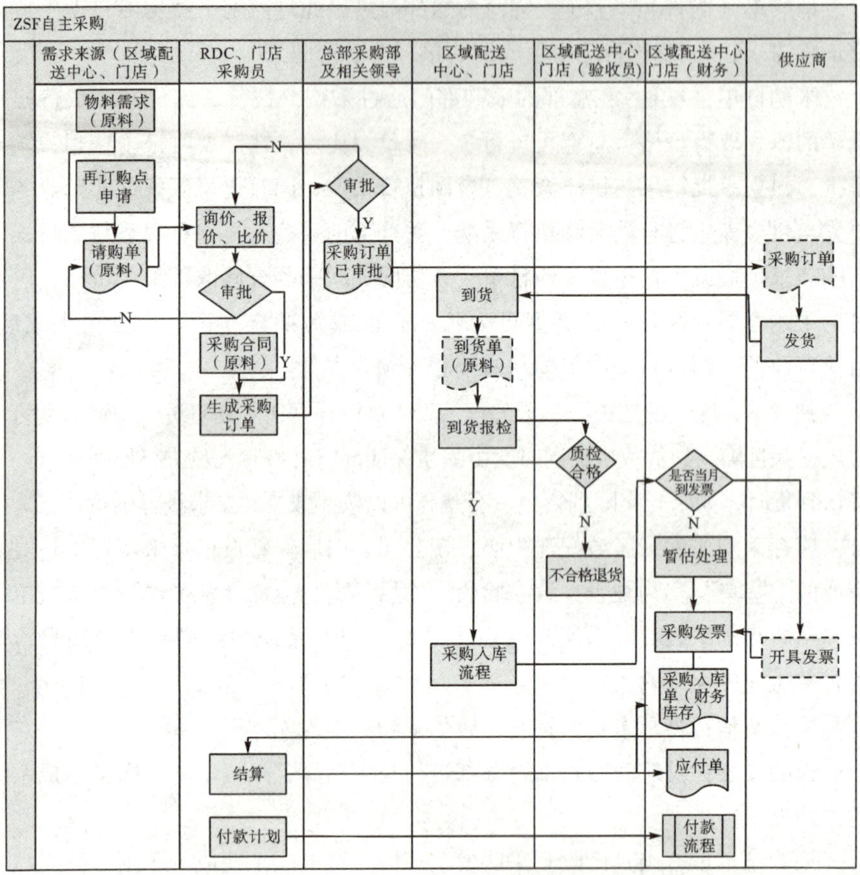

图 4.8　门店自主采购业务流程图

③固定资产采购业务。

固定资产采购业务见图 4.9。其流程说明如下：

各事业部、部门、分公司的使用部门提出固定资产采购申请，并提交审批（不同的采购金额，审批流程不同）；采购申请审批通过后，采购人员进行采购；各事业部、部门、分公司收货，然后使用部门领用；资产会计将收到的资产录入固定资产卡片；最后统一由财务报批支付款项给供应商进行结算。

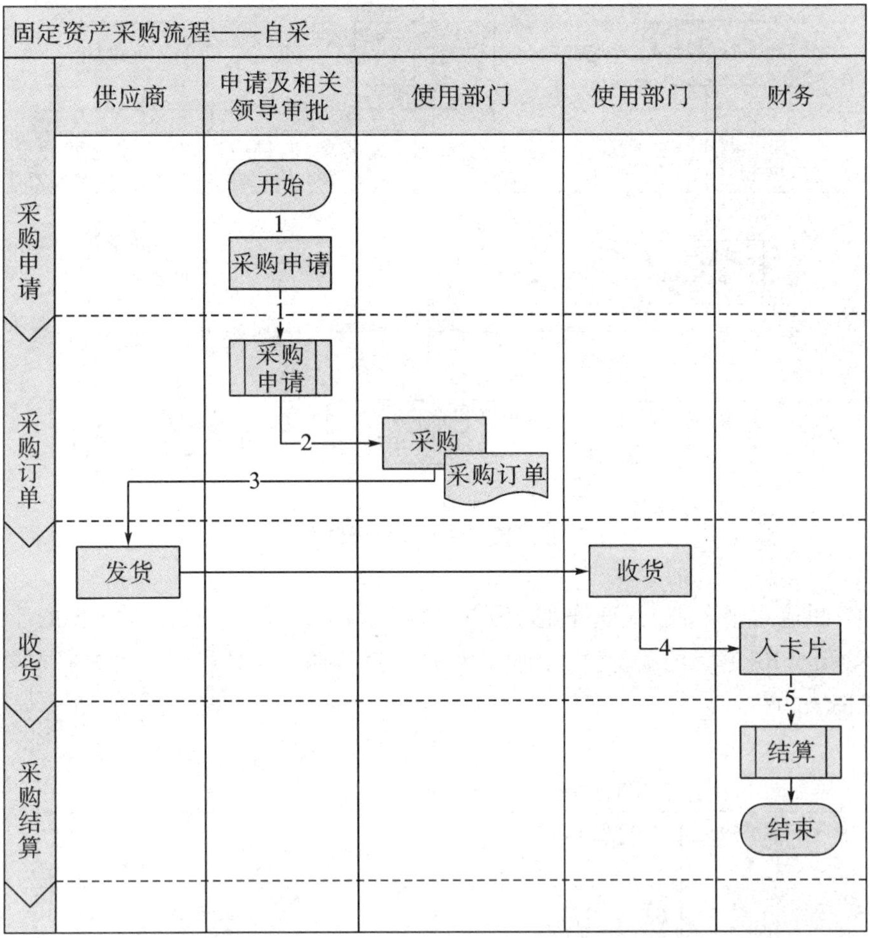

图 4.9　固定资产采购业务流程图

④供应商管理应用。

建立一个科学全面的供应商信息库，辅助采购系统与应付系统进行业务处理。通过查询供应商交易历史与供应商评估，帮助采购人员选择最佳供应商，为采购订单、采购业务提供供应商选择的决策支持。可以提高“ZSF”对供应商的监控与合作能力，从而保持“ZSF”与供应商的最佳关系。见图 4.10。

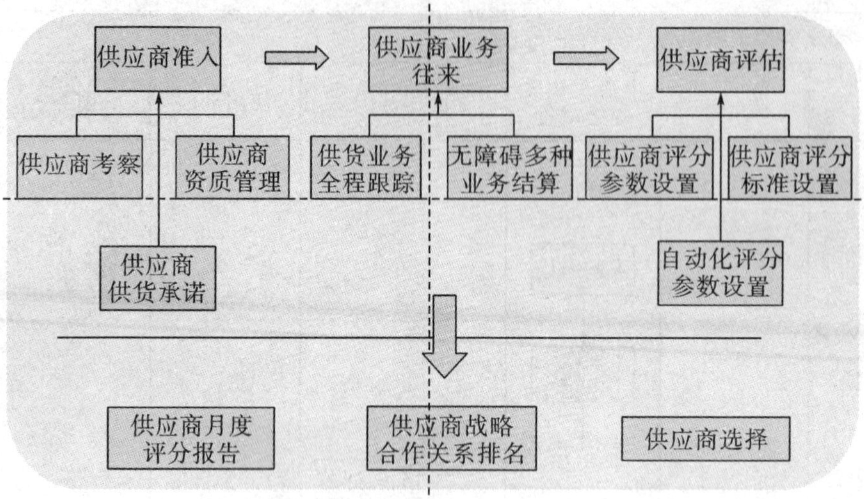

图 4.10　供应商管理图示

供应商评估是供应商管理最为重要的组成部分，构建一个科学全面的评估体系是 ERP 系统的关价值。因此，评估可以按照一定的科学模型进行操作，见图 4.11。

评价项目	分值	评价标准	标准分 杠杆型	标准分 版硬型	标准分 战略型	评分标准	扣/加分数
质量	10	产品质量稳定可靠，未发生退货现象；能提供质保书、检验报告和合格证等有关证件	25%	20%	20%	质检不符合要求，获得妥善解决 质检不符合要求，未获得妥善解决 生产部门反映原材料使用问题 未提供相关质量证件	-0.5 -2 -1 -0.5
价格	10	价格透明度较高，报价准确合理，能根据市场行情变化及时反馈价格信息	45%	20%	25%	虚报价格 未能及时沟通价格信息 擅自改变付款方式和付款条件 未能及时寄送发票	-2 -0.5 -0.5 -0.3
交货	10	严格按照合同条款履约按时按量供货	25%	40%	25%	供货延迟一次 送货数量差额在合同规定的误差比例以增、补货不及时 满足紧急组织供货 合同外接受零星定货	-2 -0.5 -0.3 +0.5 +0.3
创新	10	能够配合进行产品创新	0%	0%	10%	合作开发创新产品	+2
技术	10	技术先进、安全可靠，能够通过技术改进提高生产率、降低次品率、降低采购成本	0%	10%	10%	研发新技术降低产品成本 研发新技术提高产品质量	+1 +1
服务	10	售前保持沟通，售中经常征求意见及回访，售后服务周到；出现特殊情况时能够及时采取应变措施	10%				

评级		界限
首选	大于9分 小于等于10分	
可接受	大于8分 小于等于9分	警戒线
限制	大于6分 小于等于8分 ⇩	淘汰线
剔除	小于等于6分 ⇩	

图 4.11　供应商管理模块图

供应商管理的主要功能包括：

A. 维护存货关系。

维护存货关系是定义供应商与存货之间的对应关系以及它们之间所共有的信息，包括质量等级、供货配额、发货提前期、最小订货量等，同时记载供应商—存货的价格信息，是采购管理取价规则的重要信息载体。

B. 业务冻结。

业务冻结主要是对供应商进行冻结或解冻已冻结的供应商同时记录冻结记录，包括冻结、解冻和冻结记录查询。

C. 历史交易查询。

历史交易查询是对供应商交易的历史情况进行查询，提供用户进行供应商管理的依据。历史交易查询包括存货供应价格查询、供应商供应存货价格查询、供应商质量信息查询、供应商交期履约情况查询、供应商综合信息查询五部分。

D. 评估基础设置。

评估基础设置是供应商评估的一部分，对供应商评估中需要的参数、评估标准进行设置，是供应商评估的基础，包括参数设置、主标准设置、次标准设置。

E. 评估分数设置。

评估分数设置是供应商评估的一部分，对设置的评估标准的分数进行设置，是进行供应商评估分数计算的基础。在进行供应商评估分数计算时，自动次标准的分数是由系统根据采购记录和自动次标准分数范围设置自动计算的，半自动次标准和人工次标准的分数都是人工设置的。在供应商评估时如果需要考虑半自动次标准和人工次标准，则应该对它们的分数进行手工设置，否则在进行评估时将不考虑未设置分数的半自动次标准和人工次标准。评估分数设置包括自动次标准分数设置、半自动次标准分数设置、人工次标准分数设置三部分。

F. 评估分数计算。

供应商评估分数计算是根据已设置的供应商评估的主标准、次标准并根据采购记录对供应商进行评估并得出评估分数的过程。

G. 评估报告。

评估报告主要是对供应商的评估情况进行查询，用户可以根据供应商的评估情况来选择供应商。可以查询供应商的整体评估分数，也可以查询供应商在某个存货或存货分类上的评估分数情况；可以查询哪些供应商未进行过评估，还可以查询在特定日期后有哪些供应商未进行评估，这样可以提醒用户及时进行评估，保证供应商评估分数的及时性和完整性。评估报告包括供应商排名表、按存货/存货分类的供应商排名表、未评估的供应商清单、特定日期后未评估的供应商清单四部分。

供应商排名表是按照供应商评估分数对供应商进行排名。可以按照供应商评估总分对供应商进行排名，也可以按照供应商某一个主标准评估分数对供应商进行排名。另外，选择一个主标准还可以查询其下属次标准的明细供应商按存货或存货分类的评估分数情况。

供应商管理应用价值主要体现在以下几个方面：第一，对供应商的日常业务管理工作，包括供应商与物料的关系管理、供应商冻结管理等；第二，查询和分析供应商在供货价格、质量等方面的历史表现情况；第三，根据供应商的历史交易信息对供应商定期进行科学的量化评估；第四，记录供应商报价信息，作为“ZSF”采购的价格依据之一；第五，提供供应商评估记录，作为“ZSF”采购时选择供应商的依据之一。

⑤采购需求应用。

总体要求：

支持各个部门对需求计划的申报处理工作，如原料、包装物资、其他物资等各种物料使用需求。

解决方案：

支持需求计划管理全面处理“ZSF”来自原料、包装物资、其他物资等各种物料使用需求，可以记录需求来源、需求用途；支持对需求进行全面追溯和控制；系统提供完整的可自定义的审核功能；支持完善的变更和变更审核控制。

具体功能：

请购单管理，包括维护请购单、审批请购单（可维护数量）；查询请购单的执行状态（请购资金预算、执行明细、执行统计）；根据当前的库存状况对请购需求的汇总平衡，根据平衡结果进行采购；请购单审批通过后形成采购订单，根据采购订单进行采购；使用采购计划控制“ZSF”各个部门的请购数量、单价、金额。

⑥采购合同应用。

总体要求：

提供采购合同管理，可以记录正式采购合同文本的相关信息。支持可定义的合同类型，支持采购协议管理。支持附件上传，可以将合同文本扫描作为附件保存在系统中。支持合同完成状况的自动反馈。支持完善的变更和变更审核控制。

解决方案：

提供合同档案管理功能，对公司内所有的合同进行记录和整理，包括合同的具体条款；与采购订单和销售订单建立关联，可以实现对订单的有效监控；能够支持采购计划、需求计划管理直接转合同/订单；能够支持对供货时间的管理；支持多种合同类型，包括长期合同、一般合同、一次性订单合同；能够制定相关合同，包含价格、付款方式、信用条款等；合同的签订应实现电子化，并自动生成，信息系统要具有电子合同管理功能。

主要功能：

提供合同档案管理功能，包括合同的录入、审核、生效、变更、冻结、终止、废止及查询统计等内容；采购合同与采购订单建立对应关系，可以对后续订单进行约束；可以查询采购合同的执行情况。

⑦采购寻报价应用。

提供完善的采购价格控制体系。可以详细记录供应商每次的采购价格和采购报价，可以提供价格走势分析；可以控制物料的最高采购价格。协助“ZSF”有效地控制采购成本。

解决方案：

采购价格系统可以帮助“ZSF”及时了解原料、包装物资、其他物资的价格波动，选择最佳供应商，并对采购价格进行实时控制；通过采购询价、报价、比价，帮助采购选择最佳供应商和采购策略，有效地降低采购成本；进行采购价格的分析，为采购成本的控制提供依据。支持采购询价、报价、比价的网上应用。

主要功能见图 4.12。

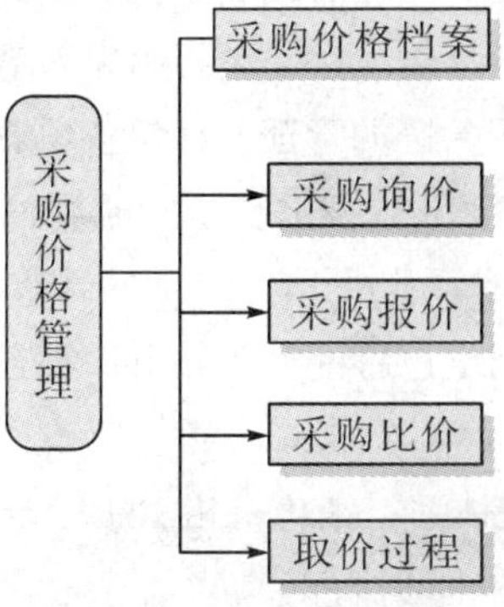

图 4.12　采购价格管理功能图

对于询价、比价记录，系统将进行记录，对于采购价格审批流程，可以在系统中自动传递到相关领导进行处理，避免了领导审批只见数字、不见业务的情况，同时领导可以针对每一价格明细，可以查询其他几家的报价和记录。

辅助决策、提升管理：及时、准确提供采购与仓储业务的相关信息，系统提供多种排行分析，加强对供应商、配件、价格的综合考核管理。通过采购管理可以实现全方位、全过程的采购透明管理。

（2）建立“ZSF”全国化销售管控中心

构建规范化的销售信息平台，实现合理的需求驱动的销售业务，见图 4. 13。

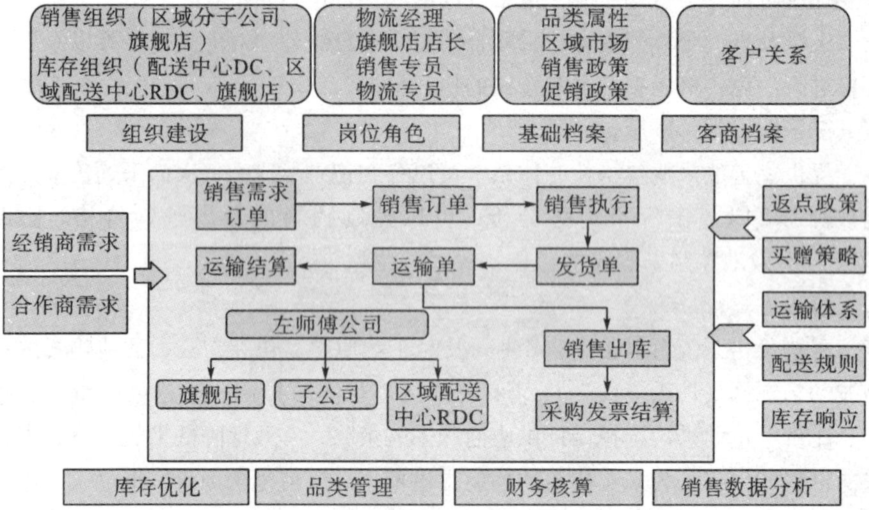

图 4. 13　规范化的销售信息平台示意图

实现销售业务从经销商、合作店订货平台、销售订单、销售订货、买赠策略、价格策略、返点策略、运输配送、销售出库、销售出库成本核算、会计核算、统计分析等整个销售业务链的管理，确保各项业务的有效执行、业务过程可控、可视，并能够根据“ZSF”发展要求随时调整执行。

“ZSF”销售业部营销体系业务具有一定的特点，旗舰店保证最小库存积压的原则，从经济库存的角度思考配件等物资库存补给，合理安排采购、分配资源变成主要因素。

确保“ZSF”销售政策体系：销售价格、买赠政策、返利点等销售政策在整个销售体系中得到有效的贯彻执行。

经销商、合作店订货时需要通过要货平台完成，以此作为发货依据，通过

ERP 系统完成集成工作。

解决销售给经销商、合作店的订单及时补货问题，库存种类繁多，库存条件有限，因此补货频率较高，进行及时跟踪补货情况是 ERP 系统重要的功能。

根据“ZSF”实际情况定义组织机构、岗位角色、货品基本档案、经销商基本档案等管理基础数据内容，“ZSF”的销售业务单元在销售业务组织结构变动在发展时期是常态，这也是初期运营的特点，ERP 系统支持“ZSF”组织机构的变化。

“ZSF”的销售业务处于变革阶段，由原渠道销售业务向适应“ZSF”连锁经营渠道要求的经营销售转变，因此销售业务应用需要通过流程配置平台定义销售业务流程规则，支撑控制销售业务流程的执行。

支持定义“ZSF”营销业务差异化的销售策略与流程。“ZSF”的销售业务将采用不同的销售策略、销售业务流程，如赊销销售流程、现款销售流程、跨组织销售、销售退换货业务等。

解决应用物流业务处理：“ZSF”公司的物流体系处于初级发展阶段，通过订单生成拣货单业务，进行拣货出库到待发区，完成出库后返回确认签字状态，在 ERP 系统进行签字出库。“ZSF”的出库业务需要通过条码技术应用完成拣货、出库、发货等业务操作。

①赊销销售业务。

赊销业务流程如图 4.14 所示，经销商、合作店要货下单中明确具体的品种、数量、交货时间，子公司、旗舰店在系统中下销售订单，由所属子公司、旗舰店销售部进行确认审批，完成销售订单确认，同时系统进行信用及相关政策检查。当信用失败时，通知经销商、合作店打款，再次进行检查，待信用等无误后生成发货通知给对应的仓库，仓库根据销售订单上的发货地址发货，可以多地址发货。

销售订单下单时检查库存数量，当库存不足时生成缺货登记，到库存满足时进行补货。在销售订单上可以看到订单数量、发货数量、出库数量、发票数量。待收到发货通知时进行出库。

仓库的物流员根据销售订单发运配货形成发货单（装箱单），再根据发货情况生成运输单（包裹单）。物流调度安排，如果使用第三方物流安排车辆发货，则物流公司打印物流详情单。物流部门装车配送，货物运输到经销商、合作店处，进行签收确认，形成签收单。由物流公司带回给发货仓库物流人员进行收货确认，如果有货差货损，则形成途损单。根据途损单来决定后续的货物处

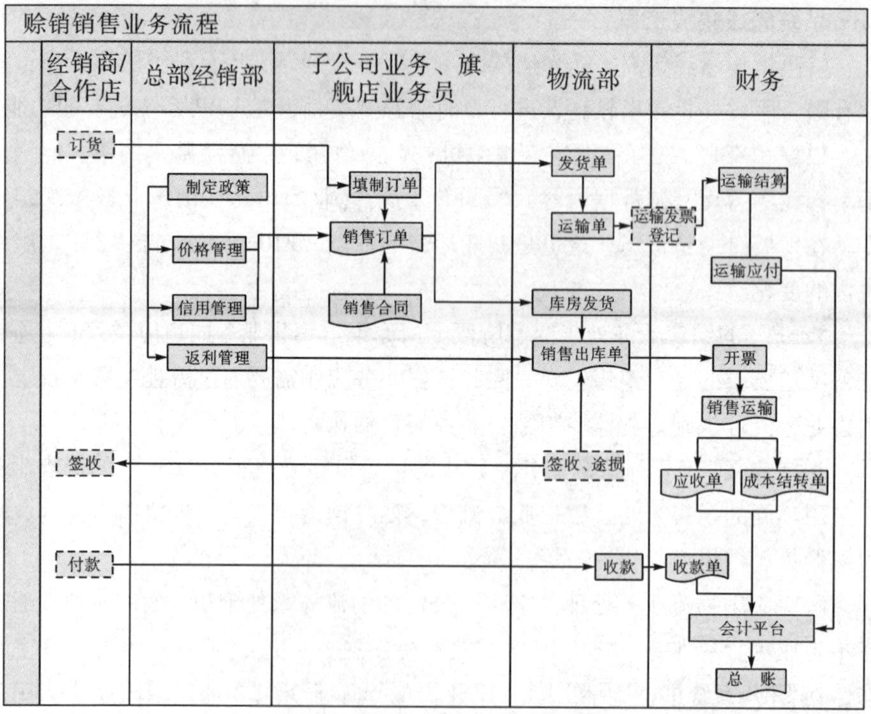

图 4.14 赊销销售业务流程图

理，如果是货损发货仓补货，退回损坏货物，如果是货差则需要由承运商赔付。

月底根据经销商货物签收的情况与货差赔付情况与承运商进行运费结算对账，对账无误后形成运费结算单，通知财务支付运费。

②现款销售业务。

经销商、合作店要货下单中明确具体的品种、数量、交货时间，子公司、旗舰店在系统中下销售订单，同时把对应的物款进行支付，由所属子公司、旗舰店销售部进行确认审批，完成销售订单确认，同时系统进行收款检查。当货款不够时，通知经销商、合作店打款，再次进行检查，待款项等无误后生成发货通知给对应的仓库，仓库根据销售订单上的发货地址发货，可以多地址发货。见图 4.15。

③经销商退货、换货业务。

经销商进行退货、换货时提交退换货申请。由子公司、旗舰店进行审批，并且确认退回的货是否存在问题，并且查询原销售订单是否有买赠政策在当时执行，确认无误后在 ERP 中根据退货申请生成退货通知单。

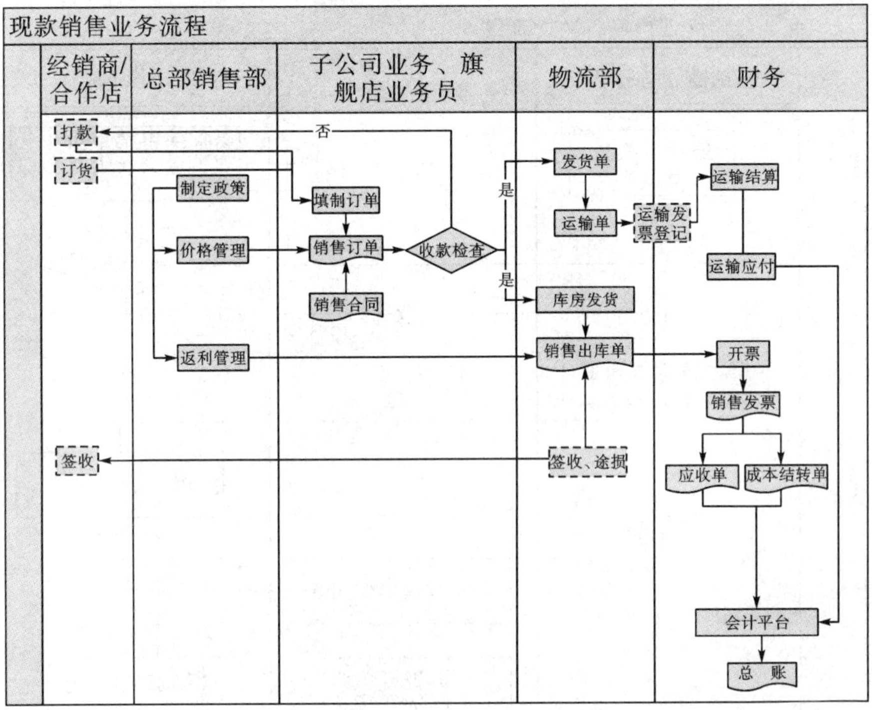

图 4.15　现款销售业务流程图

子公司根据销售退货通知单生成销售退货单，并且退回相应的赠品。

经销商进行换货时先走退货流程，并且退货时指定换货信息，退货流程完成后再根据退货单形成新的销售订单，见图 4.16。

④销售价格管理。

系统目标为：支持集团制定统一价格；支持公司分别制定价格；支持价目表维度自定义；支持价保、返利；支持集团对多个公司的调价。

随着“ZSF”经营规模的扩大，市场多样化以后可能发生价格体系的升级，管理会更为复杂，ERP 系统是可以支持多维度的价格管理体系，价目表维度可以进行自定义，同时可以按任意条件进行定价，按时间段、产品类、经销区域、订货量等因素制定价格管理策略；具体见图 4.17。应用流程详见图 4.18。

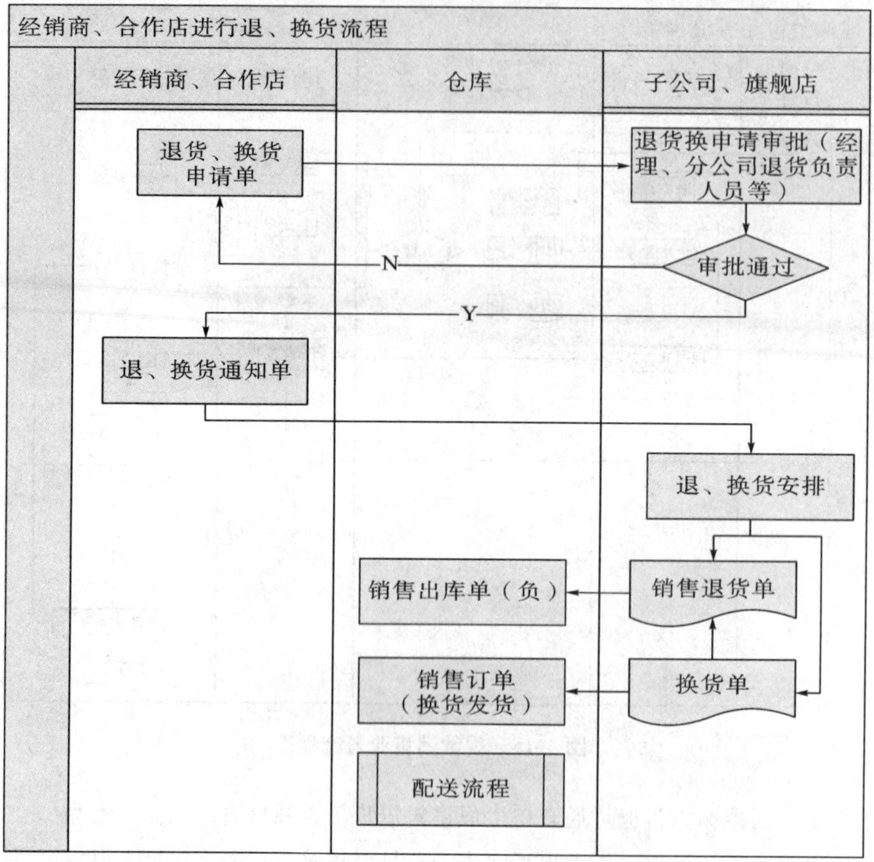

图 4. 16　经销商退货、换货业务流程图

⑤销售返利管理。

系统目标如下：

支持企业常用各种返利计算模型，如基于销售数量、销售金额、收款、应收账款周转天数等进行返利，支持超额累进、全额累进两种计算方式。支持集团统一制定返利政策、公司独立制定返利政策、集团+公司制定返利政策等模式。支持特殊返利政策，对特殊返利政策的执行情况进行审批；支持手工录入返利单，对一些复杂的返利提供录入接口；支持对返利计算结果即返利单的多级审批，满足企业管理需要。支持返利金额的后续业务处理：冲减客户应收、合并开票。

应用流程详见图 4. 19。

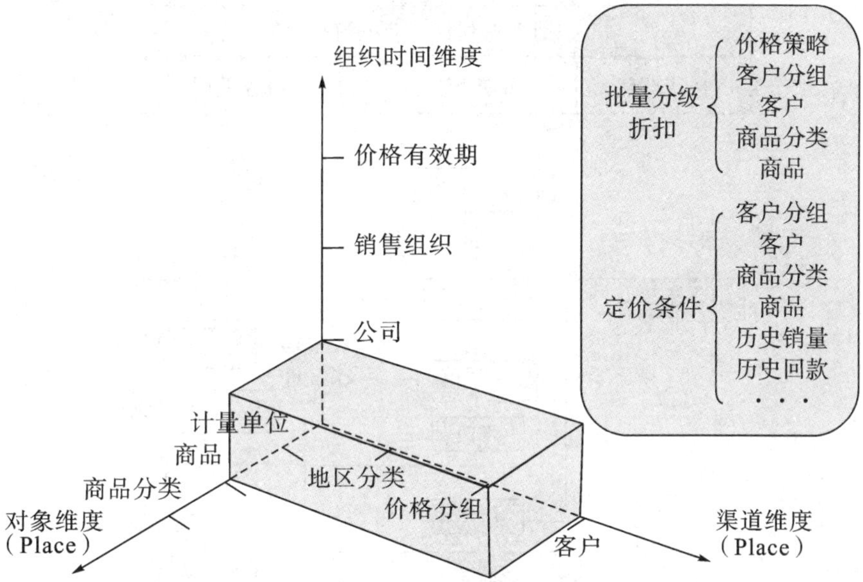

图 4.17　销售管理的影响因素图示

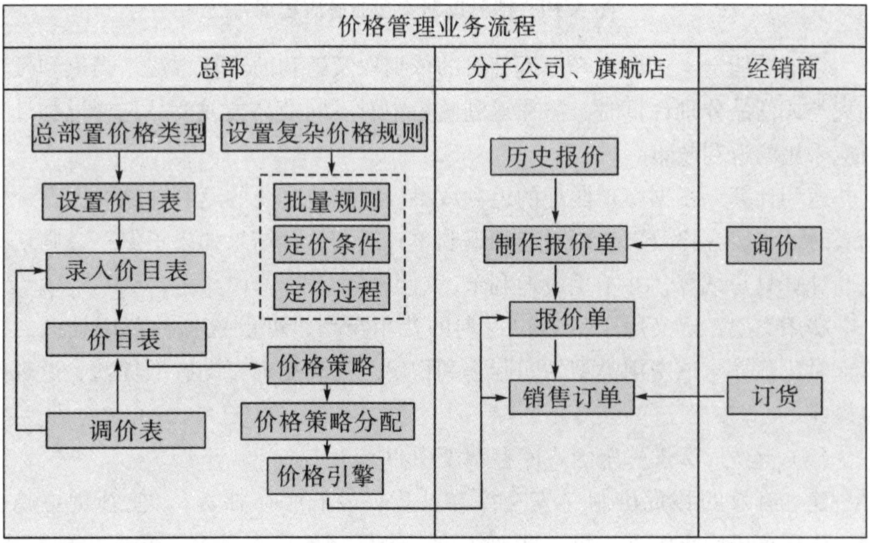

图 4.18　价格管理业务流程图示

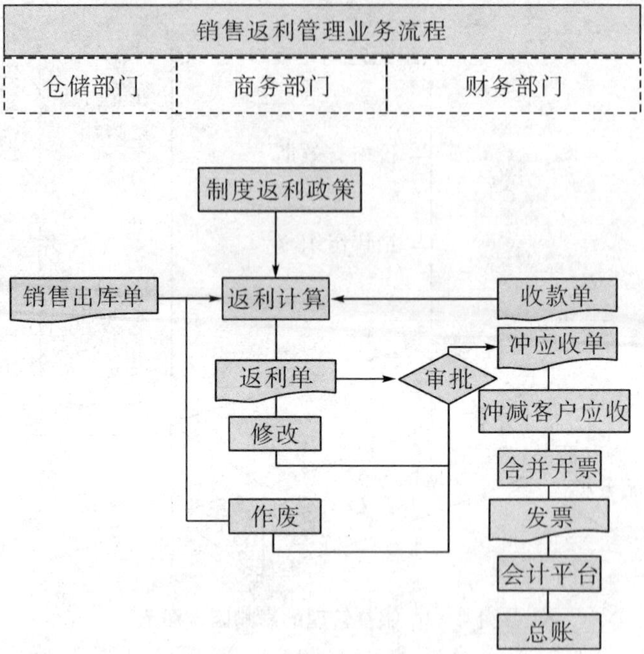

图 4.19　销售返利管理业务流程图

系统功能定义：计算客户返利时的依据以及返利的计算方法。当返利按商品大类或商品分别计算时，需在返利政策中对不同商品类或商品选择返利计算时应采用的返利政策。

返利计算：根据客户匹配的返利政策，计算应享受的返利金额。保存计算结果时，将按客户分别生成对应的返利单；返利计算结果如果不保存，则认为返利计算只是试算，并不生成返利单。

费用类型：定义用于给客户返利的费用类型，可设置各种费用类型的预算，对比预算与该费用类型的实际返利情况。返利兑现：支持抵货款、返现金等模式。

（3）建立“ZSF”全国式库存调度中心

建立有效的补货机制（安全库存补货、最低库存补货），使补货更趋合理；建立全局库存管理，可以实时查询各个区域的库存状况；建立由旗舰店、RDC 进行要货的模式，扩充仓库发起的向下补货；建立全面的条码管理机制，库存业务通过条码实现高效、准确管理，形成对旗舰店、RDC 的完善的考核制度，从而更好地控制库存成本；建立有效的预警体系，实现库存的管理风险最小化，具体见图 4.20。

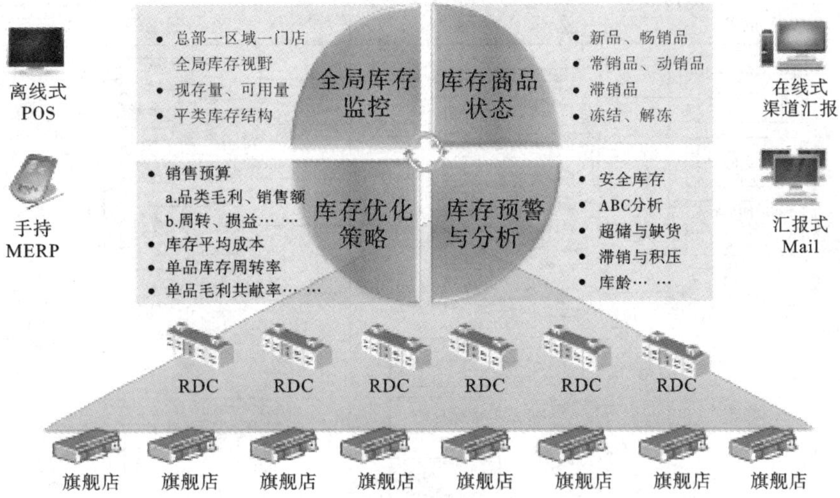

图 4.20　全国式库存调度中心示意图

①总部出入库业务流程。

“ZSF”总部库存主要有工厂、配送中心，其库存主要有配件、油品、整车等。

总部的出入库业务包括生产领料、配送产成品、采购、产成品完工入库。用友 ERP 系统为集团级平台，因此对于 ZS 集团的系统在做出入库业务时可以协同起来完成相应业务。在生产完成后进行箱号编号，然后进行产成品入库业务。业务体系中完成出入库业后生成库存账的出入库单，同时财务体系统会协同生成财务的存货成本的出入库单据，经过成本计算后产生凭证记账。详见图 4.21。

②旗舰店、RDC 出入库业务流程。

“ZSF”六省一市的库存主要集中在旗舰店、区域配送中心，其库存主要包括配件产成品、油品、其他物资。旗舰店、RDC 的出入库业务包括配送业务、销售出库。业务体系中完成出入库业后生成库存账的出入库单，同时财务体系统会协同生成财务的存货成本的出入库单据，经过成本计算后产生凭证记账。详见图 4.22。

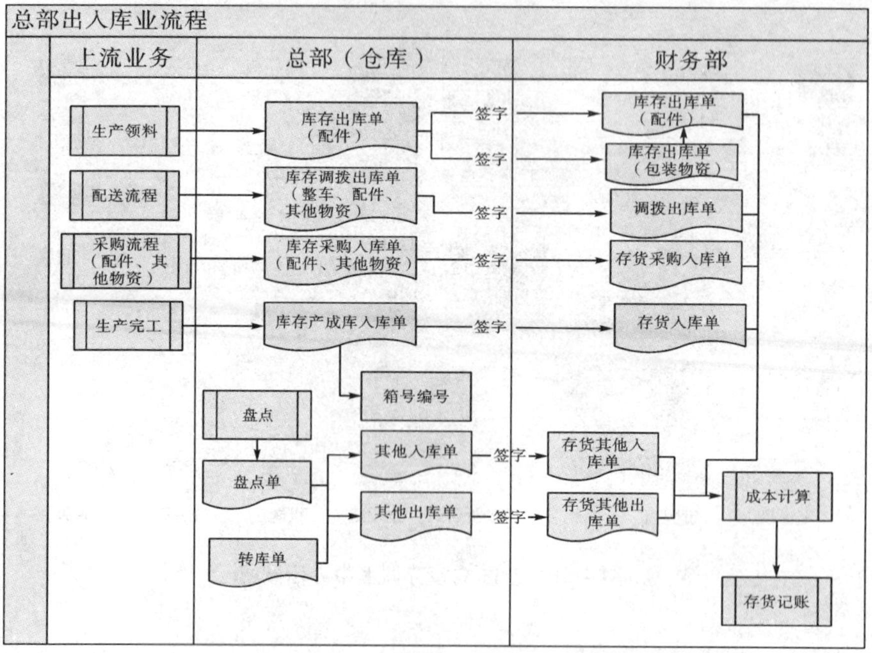

图 4.21　总部出入库业务流程图

图 4.22　RDC 出入库业务流程图

③库存基础信息管理。

“ZSF”仓库设置主要包括多级仓库关键属性内容、多级仓库档案管理。商品关键属性管理内容主要包括商品计量单位、是否保质期管理、是否批次管理、是否条码管理、ABC 分类管理等。计量单位：多计量分为基础单位、中包装、外包装、拆零单位 。条码管理包括条码规则的定义、条码的解析、条码字典。见图 4. 23。

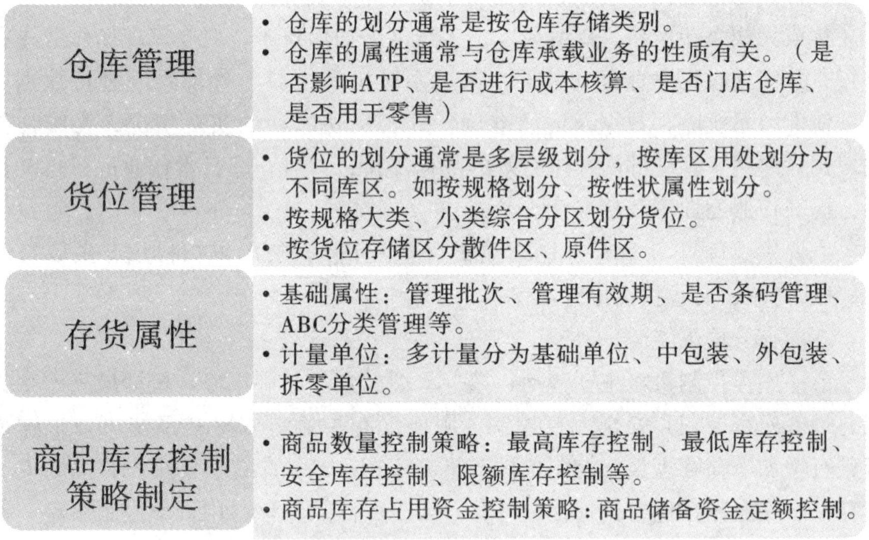

图 4. 23　库存基础信息图

④全程条码管理。

全程的条码管理，详见图 4. 24。

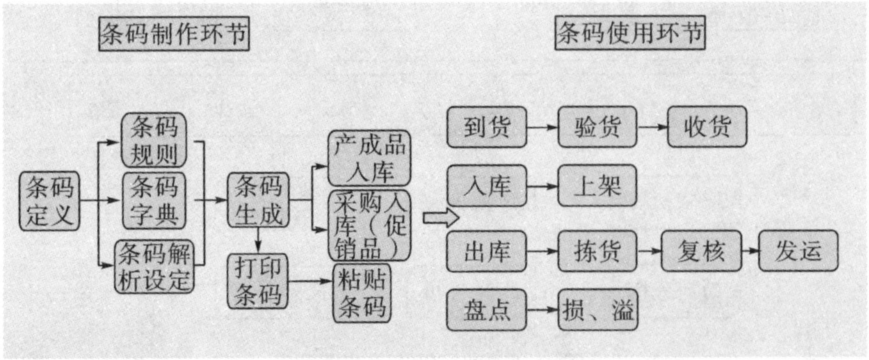

图 4. 24　条码管理示意图

条码管理相关的硬件方案如下：

仓库条码管理由条形码仓库管理系统配合条码打印机、条码标签、条码扫描器、数据采集器等硬件设备集成而成，真正实现了现代科技化的仓库条码管理。仓库智能化管理解决方案综合了软件系统、条码应用、硬件系统、无线网络、系统扩展接口等多种技术，整个方案以仓库管理为中心，通过系统扩展接口与外部系统连接，所有仓库业务纳入系统一体化作业管理，通过无线移动终端设备，智能信息化应用渗透到仓库作业的每个细节及仓库现场。

集成无线终端设备、条码技术、无线网络通信技术，对仓库现场作业进行支撑，并实施收集库存移动数据，通过系统扩展接口与外部系统进行数据共享，使上层系统库存数据及时、准确，真实反映库存的实际情况，为统计部门、销售部门、管理部门提供有效的数据支持，并对仓库日常作业进行自动控制，提高作业的效率和精准度。

主要集成硬件设备有手持终端机（盘点机）、条形码扫描仪、条码打印机、PC 终端、无线扫描枪等。

⑤库存管理策略。

商品库存控制策略主要包括：第一，商品数量控制策略，包括最高库存控制、最低库存控制、安全库存控制、限额库存控制等。ERP 系统可以根据需求进行增加库存管理策略控制条件：最高库存、最低库存、安全库存高、安全库存中、安全库存低、管理存量计算。第二，商品库存占用资金控制策略：商品储备资金定额控制。详见图 4. 25。

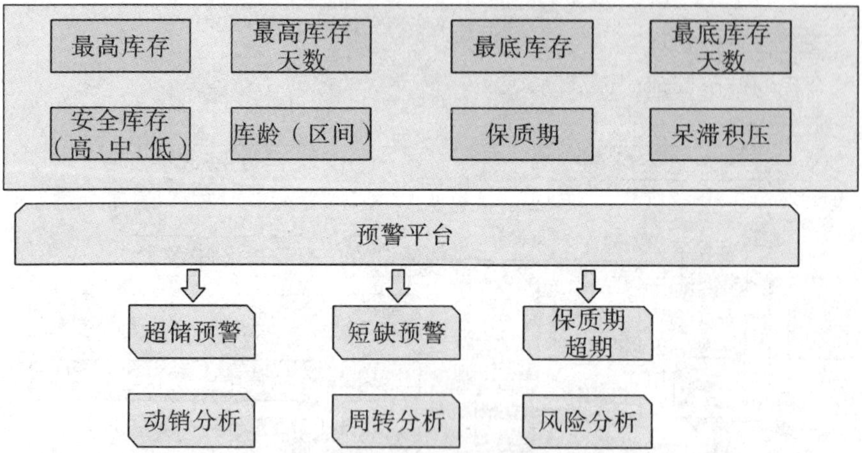

图 4. 25　库存管理策略图示

⑥存货批次管理。

要全程进行跟踪管理存货批次，从采购入库、库存管理、生产领用到质量追踪、从原料到产成品下线、产成品入库后形成产成品批次、到销售出库、配送到经销商整个全周期的批次管理与监控。存货批次需要记录如下信息：所属存货、供应商、到货日期、并对存货按此批次进行库存及领发料的监管、从原料到产成品下线、产成品入库后形成产成品批次。

原料采购入库环节：在仓库人员在做采购入库单时系统自动生成批次。生成批次的规则可以在定义存货批次生成规则时进行设定对应的批次生成规则。领料/发料出库环节：在生产部门领料时选择批次进行出货。产成品入库环节：在生产出产成品下线时，做产成品入库单时系统自动生成批次。可以对产成品的该批次指定相关的成本价格。销售出库环节：销售出库时可以选择对应的批次进行出库。库存日常管理环节：可以根据存货批次查找统计库存数据，按批次进行盘点等库存操作。出库环节：发生领料时，仓储人员编制材料出库单，指定所选批次出库。详见图 4. 26。

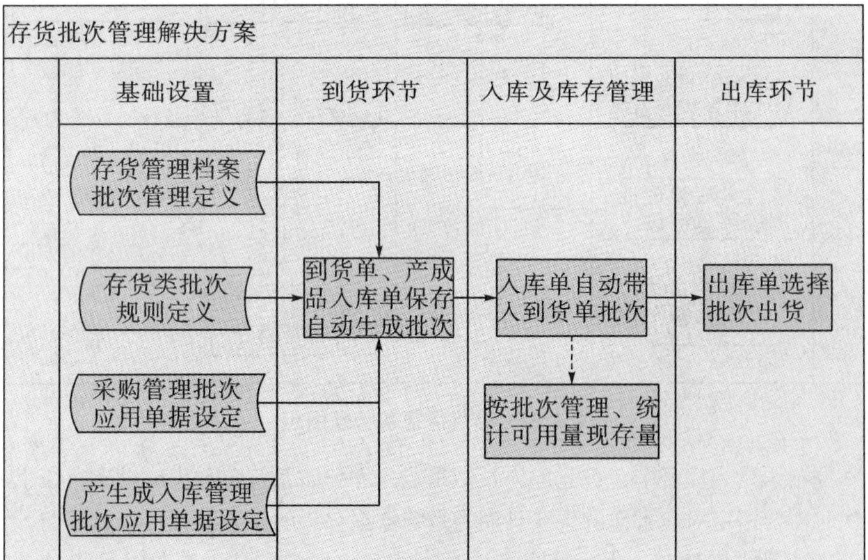

图 4. 26　存货批次管理流程

方案应用价值：原材料从入库、在库到出库全周期的材料批次管理，细化仓储管理控制力度；销售出库选择批次可以准确跟踪所有存货批次的全程流向，加强了分业物流全程管控力度；库存数据可以按批次进行查询、统计，及时掌控批次存货信息。

⑦存货保质期管理。

针对原材料采购，从采购入库、库存管理、质量追踪需要做原材料的保质期管理与监控。针对产成品入库，从产成品入库、库存管理、质量追踪需要做产成品的保质期管理与监控。“ZSF”在入库环节录入到货、产成品入库时存货批次的生产日期，存货本身的保质期天数相对固定，基于此需要进行保质期管理，并且在保质期来临以及过期时提供相关人员预警。详见图4.27。

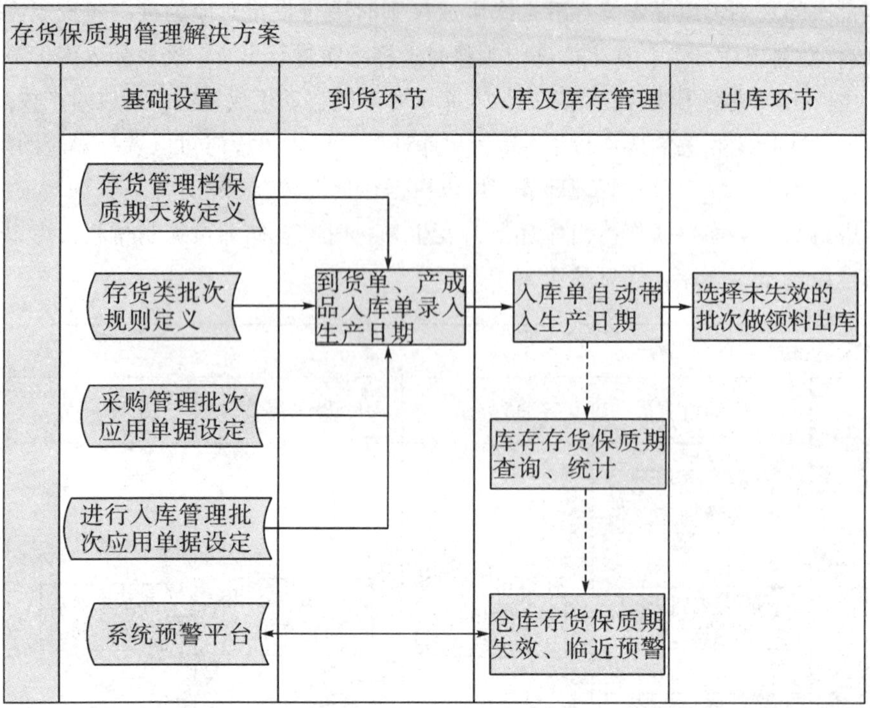

图4.27　存货保证期管理图示

原料采购入库环节：在仓库人员做采购入库单时系统自动生成批次，在生成批次时需要指定对应批次的生产日期，系统依据存货的保质期算出失效日期。

产成品入库环节：在生产出产成品下线时，做产成品入库单时系统自动生成批次。在生成批次时需要指定对应批次的生产日期，系统依据存货的保质期算出失效日期。

库存日常管理环节：可以根据存货批次查找统计库存数据的保质期天数，进行统计分析。

出库环节：发生领料时，仓储人员按批次出库，可以看到保质期剩余天数，对于过期的存货则不应出库。

应用价值：原料从入库、在库到出库全周期的材料保质期管理；产成品入库、在库到销售出库全周期的保质期管理；库存数据保质期可查、可按批次追溯，提高库存质量管理的准确性；系统提供的自动预警功能，使得保质期管理真正做到事前提醒、事中控制，提高库存质量管理的安全系数。

⑧全局库存管理。

全局化库存业务信息统计与分析："ZSF"的库存体系为多级库存，在集团体系内是可见工厂库存、RDC全局库存。同时，库存业务信息统计与分析包括需求申请查询、商品请购计划查询、库存存量查询与统计、库存账簿查询、库存储备分析、库存统计分析等。

4.1.2.3 应用价值总结

（1）销售管理方面

销售管理系统通过灵活的约束关系设置和流程配置，可以很好地体现企业内部的销售管理制度，并能支持多种销售模式和结算模式，满足日用品行业企业的销售需求。

销售管理系统与销售价格系统的集成，可以实现存货销售的自动询价，极大地方便了销售过程中的价格处理机制。销售管理系统与销售信用的集成，可以使销售员随时查看客户的信用情况，并通过审批流的配置，可以对客户信用、账期进行检查，从而规避信用风险。

支持跨公司销售，销售订单上可以发其他公司的存货，在销售订单审批后形成发货公司与销售公司之间的调拨订单，货物可以直接由发货公司发送到客户，也可以由发货公司发送到销售公司后，由销售公司发送给客户，销售公司与发货公司之间进行内部结算。

合理地建立分销渠道关系，选择和招募自己的合格网点（包括大的直接客户），为其建立网点档案和大客户档案。同时，由企业采取积极的措施，帮助分销商建立下级分销商以及最终消费者的档案并合理地获得和使用这些档案信息。通过这些档案信息，建立一个完整的分销网络体系视图。

利用这一网络体系视图，使销售政策管理、促销活动管理和市场信息管理能够采集和发布渠道成员所需的并且有权限获得的各种信息。并且利用这些信息，辅助企业或渠道成员发现渠道中存在的问题，以提示渠道管理者加以解决，如窜货、不合理降价等。

（2）采购管理方面

实现"ZSF"的多组织、跨地域经营采购供应支撑，在集团公司进行采购统一管理、自主采购模式同存。

采购系统满足对集团本部及各个子公司所有物资的采购管理集中化，包括供应商评估管理、采购过程管理、采购控制管理、采购需求管理、采购结算管理等内容。

实现“ZSF”通过采购需求管理、采购价格管理（寻报价、比价、采购价格审批）、采购合同管理（长期合同、短期合同、一次性合同）、采购业务控制规则的配置，构建“ZSF”及各级部门的采购业务管理平台，实现按需采购、及时采购、优质合理化采购、有效控制库存的目标。

实现全面信息化集成：实现采购与仓储、财务相关重要信息的集成应用。

全面效率提升：实现采购与仓储相关部门之间协同工作、数据共享，提高采购与仓储相关部门的工作效率、数据处理及时性、准确性。

有效控制加强：严格商品采购供应过程控制，降低采购与库存占用成本。

（3）库存管理方面

帮助用户更加准确地制定库存管理策略，降低成本及库存风险；动态的存量查询：现存量、预计入、预计出、在途库存、冻结量、借入量；多商品属性库存管理：多计量、批次、保值期、自由项、序列号、条形码；帮助用户更实时、准确、高效地完成库存出入库业务，提高工作效率；帮助用户实时监控库存业务与库存状态；支持用户自定义集团库存的统计结构树，进行多公司库存的汇总查询。集团可直接查询多公司的收发存汇总表。帮助用户规范库存业务，提升库存管理水平。具体见图 4. 28。

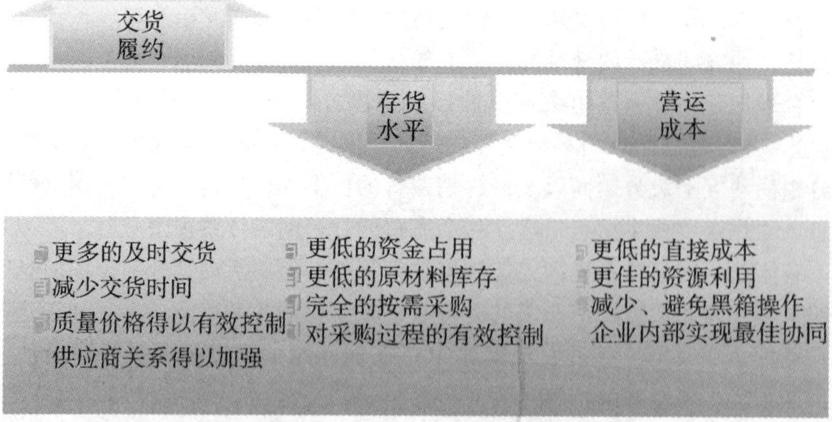

图 4. 28 供应链管理优势图

4.1.3 “ZSF”精益物流管理解决方案

4.1.3.1 “ZSF”物流管理核心需求分析

（1）仓储中心布局方面

仓储现状：目前，零配件仓储采用前店后仓的模式，没有专门的配送中心或中转仓进行统一的库存管理和配送。江津销售服务店仓库有150平方米，库存金额20万元左右，零配件种类约2 500种。江津店仓库存储区域是按品类划分的，采用货架加货格的方式存放，发货出库策略采用先进先出原则。考虑整车生产日期、零件生产日期，一般整机提前6个月，再加上2个月流通时间，三包期根据销售票日期确认。目前，对于经销商退货、旧件和坏件处理如下：对新件退回进行挂账，旧件实物返回工厂，冲减应收账款。在库存管理上，仓库分为旧件与新件区域，库位分开。对于过了三包期的坏件按账外物资进行处置。

包装现状：目前，包装作业主要是上级公司品牌的机油灌装及包装作业，在上级公司专门包装作业生产线。包装物采购与领用管理是基于MRP计算出来的，与配件产品采购一起执行。机油灌装是按销售订单和库存相结合的方式进行计划排产的，且由“ZSF”自己负责排产计划。机油灌装属于生产包装，其费用归集为生产成本，物流包装费用归集为销售费用，如进货包装、一些简单配件套装和组装。

经销商地理区域分布散乱，对下级客户覆盖和辐射能力不足，物流运送周期长、成本高。

分析与建议：区域物流配送中心是整个“ZSF”物流系统的枢纽，是物流过程中的重要节点。布局是否合理直接影响到配送中心各项物流活动的成本、作业效率、服务水平和经济效益。“ZSF”的区域物流中心的建立应充分考虑各“ZSF”店的分布、交通运输条件等情况，其布点及从属关系与其他业务可不相同，覆盖的店面可跨区域管理中心的经营管理职能范围。

建立区域物流中心需考虑的因素如下：

布局：根据需覆盖的“ZSF”店的分布及数量，原则上以半径为300~500千米的物理位置，或常规运送周期1~2天到达为目标建立配送中心，以保证运送的快速到达。

运输条件：物流中心的选址应接近交通运输枢纽，使配送中心形成物流过程中的一个恰当的结点。

规模及投入：应在对物流中心所覆盖的业务区域历史需求情况进行充分的分析，对未来业务拓展情况进行评估后，确定物流中心的规模及前期货物储备。

仓储条件：根据商品特性，选择适合的仓库，包括房屋结构、通风、消防等。同时，应考虑现代物流信息化对通信、网络等条件的需要。

其他：人力资源因素、投资额的限制、运输与服务的方便程度等。

（2）零配件编码问题

需求理解：对于不同供应商的零配件产品如何识别，如何统一不同的供应商的产品的编码规则？上级公司百分之七八十的产品是有编码的，有条码识别的，可以通过以下3种方法进行识别：通过BOM可以分解下面部件编码；出厂销售配件都贴有条码、防伪码；零配件变更记录。如果没有统一编码体系，“ZSF”各门店就很难对外面采购的零配件进行识别。

分析与建议：统一零配件编码体系，侧重考虑零售与物流管理的需要。

对于外面采购的零配件的识别问题，建议“ZSF”重新编码。这个编码规则制定工作应由技术部门牵头，由总部SCM采购部门、门店和区域物流部门配合，共同确认零配件编码方案，全面考虑维修识别、物流管理、采购管理、销售管理需求。统一上级公司和外部品牌的配件产品编码。在技术层面上，可在“ZSF”产品编码与厂商产品编码之间建立关联关系。

（3）库存储备管理问题

需求理解：渠道经销商物流管理水平较低，缺乏有效的需求分析与预测，物资储备不合理，无法达到快速响应市场需求、解决市场问题的要求；区域间物流信息不能共享，无法形成联动，造成各经销商库存无法盘活，资金积压、管理费用较高；目前，直营店和合营店前店后仓的库存布局，在后续网络建设过程中会产生很大的库存成本以及库存损失风险。零配件储备风险很大，配件产品呆滞在库存中变坏的不确定性很大。

分析与建议：库存管控与调度。

根据区域需求情况分析，并执行库存补货配送的方式一般不会产生库存积压或呆滞，但出现以下情况时，就需各层级配送中心应对所覆盖的各仓储进行库存检查和货物调度调配。因销售需求量变化或销售政策不当时，造成物资的积压。销售订单录入错误，造成到货无法使用和消化。正常供货渠道无法响应需求，而其他仓库有储备。

由于“ZSF”在导入期与成长期和成熟期的网点布局广度与深度、物流量不同，需要不同的物流体系与网络结构模式进行支撑，因此，物流网络中的核心节点（配送中心）构建和布局的合理与否，决定着物流网络的效率以及服务的及时性。对于不同发展时期“ZSF”的物流运营体系的库存控制应从以下几个方面来考虑：滞销品，隔离库存，其他地方有需要，系统判断进行调拨；总部没有库存，区域中转仓和门店有库存，可以进行调拨调配；总部控制区域中转仓库存调拨，中转仓控制各级门店调拨；建议最多设置两级库存体系，库存体系层次不宜过多。

（4）物流运输体系建设

需求理解：目前，“ZSF”运输体系是采用独立于上级公司的外部第三方物流公司执行运输业务，具体运输方式主要是零担运输。

与第三方物流商的运输费用结算方式是月结，已经合作很长时间。以前是按重量阶梯方式定价，根据运输配件称重情况，选择适用运输费率计算运输费。现在是根据以前全年的配件销售额，与第三方物流商确定运费占销售额的比率。然后，每个月统计配件销售额，按销售额的运费比率结算，不按每单配件重量和运价计费结算。

分析与建议：

“ZSF”的业务范围、商品特性及低成本物流运作的要求，决定了物流运输需求的多样性，故需建立能快速满足各种运输要求的立体运输体系，运输方式呈多样化态势。需根据区域实际物流运输条件及业务实际情况，选择适合的运输合作单位和不同的运输方式。

大宗运输：整车汽运、铁路运输、船运是目前国内运输成本较低的运输方式，但前提是大批量、规模化的大宗货物运输。“ZSF”物流体系中，只有各区域物流配送中心可达到此要求。

零散运输：零担、随客运是主要的零散货物运输方式。其特点是适合各区域物流配送中心对各“ZSF”店的运送。

快运：航空、特快专递及各类快运业务。其特点是响应速度快、安全、运价较高。“ZSF”业务中，有部分需快速解决的服务维修配件或特殊情况的发货需求，需以此方式满足。

自行送货：短距离运送或随其他业务并行到达的情况。

其他运输方式：邮寄包裹等，可作为运输体系的有效补充。

各物流配送中心根据各配送对象的销售订单和库存情况，主动向配送对象进行补货配发，而不是传统的被动接受配送对象的订货。一方面可有效控制下级进货渠道；另一方面可减少物流环节人员配置及人为造成的工作失误，从而降低物流运作成本，提高物流效率。

（5）物流结算及资金管控问题

需求理解：按照“ZSF”公司渠道策略，“ZSF”业务真正实现货物价值转移和增值的环节是在各“ZSF”店。所以，公司对物流的结算应在各区域物流配送中心与各“ZSF”店之间，公司总部与各物流配送中心间只是货物实体的转移关系，只需核算货物成本，不需要进行结算。并且因公司总部与各物流配送中心间无加价环节，所以可以减少公司税负。

分析建议：通过对物流数据的归集与统计，实现区域运营中心和各“ZSF”店的销售业绩及应收账款核算，并通过区域运营中心执行资金的回笼和管控计划。

“ZSF”店间的层级关系及利润分配，可通过销售返点等方式实现。

（6）“ZSF”物流运作模式规划

“ZSF”物流模式具有以下主要特点：支持外部社会物流和企业内部物流双服务模式；集中化调度；网络化协同；一体化运作；个性化服务。参见图 4.29。

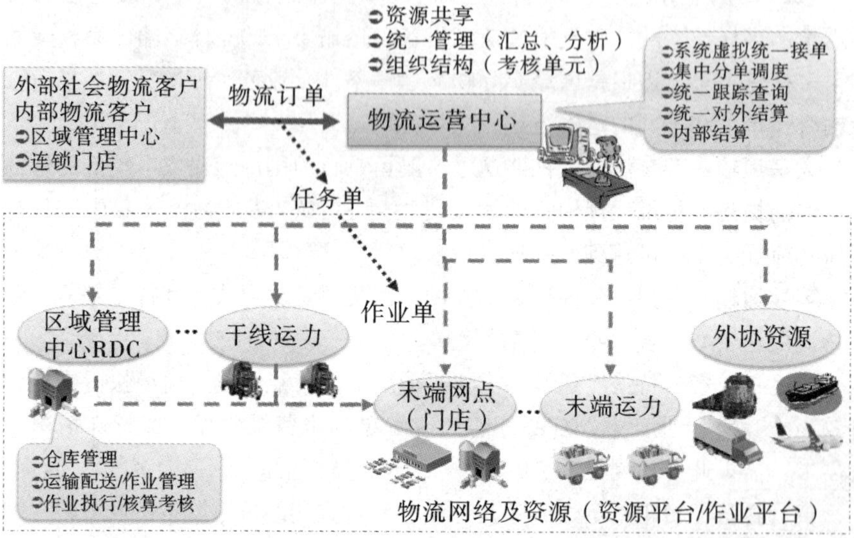

图 4.29　物流运作模式规划图

（7）“ZSF”物流配送网络体系设计

“ZSF”物流配送网络体系建设采用二级配送网络模型，将母公司工厂视为虚拟中央配送中心，“ZSF”连锁渠道体系内部只设置区域中转仓和门店库。具体物流网络体系设计如图 4.30 所示。

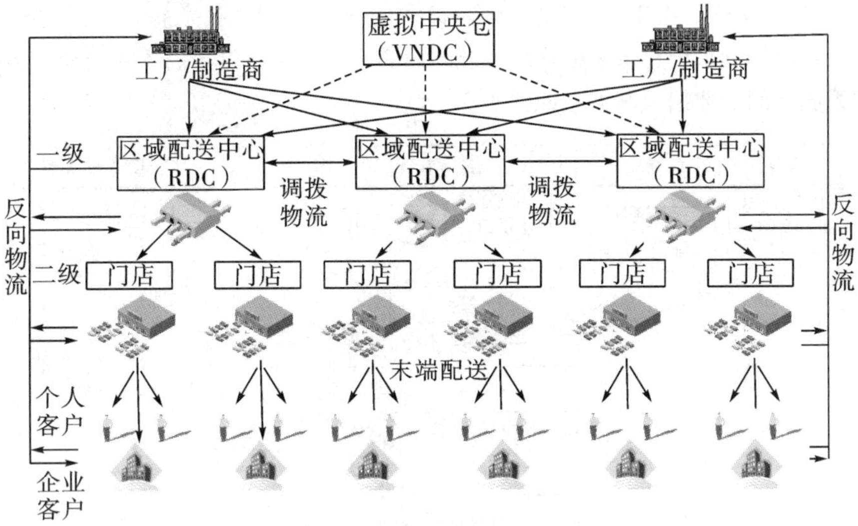

图 4.30　物流网络体系图示

4.1.3.2　"ZSF" 物流管理系统支撑

(1) "ZSF" 物流管理系统整体应用架构

根据 "ZSF" 连锁物流需求，"ZSF" 物流管理系统整体应用架构设计如图 4.31 所示。

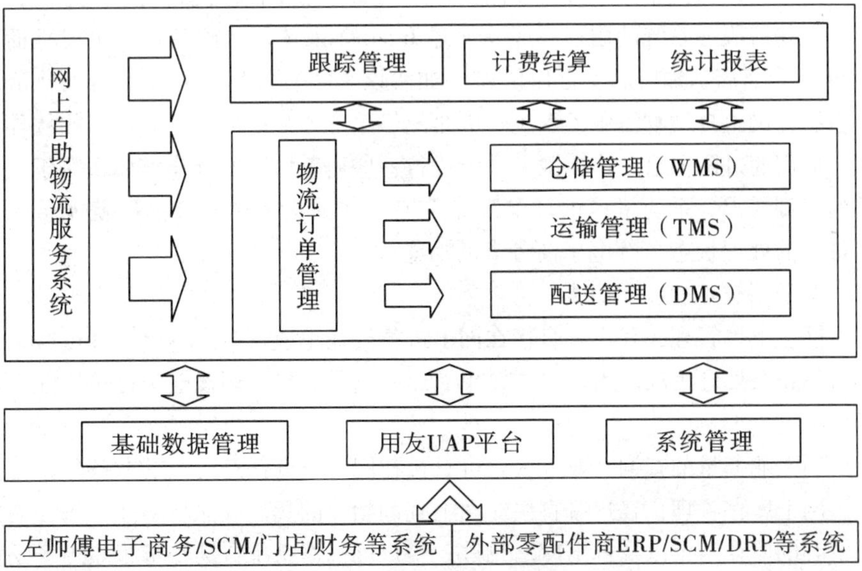

图 4.31　"ZSF" 连锁物流整体应用架构图

（2）“ZSF” 物流管理系统与其他系统之间的数据关联关系

物流管理系统与供应链管理系统、门店管理系统、电子商务系统和财务管理系统之间的数据关联关系如图 4.32 所示。

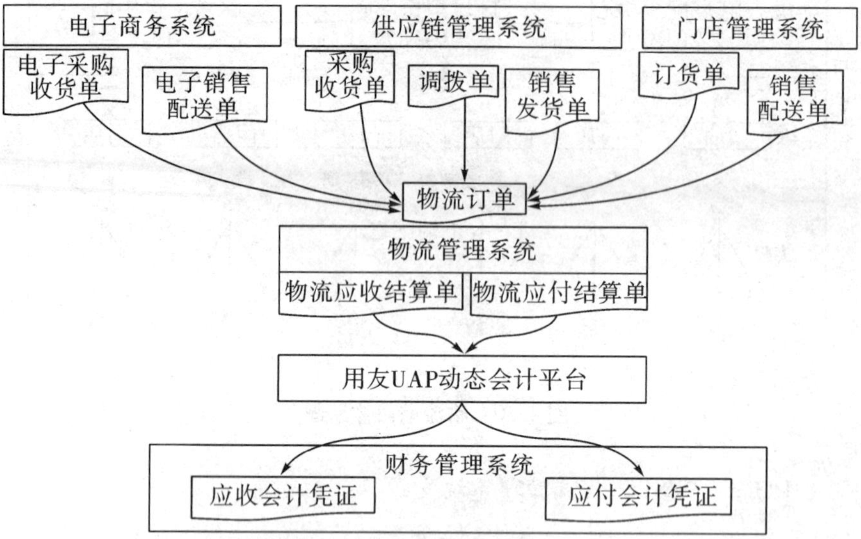

图 4.32　数据关联关系图

（3）网上自助物流服务系统

网上自助物流服务系统是专门提供给门店或合作伙伴使用的应用系统，网上自助物流服务系统的用户一般是通过 Internet 来使用。该子系统主要是面向 “ZSF” 合营店、加盟店、合作伙伴（如协议车队）等用户开发的自助物流服务系统。网上自助物流服务系统一般是提供给加盟店、VIP 客户和合作伙伴使用，他们通过网上自助物流服务系统进行一些商务协同的操作。那么对于一般性的查询需求，系统将提供订单跟踪系统（在网页上输入订单号就能跟踪整个订单的处理状态）等电子商务类的功能。

本子系统具有以下功能：

网上下单管理：客户可直接在网上进行委托单或订单的下单，并可查询下单后的相关处理情况。入库电子订单、出库电子订单、调拨电子订单、配送电子订单。

网上业务量的查询：业务客户可直接在网上查询任意时段的业务量。

网上库存管理：客户可直接在网上查询相应的货品或原材料在物流公司配送中心的库存结余以及进出库信息等；客户可根据系统自动补货报表提醒功能进行连续补货、自动补货、库存账查询（库存数查询、超期型号查询）。

跟踪管理：订单跟踪查询、车辆跟踪查询和货物跟踪查询；客户可以通过委托/订单号、运单号、业务联系单号、货品编码或条形码等跟踪了解订单及其货物的运输动态信息。订单跟踪：物流订单、任务单、作业单证跟踪；MS订单跟踪。车辆跟踪：车辆位置、动态维护与跟踪。货物跟踪：条码跟踪；货损跟踪。

网上结算管理：客户可直接在网上查询对账表，了解相关费用及往来账信息，并进行费用核对。

（4）物流订单管理

物流订单管理的主要功能包括：

入库委托：物流公司提货入库委托和客户送货入库委托，入库业务类型可分为外购入库、产品入库、退货入库、第三方物流入库、其他入库。

出库委托：物流公司配送出库委托和客户自提出库委托，出库业务类型可分为销售出库、第三方物流出库、其他出库。

调拨委托："ZSF" 内部交易调拨、第三方物流库存调拨。

干线运输委托：中央配送中心（CDC）到区域配送中心（RDC）以及RDC之间的干线运输业务；外部客户委托的干线运输业务。

配送委托：RDC和门店仓的末端配送。

分单管理：自动分单与手工分单。入库委托单手工拆单、出库委托单手工拆单。

任务单管理：入库任务单管理、出库任务单管理、运输任务单管理、配送任务单管理。

任务指派：任务接受确认、任务撤销与任务指派。在出入库时，指派货品的收货仓库：区域中心仓库、门店仓库。

（5）仓储管理

仓储管理的主要功能包括：

入库管理：预入库计划，包括入库计划查询（入库通知单管理）；收货管理：点数、质检；入库操作。

出库管理：预出库计划，包括出库计划查询（出库通知单管理）；拣货管理：根据出库计划和拣货策略编制拣货计划；出库操作。

库存期初以及库存盘点：支持明盘、暗盘、循环盘点，以及库存调整、物权转移、仓储日结。

库存账查询：库存结存表；出入库流水账；网点/门店库存数查询；库存数查询，包括全局库存查询、库存结构查询；安全库存预预警；日结查询；超期型号查询，包括保质期预警、呆滞周期；库存分析，包括周转率、周转天数、存货库龄分析。

物流加工：货品打包管理、货品拆包管理、货品加工管理；加工类型可自定义，包括如贴标签、切割、分装等。

仓储策略：入库默认货位和策略设置：相邻策略。出库货位策略设置：先进先出、后进先出、最少拣货点、PTC 策略、批号（升序、降序）策略。入库批号规则设置。

仓库档案：仓库档案管理、三维（行列层）货位设置、虚拟货位定义：收/发货虚拟库位、待检虚拟库位。

安全库存控制：最高库存量、最低库存量、安全库存量设置。

（6）运输管理

运输管理包括调度管理和运力资源管理两大功能。

A. 调度的主要功能包括：

车队调度：运输计划调度（干线运输调度）；运输任务单；运输外派单。

车辆调度：派车单：下达、回单管理。车辆配载（运输任务单调度、任务单货品明细批量调度）。运输作业单：下达、回单管理。

综合作业单管理：铁运、海运回单管理。

B. 运力资源管理的主要功能包括：

车辆管理：车辆档案管理（基本信息、车辆技术参数、营运牌证管理）、车辆档案导入。

司机管理：司机档案管理（司机信息、奖惩记录管理）；司机档案导入。

车队档案管理、车辆维修保养管理：维修保养计划；维修保养执行。

车辆轮胎管理：轮胎档案管理、轮胎翻新管理、轮胎更换管理、车辆耗油管理。

车辆事故管理：事故记录、责任鉴定、保险索赔处理、车辆损坏记录、货物损坏记录管理。

（7）配送管理

配送管理的主要功能包括：调度管理、车队调度；配送任务单、配送外派单；车辆调度；派车单（下达、回单管理）。车辆配载（配送任务单调度、任务单货品明细批量调度）；配送作业单（下达、回单管理）；仓储管理；配货计划管理（配货通知单管理）；拣货管理；出库操作。

（8）物流跟踪管理

物流跟踪管理的主要功能包括：订单跟踪（委托订单、任务单、作业单证跟踪）；TMS 订单跟踪（公路货物托运单状态跟踪查询）；车辆跟踪（车辆位置、动态维护与跟踪查询）；货物跟踪（条码跟踪）；货损跟踪（货损查询、查看）。

（9）物流计费结算

物流计费结算的主要功能包括：

费用管理：费用维护（应收/应付费用结算制单）；结算单管理（结算单商务和财务两级审核）；费用核对；对账表管理；费用报销：司机费用（如过桥、过路费、加油费等）报销管理。

结算设置：汇率维护；费用计算方案管理（结算对象自动计算方案自定义）；变量设置（计算方案公式引用的变量自定义）。

（10）物流统计报表

物流统计报表的主要功能包括：订单货品查询、区域/门店货品查询、回执单统计、货损货差查询、到货反馈查询、费用统计、RDC 属性统计、ABC 客户属性统计、RDC 里程分类统计、订单处理周期统计、KPI 考核指标（物流成本率、库存周转率、订货满足率、无误交货率、交货及时率、货物破损率、物流费用率、配送中心收益、运营费用比率等）。

4.1.3.3 应用价值总结

（1）物流管理方案总体应用价值

物流管控方案的总体应用价值详见图 4.33。

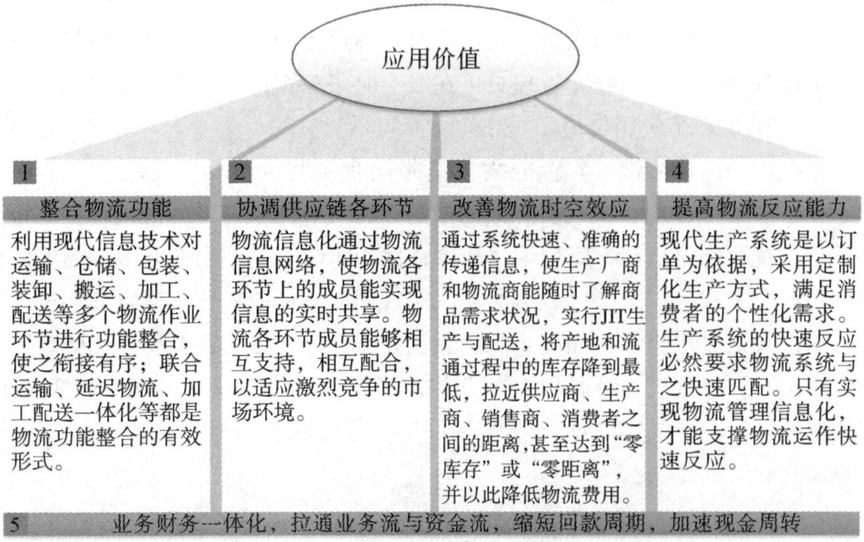

图 4.33　物流管控方案的总体应用价值图示

（2）仓储系统应用价值

减少单证录入错误，提高库存准确性，优化库存水平设置，降低渠道库存成本和风险，降低客户订单缺货损失；缩短单证处理、收货、拣货、发货时间，规范仓库管理，精细控制接单、分单、收货、质检、存储、拣货、加工包装、发货等作业过程，消除存储和拣货错误，使其环环相扣，全程作业状态可视化；实现智能化信息系统指导作业，标准化作业流程，降低对人员的依赖性；通过系统优化库区、合理布局，提高仓库利用率，提高库内管理可视化程度；通过系统报表实时汇总数据，帮助管理层实时获取全面、准确的经营情况，为决策层提供决策数据，提高其业务趋势洞察力；从作业执行到门店物流信息服务，关注连锁门店物流期望，提高门店物流服务满意度。

（3）运输系统应用价值

提高单证处理效率，降低工作强度。系统自动进行运输任务的归类、分解，生成运输计划；打印派车单；系统进行到货确认。系统支持单证传递的整个过程，信息采集全面、准确、及时，实现信息的高速传递，提高工作效率；借助系统减少装运错误，提高车厢实载率，优化运输线路，降低运输成本；优化车队车辆使用率并减少燃油灌消耗和司机成本；通过系统信息透明化，监督调度人员，保证车辆合理调度，建立公平的司机排班机制，提高司机满意度和保持力；通过集成 GPS/GIS 实现对整车运输过程的定位和监控。控制车辆在途运行，保证车辆和货物的安全性、货物送达的及时性；对运输车辆进行实时导航，提高司机对新运输线路的适应能力，降低对经验司机的依赖；运输过程透明化，满足客户、管理人员和调度员对运输过程的监控；提高连锁门店零配件物流服务水平，门店仓库管理员可在线实时跟踪查询订单、车货状态。

（4）配送系统应用价值

根据连锁门店终端维修保养需求信号同步备货和发运；灵活的“一车多单、一单多车”配载，实现多点共同配送；借助系统减少装运错误，提高车厢实载率，优化配送线路，降低配送成本；优化车队车辆使用率并减少燃油灌消耗和司机成本；通过系统信息透明化，监督调度人员，保证车辆合理调度，建立公平的司机排班机制，提高司机满意度和保持力；通过集成 GPS/GIS 控制车辆在途运行，保证配送及时性；支持多级配送中心网络服务操作，信息共享，资源优化调配；在线实时库存查询与订单、货物状态跟踪；动态货物库存的管理。

4.1.4 “ZSF”集团财务集中核算解决方案

4.1.4.1 “ZSF”的核心需求分析

（1）财务管理组织的建立

需求理解：从管理上看，“ZSF”的管理组织分为总部、区域分公司、直营/合营门店三级；从核算角度看，区域分公司仅仅是总部前置的一个管理机构，并非独立法人，因此核算组织为两级——总部、门店。如何建立适应“ZSF”连锁服务体系发展的财务管理体系，在管理会计、会计核算、风险控制、税务规划等方面起到业务指导和监督监控的作用，是“ZSF”财务管理工作的重点。

分析与建议：在财务组织的搭建方面，总部设置财务部，财务部下分网店、核算、资金管理、运营分析等科室，区域中心设置副主任分管财务，门店设置会计和出纳。在业务上，门店财务人员受区域中心和总部财务部的垂直管理，在统一的财务制度要求下执行操作；在行政上，门店财务人员由店长进行日常管理，服务于门店业务。财务管理体系内的所有成员需要共同保障“ZSF”财务管理规范的一致，在统一的会计制度下处理日常事务。

在未来，可以发展到总部和区域分公司的两级核算模式，末级的门店作为区域分公司的下级门店进行管理，享受企业所得税合并纳税优惠。这时候，分公司既是管理组织也是独立的核算组织，门店则作为内部独立核算单元；门店之间的物资流动作为库存调拨处理，分公司间的物资流动作为内部关联方交易进行处理，需要由分公司—总部—分公司进行三方结算。这也是连锁经营企业比较常见的组织运作模式。

建议部署集团化的财务管理系统，从制度、规范上保证从上到下的一致，管理者实时获取各门店的财务数据，并随时监控当前操作者的业务行为。

（2）存货额度管理

问题描述/需求理解：在额度管理方面，“ZSF”投入了不少的精力，对合营店的信用额度管理、应收账款管理有明确的管理办法；在存货额度的管理方面也定义了计算公式，目的是为了减少资金占用、降低资金风险。

分析与建议：额度管理上是一种抵御风险的办法，不同的门店分别维持多少的库存才是合理的，既不影响经营，又不会造成资金占用，存货额度的管理实际上就是安全库存管理。如何解决这个问题，本书认为可以从以下两个层面进行分析。

①从仓储物流的模式角度分析，如果未来设置区域配送中心，那么门店的库存量就会极大降低，此时就基本上不存在门店需要维持高库存量的问题了。

②如果未来不设置物流仓储中心，库存还是置于门店；或者说在“ZSF”连锁经营体系发展的前期，还是以门店库存模式为主，那么就需要建立安全库存的定义模型。安全库存的管理模式又可分为静态安全库存和动态安全库存，静态安全库存主要考虑安全因子（服务水平）和平均绝对偏差（MAD），动态安全库存主要有覆盖天数法和动态比例法。根据相关的咨询服务经验，不同的企业和业务需要进行针对性的、全方位的分析。

（3）财务分析需求

需求理解：财务管理部门希望能够进行经营情况和毛利情况的分析，进行关联交易的数据统计，并支持报表合并的处理。

分析与建议：做好财务分析的前提是定义分析的模型（或者样表），然后从各职能部门、门店完成数据收集，最后生成报表。企业的经营分析也是如此。本书认为，分析模型的定义是和企业的管理诉求分不开的，连锁经营企业的分析模型通常由采购、销售、库存、成本、人力资源、资金等板块构成，每个板块分别提炼分析指标。以财务分析为例：分析对象，包括收入、成本、费用、利润等；分析维度，包括全公司、分公司、地区、单店、单服务项目等；分析模型，包括盈亏平衡点模型、投入产出比模型、MAP 分析图等自定义模型；分析方法，包括结构分析、趋势分析、同比分析等。

分析方法和管理要求需要由“ZSF”以及咨询服务提供方共同设计，而最终的实现必须通过软件系统，否则难以完成取数、数据整理、计算和图形化展现的工作；数据分析之后，紧接的工作就是从分析结果查找原因，通过信息化系统穿透查询到原始单据，并找到原因，这也是专业的信息化系统必备的能力之一。

4.1.4.2 “ZSF”集团财务管理系统支撑

（1）建立总部共享财务服务中心

“ZSF”企业在现有的会计核算处理方式下，由于下属单位的会计核算制度不统一、基础数据不规范，造成汇总会计信息滞后、失真，对下属企业财务监控困难。

用友 NC 系统可以帮助“ZSF”构建集中的会计核算系统，在总部建立共享服务中心，规范基础信息，有效地贯彻和执行统一的会计核算政策，提高会计信息的可比性和一致性。详见图 4.34。

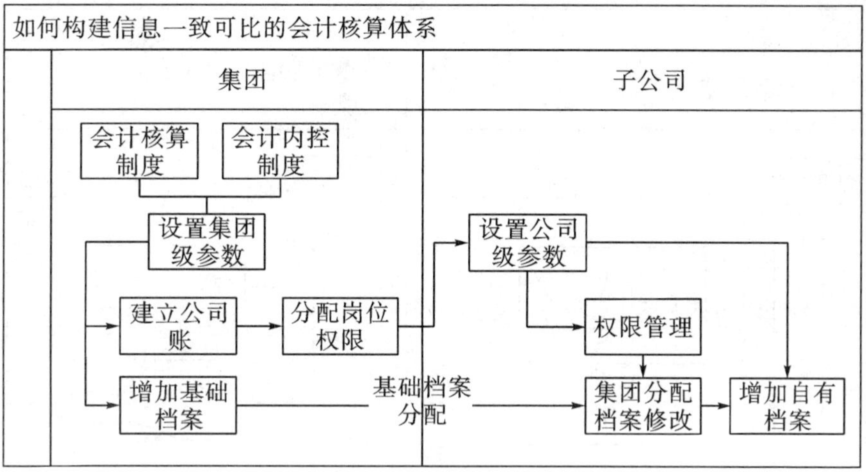

图 4.34　集团财务管控总体流程图示

图注说明：

（1）通过集中设置系统参数落实集团会计制度和内控制度；

（2）根据组织结构建立相对应的会计核算主体账簿；

（3）根据财务人员岗位分工情况进行角色设置、权限分配；

（4）规范基础信息，集中编制公用档案并分配给子公司使用。

①建立会计核算体系。

“ZSF”因其管理模式不同、组织形式不同、核算要求不同，其会计核算体系建立也存在很大的差异。并且，随着企业业务的发展，其组织结构在不断地变化之中，要求会计核算体系能够灵活方便的适应变化。

用友 NC 系统根据组织结构灵活地映射会计主体和会计组织，可根据企业组织结构的变化灵活调整，支持企业的快速扩张，快速复制会计管理模式。详见图 4.35。

②统一核算政策。

根据自身实际情况选择相应的会计核算政策，用友 NC 系统还可以全面支持《新会计准则（2014 年）》；在用友 NC 系统集团参数中固化会计政策，控制下属单位执行。

根据内部行业、地区分布不同设置不同的会计科目方案；根据数据汇总需要选择对下属单位科目控制的级次；按照下属单位性质进行对会计科目的设置；严格控制科目变更。

③规范核算流程。

用友 NC 系统能够帮助“ZSF”规范会计核算流程，从而规范所有分支机

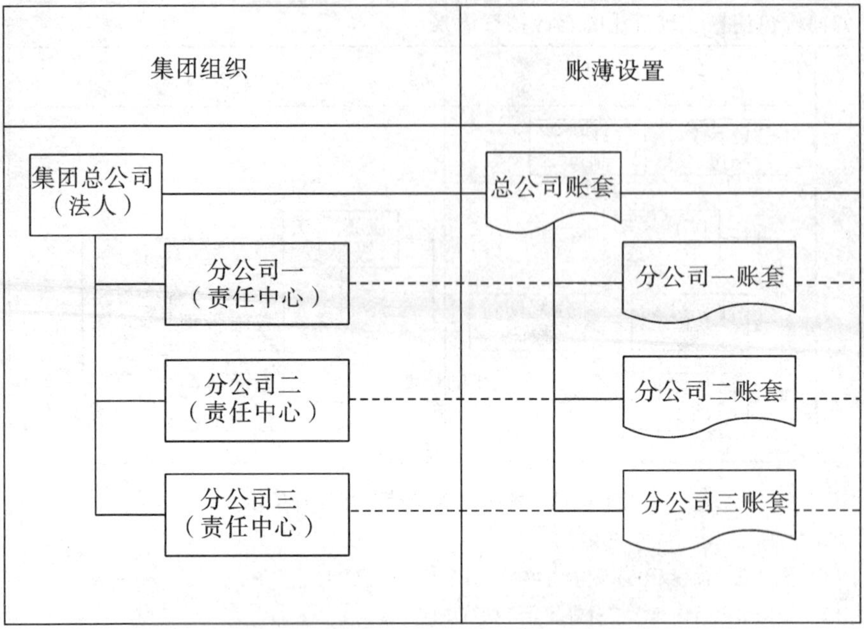

图 4.35 NC 应用模式下的建账方式图

构的会计核算工作。制定统一的会计核算流程；在用友 NC 系统中固化该流程并控制分支机构遵照执行，如凭证审核后才能记账、上月未结账是否允许记账、是否反记账、核销顺序、凭证序时控制等。通过对这些参数的使用，使得下属企业按照财务管理要求进行会计处理，保证会计信息的完整性，降低会计舞弊的可能性。

④规范基础信息。

为规范“ZSF”管理基础信息，实现同一档案信息在整个企业内的共享，提高数据查询和统计的一致性。集团统一规范基础档案的分类规则、编码规则；集团增加公用基础档案，并分配各下级单位使用；根据集团下发权限，下属单位可以根据集团编码规则增加自己的基础档案。

（2）从系统机制上保障内控制度的贯彻执行

“ZSF”在现有的财务管理模式下，由于缺少有效的管理工具，企业既定政策、制度在下级单位得不到很好的贯彻执行。

用友 NC 系统通过集团参数设置、权限设置、审批设置、预警平台等手段在制度上和权限上落实内控制度，有效地保障了内控制度在整个企业的贯彻和执行。

①通过系统参数贯彻内部控制制度。

用友 NC 系统中预设很多控制参数，参数分为集团级参数和公司级参数，可由总部统一设置。这些参数对业务处理流程和相关操作进行控制，有效落实内部牵制制度、不相容职务相分离制度。如：在业务流程中，制证、审核权限分开，从而贯彻相互牵制制度；在总账中的凭证审核中，本人不能审核本人单据，强制贯彻不相容职务分离制度；应收账款中设置录入人和审核人是否为同一人，审核人和反审核人是否为同一人等设置；在报账中心子系统的参数部分，通过设置参数核销方式、核销顺序、截至本月收付款单全部核销，并且控制下级，从而保证企业内部应收、应付核算制度的统一和执行。

②通过权限管理落实内部控制制度。

用友 NC 系统提供了功能强大的权限管理，可以按照人员、角色分配权限，保证各操作人员在职责范围内进行相关业务处理，提高数据的安全性。

可以设置的权限有：人员权限和角色权限；功能权限、主体账簿权限；数据权限。

③通过审批流管理实现事中控制。

“ZSF”现在处于高速发展的状态，针对整个企业在运营中的重点业务通过审批流平台设置审批流控制，以减少运营风险：审批人设置、审批人权限设置、审批流程设置、审批管理制度的制定和执行。

用友 NC 系统可以实现以单据驱动的审批程序，并使用多种消息驱动模式通知相关审批人员，审批人员可以直接通过待办事务进行业务处理，实现工作流和业务流的统一。如固定资产增加审批、报账审批、付款审批、事项审批等。

④通过预警平台实现异常业务防御。

用友 NC 系统的预警平台可以针对企业内部重点监控事项进行提前预警，便于企业及时对关键业务做出响应，如凭证大额支出、资金短缺预警、应收应付报警、事项审批到期预警、资产报废提示等，从而及时监控企业的重大事件。

⑤通过穿透查询实时透视各级单位的财务状况和经营情况。

用友 NC 系统集中管理下属单位数据，实现从最底层的会计数据直接汇总，减少了中间层的层层汇总和加工，提高了信息的及时性、真实性。

用友 NC 系统提供了多种查询手段，可以实现跨年度、跨公司主体的多维度查询，支持从报表—总账—明细账—凭证—原始单据的溯源查询，实时监控下属单位的经营过程。

（3）解决“ZSF”成员之间对账难的问题

“ZSF”门店众多，未来在门店间必然存在内部调货的往来活动，而门店又是独立核算的主体，因此需要以关联方交易的方式进行处理。在“ZSF”企业成员之间进行内部交易，因双方入账的时间不一致、入账的科目不对应等原因而导致月末内部交易对账不平，交易双方需要耗费大量的时间和资源寻找对账不平的原因，进行调账，同时也给企业合并报表的编制造成巨大影响。

用友 NC 系统通过企业对账能够快速、准确地完成企业内部对账工作。通过业务协同处理，实现企业内部跨单位的协同作业，实现业务的同步自动触发。

①财务环节的内部交易协同，参见图 4. 36。

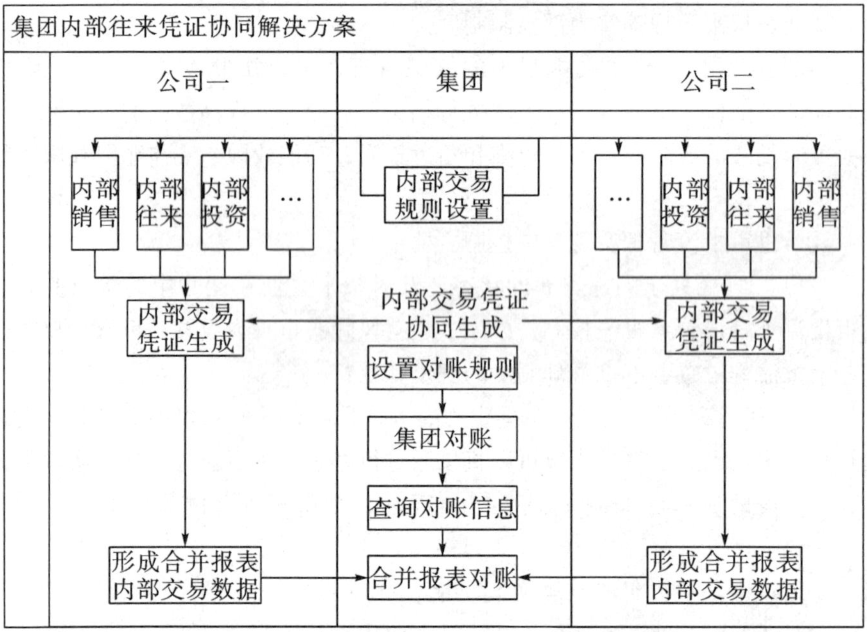

图 4. 36　集团内部往来凭证的协同处理图示

图注说明：

（1）总部定义不同单位不同类型的协同业务凭证模版；

（2）各子公司在权限范围内可以根据情况自行定义部分协同业务凭证模版；

（3）公司在处理日常内部协同业务时调用协同凭证模版，进行协同保存，生成对方公司的内部交易凭证；

（4）对方公司进行确认后生成内部交易凭证，从而在入账时间、入账科目方面保证业务处理的一致性；

（5）总部根据内部交易业务类型定义对账规则，根据规则总部、子公司进行内部对账；

（6）各子公司在编制合并报表时可以根据内部交易数据快速生成内部数据采集表；

（7）总部在编制合并报表时可自动读取内部交易数据，快速完成内部对账工作。

②业务环节的内部交易协同。

用友 NC 系统为从根本上解决“ZSF”对账难的问题，提出了单据协同处理解决方案。即在业务单据发生的同时根据业务处理规则自动生成对方单位的业务单据，从业务处理环节上解决了企业内部成员单位之间对账难的问题。见图 4.37。

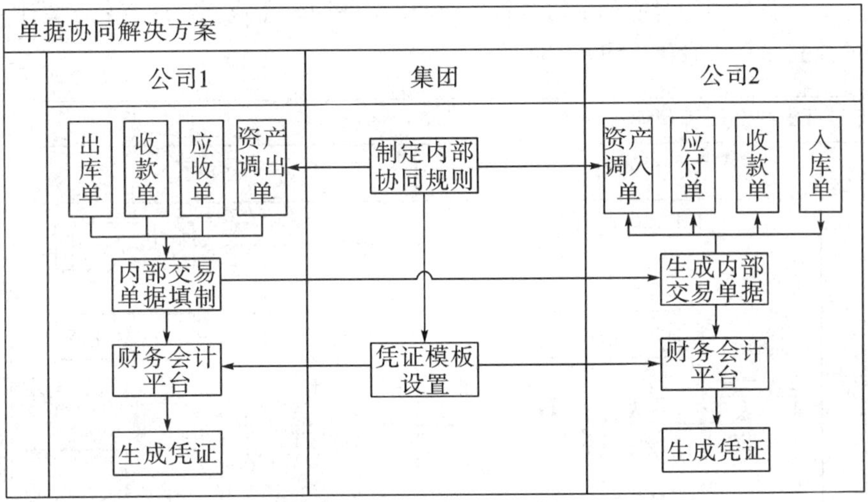

图 4.37 单据协同解决方案图示

图注说明：

（1）根据日常业务处理情况，设单据协同规则，从而实现在内部业务单据处理时，直接生成对方相关单据；

（2）进行协同处理的单据有凭证—凭证、应收单—应付单、收款单—付款单、固定资产调出单—固定资产调入单；

（3）通过会计平台，总部设置统一的凭证模版；

（4）各方的业务单据通过会计平台自动生成会计凭证；

（5）对内部交易数据进行及时地对账和查询。

（4）实时掌控“ZSF”资产情况

通过用友 NC 系统对固定资产全生命周期信息的记录，方便子公司、总部的管理人员随时查询集团固定资产的各种账表信息，从而实时监控资产的安全、完整和使用效率，分析公司折旧政策是否合理，评价固定资产成本费用发生的合理性，考核预算的准确性和执行情况，为集团固定资产管理改善奠定基础。

（5）有效防止集团资金体外循环

在银行对账环节，集团建立货币资金日清月结内部控制制度；设置多公司对账账户，可使用凭证或收付单据作为资金数据来源；从网上银行或结算中心定期下载各单位对账单；系统自动生成各单位银行余额调节表；集团对各单位长期未达事项进行专项跟踪审查。

下属单位的银行对账环节：执行货币资金日清月结管理机制；日常业务处理贯彻出纳签字和资金赤字控制制度；定期下载银行对账单或手工录入银行对账单；进行自动勾对或手工勾对对账处理；系统自动生成余额调节表；关注和核查未达事项。具体见图 4. 38。

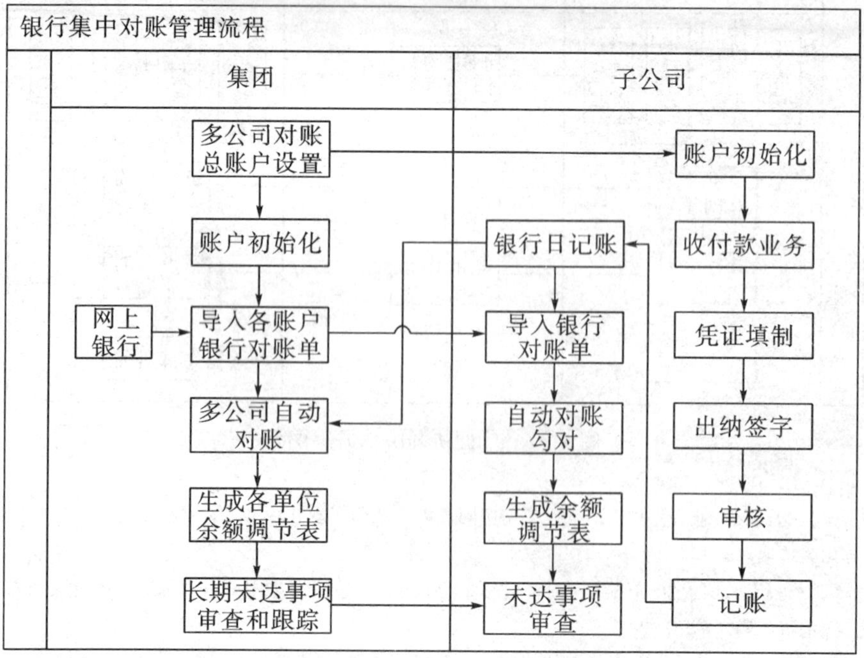

图 4. 38　集团资金管控流程图

此外，通过用友 NC 系统的现金流量模块，可实现现金流量表的自动编制，无须会计人员进行大量调整和编制工作，提高了现金流量表编制效率；并且可以跨单位查询分析，为使用者及时提供动态的资金流入和流出情况。

（6）构建面向不同报告要求的会计核算账簿

①建立面向不同报告要求的核算账簿。

"ZSF"现在正处于起步阶段，未来的发展走向具有极大的空间。如同 ZS 集团的其他版块一样，独立运作上市也是有可能的。届时，对外报送的报表需要采用上市公司的编制格式和数据来源，但集团内部管理又需要执行另外的考核标准，因此存在同一笔数据做一次生成两套报表的需求。详见图 4. 39。

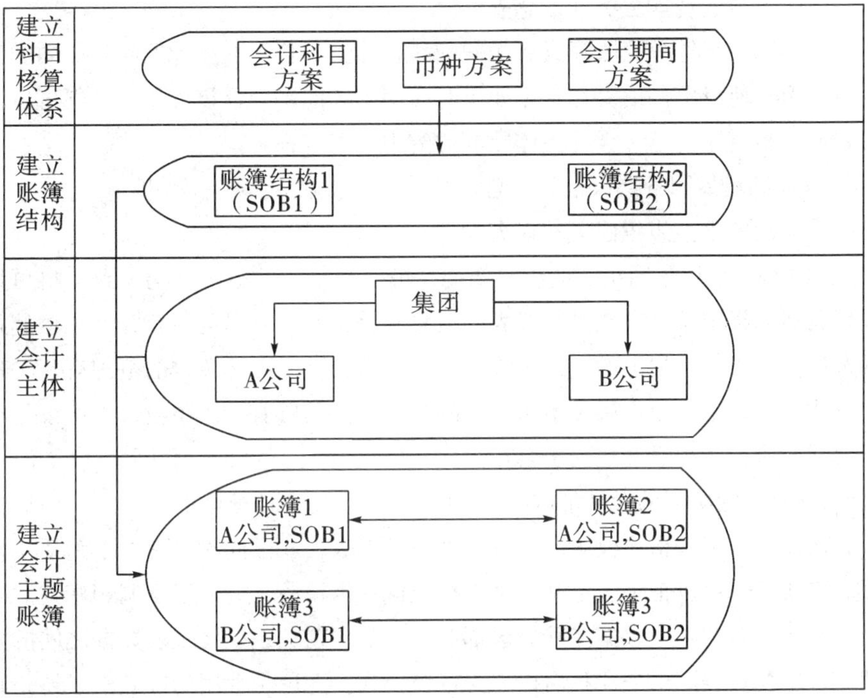

图 4.39　集团核算的建账图示

图注说明：

（1）集团建立适应不同会计准则的会计科目方案、币种方案、会计期间方案；

（2）根据科目、币种、会计期间方案组合形成多套会计核算账簿体系；

（3）通过公司组织结构映射会计组织与会计主体及内部责任考核主体；

（4）建立会计主体和账簿的引用关系，为每一个主体建立满足不同报告要求的多个会计核算账簿。

②日常业务数据通过系统自动取数。

在涉及多个账簿之间的数据如何传递处理时，根据凭证来源不同存在三种处理方式：业务系统通过会计平台自动生成多个账簿的凭证；录入凭证后通过财务自动折算成其他账簿凭证；不同会计主体之间通过凭证协同自动生成其他会计主体凭证。

固定资产多账簿处理，如果报告账簿和主账簿同时启用，录入一张原始卡片；如果报告账簿和主账簿不是同时启用，则需要从主账簿复制一张原始卡片；不同账簿可采用不同的币种、会计准则进行折旧计提；固定资产增减变动业务数据通过会计平台自动生成多套账簿凭证。

③多账簿的智能分类和汇总查询。

因为同一会计核算账簿具有相同的科目体系、相同的会计期间和相同的记账本位币，所以不同的会计主体如果对应使用了同一会计核算账簿，则可以实现对同一核算账簿下多会计主体数据的集中汇总查询。

（7）满足集团各层级报表汇总、合并管理要求

①灵活的报表组织建模和报表设计。

用友 NC 系统集团报表的组织架构，可以与集团的组织架构一致，也可以设置灵活的组织架构。在进行报表的汇总和合并时，可以逐级合并，单位选择的范围仅限于单位树上的直接下级；也可以大合并，可选单位的范围有两种确定方式：可以是行政隶属关系所反映的单位树上的所有下级单位，也可以是根据实际投资控股关系确定的子公司。

提供原 2007 年的会计准则和 2014 年新修订的会计准则的报表格式模版预置，快速套用报表格式模版，生成标准财务报表格式。同时支持手工灵活定制报表格式，并可以把手工定制的报表格式保存为模版，方便以后调用修改。

财务报表的各个数据之间一般都有一定的勾稽关系，将报表数据之间的勾稽关系用公式表示出来，我们称之为审核公式。无论是套用的报表格式还是自由定制的报表格式，都可以设置报表的表内、表间审核公式。

审核公式定义后，在公司填报数据进行上报之间，必须经过表内审核公式审核和表间审核公式审核后，才能进行数据的上报操作。“ZSF”由于采用的是分散式报表数据收集，各公司上报数据的准确性难以控制，通过报表审核公式，建立勾稽关系的审核，在上报过程中发现报表问题，及时反馈给上报单位。

对于需要进行集团报表合并的单位，都需要分配一个任务，合并报表的数据可以按照任务保存，实现一次基础数据采集，不同的任务合并，不同合并任务得到不同的合并报表结果数据。

不同的报表需求，可以由集团统一设置报表格式，也可以由下属各单位自由设置，报表的格式可以共享。“ZSF”的集团报表任务可以由“ZSF”统一制定，各下属二级子控股公司也可以制定自己的集团报表任务。同一报表格式数据可以分配到不同的集团报表任务。

②全程的报表数据追溯联查。

集团报表、合并报表、工作底稿、工作底稿简表、合并抵销表查询，提供抵销分录明细表、抵销分录汇总表、一览表的查询，为集团报表的分析、追踪

提供原始依据。同时还提供专门的报表分析平台，可以自由定制查询、维度、报表进行强大的报表查询和分析。

③高效的现金流量表编制管理。

现金流量表是反映企业一定时期内现金流入和现金流出的会计报表，即以现金为基础编制的财务状况变动表。目前，编制现金流量表的方法主要有工作底稿法和 T 型账户法。

用友 NC 系统借助总账核算与集团报表的无缝集成优势，在总账核算处理凭证分录时，现金流量流入和流出科目输入现金流量项目。现金流量项目及时归集到现金流量表中，从而快速编制现金流量表，简化月底财务人员编制现金流量表的时间，同时也规避了由于财务经验的影响导致现金流量表编制不准确的问题。

现金流量表工作底稿纵向分成三段：第一段是资产负债表项目，分为借方项目和贷方项目两部分；第二段是损益表项目；第三段是现金流量表项目。通过现金流量表，可以追溯查询到现金流量表的工作底稿。

④智能化的合并报表处理。

合并任务、合并范围的不同，进行不同的合并，得到不同的合并结果，满足集团不断变化和多层面合并的需求。主要有以下两种合并方式：一是逐级合并。逐级合并时，单位选择的范围仅限于单位树上的直接下级。二是大合并。大合并时可选单位的范围有两种确定方式：可以是行政隶属关系所反映的单位树上的所有下级单位，也可以是根据实际投资控股关系确定的子公司。不同的合并任务和范围，直接影响当次合并报表的合并结果。

⑤先进的合并报表算法。

根据“ZSF”目前的集团报表管理模式，合并的方法将有所变动。在对长期股权投资以成本法作为长期股权投资确认的方法进行合并时，提供成本法自动生成权益法调整凭证的功能。详见图 4.40。

支持复杂的合并抵销关系定义。合并抵销关系的管理是合并报表的核心，抵销关系模板的正确与否，直接关系到最后合并报表的数据准确性。抵销关系模版即抵销分录的模板，是系统进行对账检查、自动生成抵销分录的依据。

支持内部交易及对账检查。内部交易数据是指合并范围内的单位之间的权益性投资、内部往来、内部销售等内部交易的数据。内部交易数据是合并报表抵销的数据来源。

支持自动抵销和手工抵销。提供自动进行抵销分录生成功能，同时也支持

- 投资数据功能节点：为每笔投资标识出财务后续计量的方式（权益法、成本法），每次投资变动均需要标识。
- 合并报表：合并时，根据投资数据的设置，自动生成成本法转权益法的个别报表调整凭证，并在此基础上进行合并。

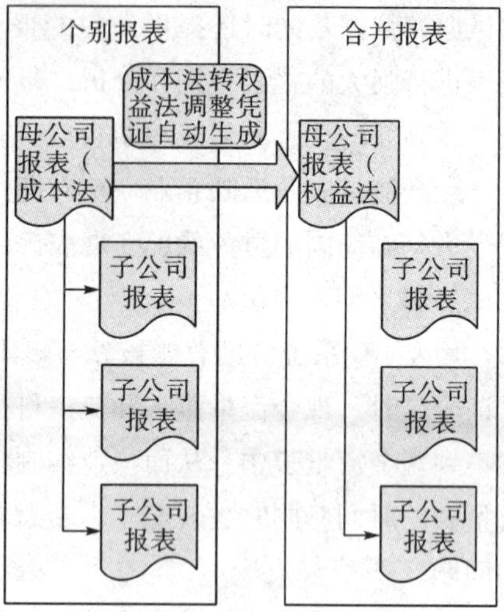

图 4.40　长期股权投资核算图示

手工录入合并报表调整抵销分录。自动抵销和手工调整的灵活应用，满足了“ZSF”在集团报表管理上需要进行特殊抵销的需求。

支持合并工作底稿的数据追溯，能够根据自动抵销分录数据自动生成合并工作底稿。通过合并工作底稿，追溯查询工作底稿中合并抵销数据的来源。

4.1.4.3　应用价值总结

本解决方案重点实现以下管理价值：

（1）帮助“ZSF”建立信息一致、可比、完整的信息系统；

（2）从机制上保障整个公司内控制度的贯彻执行；

（3）解决区域中心、门店之间内部对账的问题；

（4）解决新会计制度在新系统中的使用问题；

（5）实现对财务数据的实时反映和监督；

（6）实时掌控全公司的资金使用情况；

（7）建立集团合并报表体系，满足组织变化、行业业务分部报表的需求；

（8）建立集团报表体系，满足集团各层级报表的编制和汇总等报表管理功能。

4.1.5 “ZSF”系统集成应用方案

4.1.5.1 系统集成的两种技术类型

(1) 轻量级的朴素应用集成

只要异构系统之间存在逻辑上的联系，那么这两个系统就存在着集成的需求。我们在软件的实施过程中，不知不觉地做了很多集成的工作。这种集成往往是几家软件厂商根据用户的需求，使用他们最擅长、最直接的方式将几个异构系统联系起来，满足用户的眼前需求。

应用集成的方式有很多种，比较常见的有将自己系统的数据库设计和用户名、密码告知其他厂商，其他厂商自行读取和写入数据。通过建立中间数据库来传递数据。使用 OpenURL 的方式来相互通信，交互信息。见图 4.41。

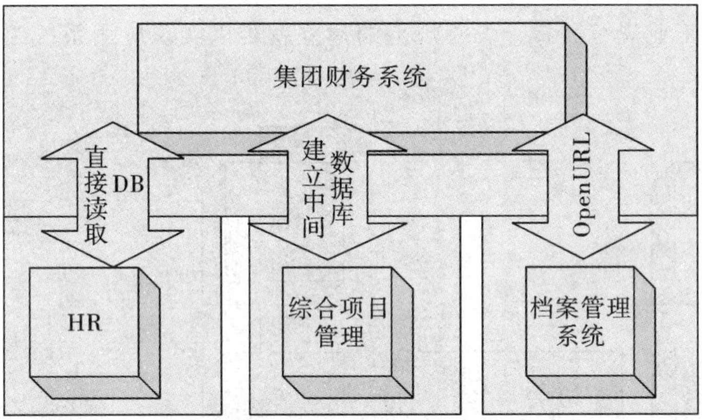

图 4.41 系统紧密集成图

这种朴素的应用集成方法虽然能够满足用户眼前的一些需求，但是它将这些系统紧密地结合在了一起，随着应用的深入它暴露出很多明显的问题：

①没有一个独立的应用集成组织负责企业的应用集成工作。所有的集成工作都是软件厂商两两商议的结果，谈判时间长，采用多种集成方法，集成工作量大。

②集成系统维护困难。当某个系统发生改变的时候，可能导致数据无法传送，比如数据库表的改变或者其他的一些原因。这样就需要这个系统的厂商和其他软件厂商再次协调改动集成程序。

③系统扩展困难。当企业中采购了新的软件系统的时候，需要这个系统的

厂商和所有与这个系统有关系的其他系统厂商进行应用集成谈判。

④系统不可替代。当系统发生更替的时候，如果新的系统不能支持老系统所采用的集成方式，那么对于集成工作无异于一场灾难。

（2）面向 SOA 的应用集成

SOA 应用集成方法有效地避免了上述应用集成中的一些缺点和不足。我们把应用集成看成一项独立的工作来完成。我们为各个异构系统规定统一的通信方式，制定交换数据的格式，制定相互调用的服务规范。我们不管参与集成的系统是用友的软件系统还是 SAP 的系统，我们都要把这些系统变成符合集团应用集成规范的系统。这些经过规范化的系统，就好比集团应用集成平台上的一个个标准组件一样，不但实现了集成的功能，还可以随时扩展，更换和再次组装。

①标准化服务。

规范的制定是集成系统可替换、可拔插的关键。就好比我们在工业领域制定的大量工业规范一样，没有规范的建立就难以实现应用系统组件化。见图 4.42。

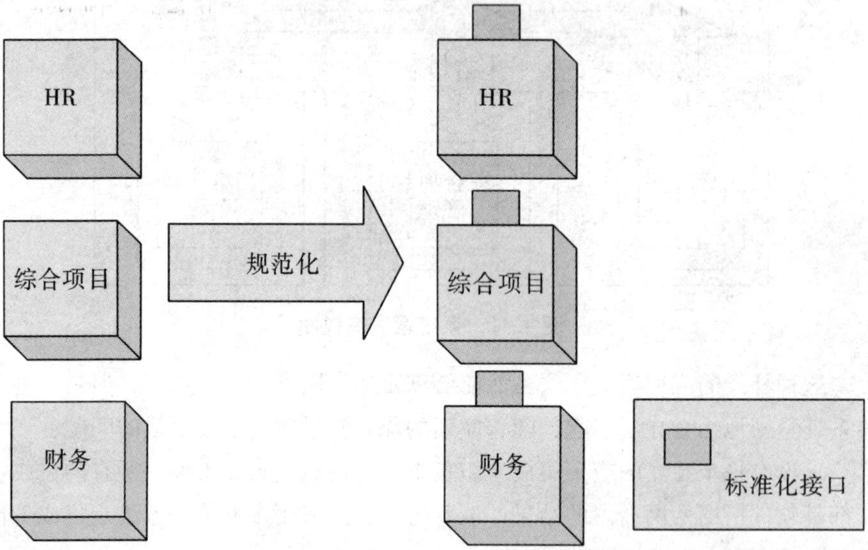

图 4.42　各个系统进行标准化改造图

厂商实现服务是一个简单的过程。在服务的设计过程中，设计师所设计的服务必定是厂商已经实现过的。标准化服务只是在输入、输出和数据的格式上重新进行了定义。

规范制定的好坏取决于设计师的设计水平。良好的设计需要让服务保持恰当的力度和适当的抽象程度。保证我们设置的服务规范可以让软件厂商方便的实现并且在以后的使用中增大服务的可复用程度。

②可扩展性。

当有新的系统需要加入到集成平台中的时候，这个系统就可以使用我们所制定的所有服务，这个系统在经过服务规范化改造以后，也可以为企业中的其他系统提供服务。见图 4. 43。

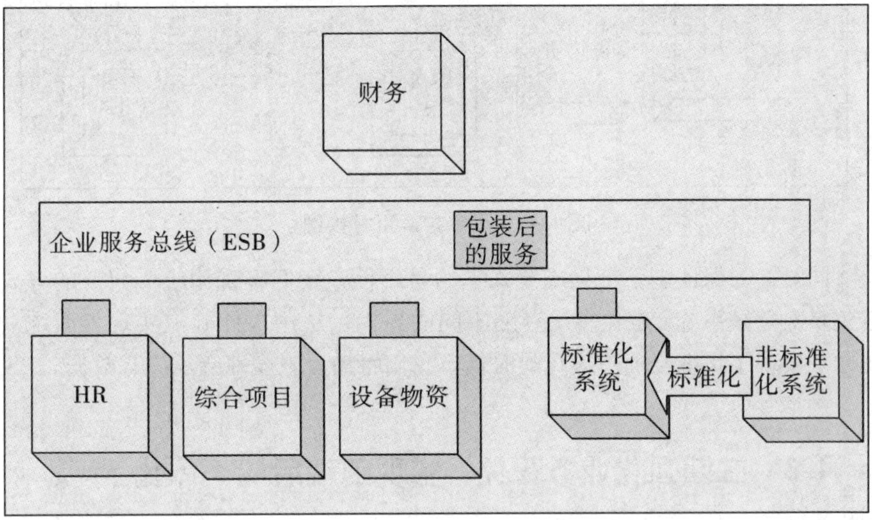

图 4. 43　新系统增加图

③可维护性。

应用集成的工作是需要不断进行的。当现有的系统发生结构变化的时候，往往会引起集成方案的变动。采用 SOA 的方式进行应用集成过程中，由于服务的标准都是规范的，当某个系统中的数据结构、算法发生变动的时候，系统只需要按照程序约定把以前做的函数适配再更改一下就可以了。这样就把本身系统的变动隐藏了起来，不会影响与其他系统的集成。见图 4. 44。

4. 1. 5. 2　从系统集成向系统一体化的切换过渡

信息化的建设过程是分阶段的，目前“ZSF”信息化的重点在于连锁运营管控，门店端、渠道端的系统是信息化的重心。未来将逐渐减少异构系统的接口、实现企业的全面一体化。作为过渡方案的系统集成模式，建议在必要的环节做数据交换，对于非必要的环节，尽量减少开发投入。

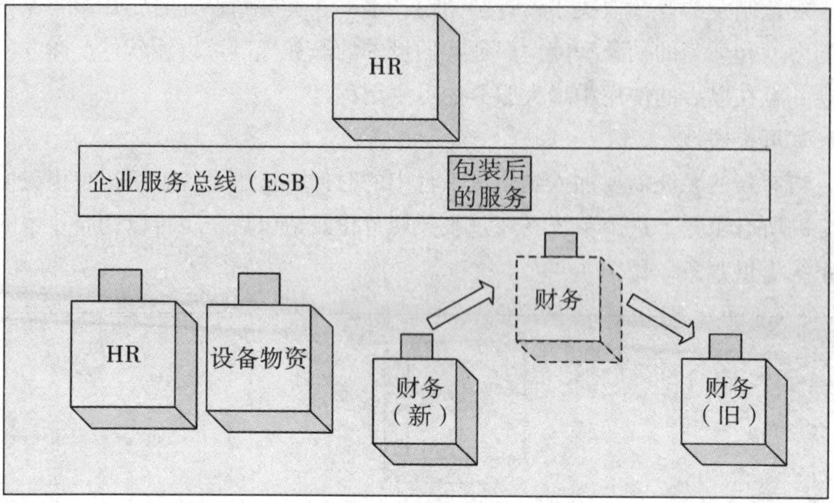

图 4.44　可维护、可替换图示

同时，为保证多系统集成模式下的易用性，我们将采用统一门户的方式，避免多次登录系统，避免多次登陆不同的界面，从用户体验上实现界面统一。在未来实现了系统全面一体化的时候，我们将最大限度地继承原有数据。

4.2　二期强化业务管控、实现前端后端一体化

4.2.1　“ZSF”总部业务管理

4.2.1.1　“ZSF”总部业务管理核心需求分析

（1）自制件的编码管理

现状描述：“ZSF”目前的自制件编码基本都是借用动力集团和机车集团的编码和编码规则，编码为三段编码，即 5-4-4/6。前 5 位表示名称，中间 4 位为产品车型码，后 6 位或者 4 位为状态码；用于销售的自制件状态码第一位为 X，意为销售。“ZSF”需要保持编码规范和动力集团、集成集团的统一性，以防止未来发生编码混乱和无法匹配的问题。

分析与建议：保持内部编码的一致性和唯一性，对于企业管理和企业信息化管理系统来说，都是非常重要的。但是长期来看，对于“ZSF”来说，完全引用上级集团的编码并不是最好的选择。

①动力集团和机车集团的编码规则不完全一致，这就产生了“以谁为准”的问题，同一个物料也不能在系统里建两次档；

②目前的编码规则更多是基于生产管理要求的，并不一定完全适合连锁服务型企业。

因此，本书建议按照“ZSF”建立独立的编码体系，按照自身的管理要求和市场特征进行设计，并培养自己的编码维护、升级、评估团队。在自主编码的情况下，需要解决的一个最重要的问题就是“ZSF”编码和动力、机车集团编码的对照关系。根据有关的经验，有两种方式可以解决这个问题。第一，建立标准化工作室，集中维护多套编码之间的对照关系，并对编码的统一、变更和升级工作负责。第二，通过信息化系统解决编码问题。在信息化系统中建立主编码、次编码和编码对照功能，以“ZSF”的编码规则建立物料的主编码；同时，记录当前物料的动力集团编码和机车集团编码，通过系统接口完成双方的编码对照、变更联动和多编码统计查询。这样，动力和机车的编码变动和“ZSF”的编码变动不会对对方的编码体系造成影响，而管理者既可以按照“ZSF”的编码体系来查询和对账，也可以按照动力、机车的编码体系来查询和对账。

（2）外购件的编码管理

问题描述：“ZSF”目前对于外购的、用于销售的配件，编码方式上是沿用自制件的思路，即5-4-4/6，不同的是中间的4位车型码替换为4个0，因为外购件很难区分适用车型。但是通过对门店的实地考察，咨询团队发现这种编码方式存在很大的问题。

分析与建议：通过对江津店的实地业务调研和原始单据分析，我们发现同样的外购配件（如后视镜），有购自望江的，有购自隆鑫的，但是在物料编码上无法区分（中间都是4个0），这就是“多物一码”的问题，这给后续库存管理和统计分析带来很大的麻烦。

同时，“ZSF”的外购件所占比重是非常大的（约为70%），其他品牌主机厂/外购配件厂家也有自己的编码和名称，“ZSF”难以要求对方完全采用上级公司的编码体系，但是双方的沟通、对账又要求“对话语言”必须一致。“ZSF”曾经也因此发生过代理商使用通俗叫法进行订货，到工厂发货之后，才发现并不是代理商想要的配件。

本书建议，“ZSF”进行自主编码，统筹考虑自制件和外购件的编码规则。可以在编码上区分不同的厂家；也可以采用一个编码，并同时建立“厂家”属性，用来记录所属厂家，并支持后期的分类统计工作。通过信息化系统实现内外部编码的对照管理，将“ZSF”的编码体系和外部厂家的编码体系同时导入信息化系统中，并通过对照功能实现“语言翻译”。这样，可以以任何一方的编码作为统计口径进行查询，而且同时会自动生成以另一方编码为口径的结果。

（3）编码录入口的设置

需求理解：编码录入的权限是放在门店还是放在总部。从管理上看，为保证编码不出错、不混乱，编码规则的维护权限放在总部是正确的；但各门店的外购件较多，因此出于业务效率的考虑，门店需要拥有外购件的编码权限。

分析与建议：单从业务效率的维度来说，在发展的前期，由门店根据自己的业务情况编码是没有问题的；但是在多家门店同时拥有编码权限的情况下，势必造成重复录入和编码混乱的问题。在不远的将来，势必要进行编码的“二次整理”，门店数量越多，整理的难度越大。

要彻底解决编码入口问题，需要两个支撑，缺一不可。

①需要解决物流和仓储的问题。

归根到底，门店自主编码的症结在于“ZSF”未建立集中采购、区域物流中心和门店物资管理的统一体系，导致目前必然存在大量的门店自主采购行为。而这种行为并未能发挥做事规模化优势，而且配件的质量也难以控制，这是连锁经营和特许加盟管理模式中的大忌。因此，需要建立区域物流仓储中心；由总部进行采购行为的监督监控；降低门店的库存量，门店只需要保证常用品类配件的低库存量，由物流仓储中心承担仓储职能。门店没有了库存，也就不需要采购权限了，自然就没有门店编码不规范的烦恼。

②解决了物流问题之后，还需要解决编码权限的分配级次问题，是放在总部还是放在区域分公司。

本书建议放在区域分公司，因为区域公司隶属于总部，而且公司数量较少，便于管理。将日常的编码权限下放到区域分公司，由专业人员进行物料的识别和编码的维护，确保“一物一码”。“ZSF”总部对编码规则和编码权限进行管理，确保区域公司间的步调一致。

总之，“ZSF”在网络布点的同时，也需要抓紧分公司筹备、物流中心规划的工作。

（4）技术资料归档管理

需求理解：技术资料从建立、变更、审批到归档的过程管理，对于“ZSF”来说意义重大。这里的技术资料包括动力、机车的技术资料，也包括外购件的技术资料。

分析与建议：“ZSF”作为ZS集团的新盈利增长点，需要完成从知识继承到知识管理到知识创新的转变。动力集团和机车集团的技术资料规范不一致，需要解决集中和统一的问题。

图文档等技术资料存在着信息量大、变更维护难、多版本对照管理等难点，因此可以考虑借用PLM系统等具备图文档管理能力的系统进行技术资料的归档管理，并借助系统完成图文档的授权控制、审批管理。

4.2.1.2 “ZSF”供应链管理系统支撑

（1）建立“ZSF”总部物资管理系统

总部的库存管理系统，主要是针对总部摩托车配件、通机、通机配件、罐装机油及其配套生产物资进行管理。见图4.45。

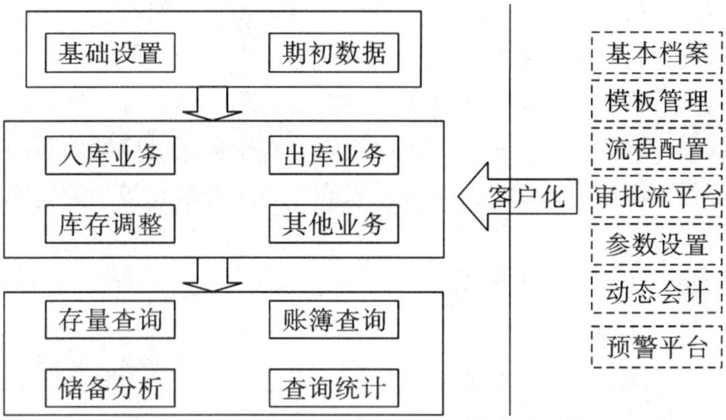

图4.45 总部物资管理图示

通过库存管理分系统，不仅可以为各有关部门提供及时、准确的动态库存信息，而且通过完善库存各种期量标准，可以为物资采购管理部门编制科学合理的采购计划提供基础数据，进而达到降低物料库存水平、减少库存资金占用，加速资金周转，杜绝物料积压与短缺现象，提高企业物资供应水平，保证企业生产经营活动顺利进行，提高企业对市场的快速响应能力。

支持发料、通知领料、领料登记、库存盘点、库存预警、库存台账查询等功能。帮助计划部门、生产管理部门随时掌握动态库存情况，克服信息不畅或信息过时造成的计划编制问题。提供物资批次管理、ABC分类管理等功能。实现对物料来源的追溯、物料去向的跟踪。实现配套及缺件查询，提高总装计划的可执行性。对库存积压、短缺、超储物资，提供报警功能，及时提醒有关部门予以关注。实现对物料的全面的动态跟踪，从原材料到在制品，再到产品的库存状态进行动态的监督和控制。

①物资入库处理。

A. 业务说明。

采购到货后对于检验合格的物资，办理采购入库业务。

B. 入库流程说明。

a. 采购物资到货后，进行质量检验，检验合格后办理入库流程。

b. 库管员根据检验结论办理采购入库作业，填写采购入库单的实收数量，并进行签字确认。

C. 主要单据。

采购入库作业对应的主要单据是采购入库单。

D. 表头项目。

单据号：可按用户定义编号规则自动生成，用户可修改。

单据日期：自动带入系统日期。

业务类型：指定入库的业务类型。

库存组织：必须录入业务所属库存组织，对于物资供应部填写的库存组织必须是物资供应部库存组织。如果先录入仓库系统会自动带出该仓库对应的库存组织。

收发类别：指定入库的类别。

仓库：录入入库仓库。

库管员：可录入库管员信息。

供应商：录入采购的供应商。

部门、业务员：可录入购入部门及业务员信息。

是否退库：打钩表示此事务为退货事务，便于提供后续的退货统计。

E. 表体项目。

存货编码：参照输入存货编码，系统可自动携带名称、规格、型号、主计量单位等信息。

辅计量单位：可参照输入该存货已有换算的辅计量单位，对于进行辅计量库存跟踪管理的存货必须输入。

自由项：参照输入该存货预定义的自由项值，进行自由项跟踪。自由项管理存货必须输入。

批次：输入入库批次信息。

失效日期：用户可输入入库批次的生产日期或失效日期，系统会根据存货保质期自动计算另一项。

货位：货位管理仓库要指定存货存放的货位。如果表体行存货只需一个货位存放，可在表体行直接录入货位，而不需要通过货位分配功能输入货位数据。

数量、辅数量：录入入库数量或辅数量，系统会根据换算率自动换算。当换算率为固定换算时，修改任意项，系统均计算另一项。其计算公式为：辅数量=主数量×换算率。当换算率为可变换算时，修改其中一项不会引起另一项的修改。

单价、金额：录入入库存货的成本单价或金额，系统会根据数量自动换算。其计算公式为：金额=主数量×单价。

计划单价、计划金额：系统自动携带存货的计划单价，并自动计算显示金额。其计算公式为：计划金额=主数量×计划单价。

入库日期：自动按系统日期显示，用户应录入实际入库日期。

项目：按项目管理时，参照录入所属的项目。

订单号：系统自动跟踪业务订单信息。

来源单据类型、单据号：系统自动跟踪业务来源单据信息，以便于回溯查询。

②材料出库管理。

A. 业务说明。

采购物资出库环节，填写材料出库单，记录材料出库信息，指定出库物资存储的货位、批次等详细信息。

B. 材料出库流程：

a. 计划员根据需求清单填写材料出库单，填制发料有关的信息：领料的单位（客户档案），发什么物料（存货档案），发多少物料（应发数量）等信息。

b. 库管员根据材料出库单上填写的实发数量、指定物料对应的仓库、货位信息、物料的批次号等详细信息。并对材料出库单进行签字确认。

c. 目前物流中心的财务部门根据材料出库单在月底与领料单位进行结算。确认应收账款并结转出库成本。

C. 单据的主要信息有：

第一，表头项目。

单据号：可按用户定义编号规则自动生成，用户可修改。

单据日期：自动带入系统日期。

收发类别：指定出库类别。

仓库：录入出库仓库。

库存组织：必须录入业务所属库存组织，录入仓库后自动带出。

库管员：可录入库管员信息。

部门、领料员：录入用料部门、领料人信息。

第二，表体项目。

存货编码：参照输入存货编码，系统可自动携带名称、规格、型号、主计量单位等信息。

辅计量单位：可参照输入该存货已有换算的辅计量单位，对于进行辅计量库存跟踪管理的存货必须输入。系统自动查找换算率显示。

自由项：参照输入该存货预定义的自由项值，进行自由项跟踪。自由项管理存货必须输入。

批次：输入出库批次信息，用于批次信息跟踪。

失效日期：系统根据批次自动带出。

货位：货位管理仓库要指定存货存放的货位。如果表体行存货只需一个货位存放，可在表体行直接录入货位，而不需要通过货位分配功能输入货位数据。

数量、辅数量：录入出库数量或辅数量，系统会根据换算率自动换算。当换算率为固定换算时，修改任意项，系统均计算另一项。其计算公式为：辅数量=主数量×换算率。当换算率为可变换算时，修改其中一项不会引起另一项的修改。

单价、金额：录入出库存货的成本单价或金额，系统会根据数量自动换算。其计算公式为：金额=主数量×单价。

计划单价、计划金额：系统自动携带存货的计划单价，并自动计算显示金额。公式为：计划金额=主数量×计划单价。

出库日期：自动按系统日期显示，用户应录入实际出库日期。

供应商：根据消耗结算的存货必须录入表体供应商。指定耗用的是哪个供应商的存货。

加工工序：录入车间的用料工序。

订单号：系统自动跟踪业务订单信息。

来源单据类型、单据号：系统自动跟踪业务来源单据信息，以便于回溯查询。

③库存物资盘点。

可以在一定的期间对仓库进行库存盘点，也可以对仓库的某些材料进行部分盘点。在进行盘点时盘点单上的账面数系统可以自动取得，只需输入实盘数，软件自动计算盘盈盘亏。

盘点单保存后，需要进行盘点单审批。审批由业务领导进行，审批即确认调整数量合理，审批后的单据即可进行库存调整。领导在审批时可对比保管损失率是否超出合理损失率。

盘点单审批后可以进行调整业务处理。系统有自动调整的功能，通过调整系统自动生成其他出入库单（盘盈：其他入库单，需增加库存量。盘亏：其他出库单，需减少库存量）。

④库存自动预警。

对于库存管理业务的预警设置，可以根据业务的需要随时设置。可以进行最高库存预警设置、最低库存预警设置、安全库存预警。

⑤物资台账查询。

现存量的查询：查询现存量信息。可以查询公司、库存组织、仓库的现存量，也可以查询存货分类、存货、不同级别的现存量。

台账的查询：查询库存台账信息。单据在库房签字后显示在库存台账上。

流水账的查询：可以序时地提供各种过滤功能的流水账查询。

统计分析：可以根据各种过滤条件统计出一定期间内的各种库存物资的出入库的数量总账，便于事后的统计及各部门之间材料收发业务的核对。

（2）建立销售驱动的灌装机油生产管理系统

①生产计划管理。

生产计划是将计划人员的管理经验与计算机的技术、科学的管理方法结合起来，以人、机交互的方式实现主生产计划的编制。提高主生产计划的科学性、准确性，为生产部提供一个行之有效的计划编制工具。

主生产计划管理流程如图 4.46 所示。

功能说明：

生产计划大纲生成：本程序采用标准的 MRP 逻辑，根据销售、预测数据，生成生产计划大纲排产项目。

生产计划大纲维护：由程序自动计算生成的生产计划大纲最终需要计划员去确认。计划员可根据客观情况利用本程序手工调整数量及出产时间。

生产计划大纲确认/回收：本程序提供对计划任务的确认功能。同时对已确认的任务可进行回收，即将状态改回计划状态。本程序提供部分确认/回收

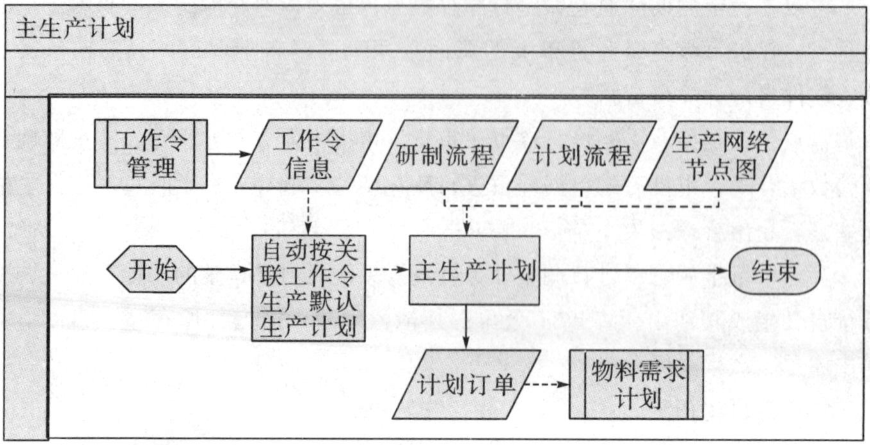

图 4.46　主生产计划管理流程图

和全部确认/回收功能。

主生产计划生成：本程序采用标准的 MRP 逻辑，根据销售、预测数据，生成主生产计划排产项目；根据时间栏和需求码生成综合需求；根据预计入库量、批量准则、提前期、废品系数等数据生成某一展望期内的主生产计划排产项目的排产数量、出产时间。同时，在运行过程中自动产生例外信息。

主生产计划维护：由程序自动计算生成的主生产计划最终需要计划员去确认。计划员可根据客观情况利用本程序手工调整数量及出产时间，在能力核算不够时，也可通过此程序对计划进行调整。同时计划员可用此程序手工追加 MPS 任务单。

主生产计划确认/回收：本程序提供对 MPS 计划任务的确认功能。同时对已确认的任务可进行回收，即将状态改回计划状态。本程序提供部分确认/回收和全部确认/回收功能。

②物料需求计划。

在物料需求计划系统中，计划人员可以根据产品结构和库存状况，将主生产计划拆分为物料需求计划。物料需求计划计算过程中，系统会自动产生三个计划——零部件生产计划、外购件需求计划、外协需求计划。零部件生产计划用于指导车间按适当的时间加工；采购件需求计划主要用于指导物资管理部物料采购的数量和到货时间；外协需求计划用于指导外协管理。该系统的应用有助于企业减少物料发生短缺、优化库存、提高企业的生产效率。

物料需求计划管理流程见图 4.47。

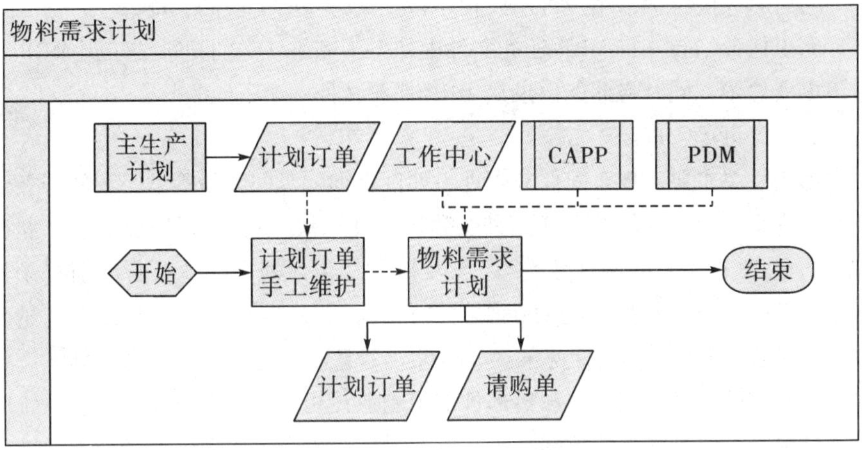

图 4.47　物料需求计划图

功能说明：

MRP 初始化生成：本程序分为两部分：初始化部分主要是为生成 MRP 计划做一些预处理工作；生成部分，产生中间产品的生产计划和采购件的采购计划。根据展望期内的主生产计划量、独立需求数据、库存数据、产品物料清单等数据，将主生产计划逐层分解，产生毛需求，同时考虑安全库存、预计入库、废品系数、提前期、批量政策及工厂日历等因素，产生中间产品任务和 MRP 采购件任务。在生成计划的同时，系统自动产生运行过程中的例外信息，写入例外信息文件，以备查用。

采购件需求计划维护：本程序只对任务状态为计划状态，且任务类型为采购类型的记录进行修改、删除维护。同时用户可以进行手工任务的追加。

生产制造件需求计划维护：本程序只对任务状态为计划状态，且任务类型为生产制造类型的记录进行修改、删除维护。同时用户可以利用本程序对生产制造件进行手工任务的追加。

MRP 计划任务确认/回收：MRP 计划生成后的任务需要人工确认，确认后的计划在下次 MRP 运行时将予以保留，此部分确认订单量将作为资源被考虑。系统提供部分确认和全部确认功能。当需要对确认状态的任务进行修改时，需先将其回收，本程序也提供了部分回收和全部回收任务的功能。

独立需求录入/维护：有效的物料需求计划包含项目的独立需求和相关需求，因此对于有独立需求的 MPS 项目的组件、维修件必须手工录入。本程序提供了独立需求录入和维护的功能，以便在 MRP 计算需求时，将这部分需求考虑进去。

输出时间段维护：用户可用此程序自定义每一时间段的长度。

完工任务结转：将 MRP 任务文件中状态为完工任务的记录结转到 MRP 任务历史文件中，同时将此条记录从 MRP 任务文件中删去。

③生产订单管理。

生产订单主要实现车间任务管理、调度查询和车间物料管理。车间任务管理是按物料需求计划的要求（品种、数量、时间），根据车间当前的生产状况（能力、生产准备、在制任务等），以及执行某项计划所必须具备的前提条件（图纸、工装、材料等），适时组织生产任务，下达生产指令，监督生产进度和执行状态。从生产体系上来看，车间生产管理主要是从物料需求计划系统接收已经确定的产品装配计划和零部件加工制造计划，所以车间任务管理系统的实施目标是：通过计算的数据，车间可适时组织生产，根据生产计划下达准确的生产指令、车间生产计划和领料计划，时时监督生产进度。将计划人员从大量的核算工作中解脱，发挥其监督执行的作用。车间调度是在生产订单完工登记即完工反馈的基础上，针对瓶颈、故障、计划变更进行车间任务的调整。车间物料是在车间任务的基础上，生成领料计划和领料单。

生产订单管理流程如图 4.48 所示。

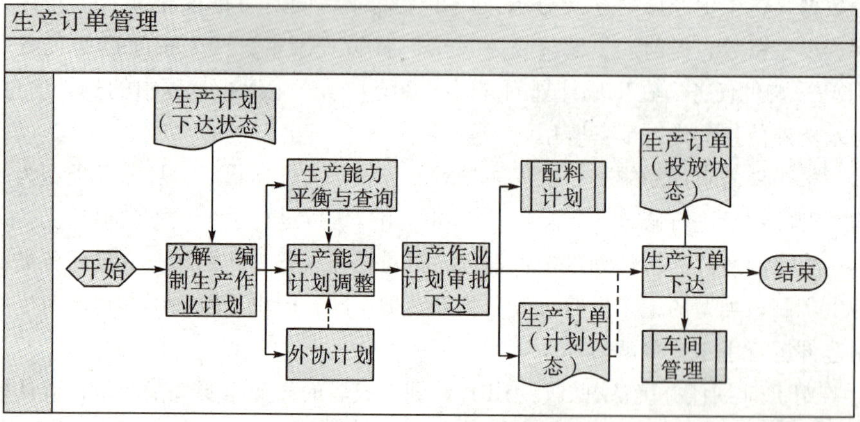

图 4.48　生产订单管理图

生产订单管理将解决以下管理要点：为了帮助企业从传统的管理方式向现代化管理的过渡，系统将建立部分功能来满足这种过渡时期的需求。例如：零部件生产计划可以编排工序计划，也可以不编排工序计划；在车间的权限控制方面，对于不同的车间，数据可以分别进行管理。按照标准工艺路线生成工序进度计划，同时对于工艺路线的临时变更有特殊的处理。由于特殊原因造成部分生产任务延期，系统提供了任务分批功能，可以将任务分成多批，先把已成套的数量下达部分任务，待其他零部件完工后，再将剩余任务下达给车间作业。通过将任务分成多种不同的状态，对任务进行合理的管理。使得用户可以通过任务的不同工作状态和完成情况，进行决策和调整，以保证任务尽量按期、按质、按量完成。当出现缺料、缺少人力、缺少设备等情况时，计划人员通过将任务分批、任务转外协、任务转采购等功能来解决这些问题。根据车间编制的领料计划自动生成领料单。同一领料计划可以多次出库领用，并将实际领用信息反馈给车间。根据车间任务单自动生成库房的完工入库单。同一任务单可以多次完工入库，并将实际入库信息反馈给车间系统。生产过程中出现废品，一方面要查找废品原因，另一方面为了保证装配不缺件，必须追加生产任务。系统提供临时任务追加功能，由管理人员直接录入任务，同时生成相应的领料单、工艺路线单。这样，就不需要重新录入独立需求、重新编制物料需求计划。本系统可以解决缺料任务的下达。当出现缺料时，先将生产任务下达开始前期的工作，待缺料零部件完成和到货后，再安装到相应的部件或产品上。产品领料时可以按工序领料也可以不按工序领料（对装配车，我们建议采用工序领料的方式更加合理）。

生产订单管理系统包括：

A. 生产订单建立。调度员接收 MPS/MRP 生成的经过下达的生产计划订单，可以对计划订单进行模拟投放，了解直接子项物料是否缺料、是否有替代料，产生缺料报告及替代料明细表；对计划订单进行生成实际生产订单的处理，生成时可以采取直接、合并、拆分方式；若物料的子件在物料生产档案中设置为可生成子生产订单，将生成其子件的生产订单。

B. 生产订单维护。调度员可以手工输入生产订单，对系统自动产生和手工输入的生产订单进行删除、修改维护；可以对生产订单进行模拟投放，了解直接子项物料是否缺料、是否有替代料，产生缺料报告及替代料明细表；对系统自动产生和手工输入的生产订单进行投放，或者取消投放处理；对本企业不需制造的系统自动产生和手工输入的生产订单进行委托处理，传送到 NC 采购系统；生产订单与备料计划单有对应关系，一份订单对应一份备料计划单；如果相应的备料计划已发料，则生产订单不能取消投放；备料计划为“审核”状态，生产订单仍为“计划”状态时，修改生产订单时应注意与备料计划保持一致。

C. 生产订单接收。班组长对调度员下达的生产订单进行接收、确认、合并。

D. 备料计划和领料单维护。系统可自动生成备料计划，作为物资部门备料指导；可对系统生成的备料计划进行修改维护，也可手工输入备料计划，对手工输入的备料计划进行删除、修改维护；对备料计划进行审核，或者取消审核，审核后即形成对库存数量的占用；对备料计划进行关闭，或者取消关闭，关闭后即不再占用库存数量；对备料计划明细进行增加、删除维护，或者对可以进行替代的物料进行替代操作（替代后的物料不能再进行替代）；支持多种领料类型：计划领料、报废补料、其他补料、节余退料、报废退料、其他退料；对状态为“审核”且相应的生产订单为“投放”状态的备料计划进行发料；支持配套发料的模式。

E. 生产过程卡。生产过程卡完成对下级物料的批次号和序列号的跟踪；对一条完工报告，可录入所选用元器件的编号，并可进行查询。

F. 完工登记。针对班组对已下达的生产订单进行完工数量、耗用能力报告，同时可以报告返修或报废数量；生产订单可分批次报检，并可方便查看检验报告；对已完工的零件和产品进行入库登记；对一份订单可以进行多次生产报告操作。

G. 生产报告统计。对设定时段内的生产报告数据分别按产品、生产部门、生产线或生产订单进行统计显示（包括实际完工数量、实际耗用能力），对设定时段内的生产订单数据分别按产品、生产部门、生产线或生产订单进行统计显示（不包含耗用实际能力的数据），并通过计算完工率对生产进度进行控制。

H. 订单进度查询。对有工序派工的生产订单进行进度查询，查看该订单各道工序的实际执行情况。

I. 在制查询。对生产订单的在制情况进行查询。

④生产作业管理。

生产作业管理是对生产计划管理的执行，是生产计划实现闭环的最后一个环节。生产订单下达到班组后，需要根据设备能力和工艺把任务细分到设备或操作者上，并能适时监控生产状况。

生产作业管理可以完成生产作业计划编制、生成派工单、实际作业反馈、监督执行状态等工作。最终完成生产的统计和分析工作，为生产调度和各级管理人员提供车间生产的动态信息。生产作业管理系统可以满足军工企业各车间（班组长）工序计划编制、生成工票等。可以极大地减少计划人员的数据录入工作量和数据录入出错的几率。生产作业管理流程如图 4.49 所示。

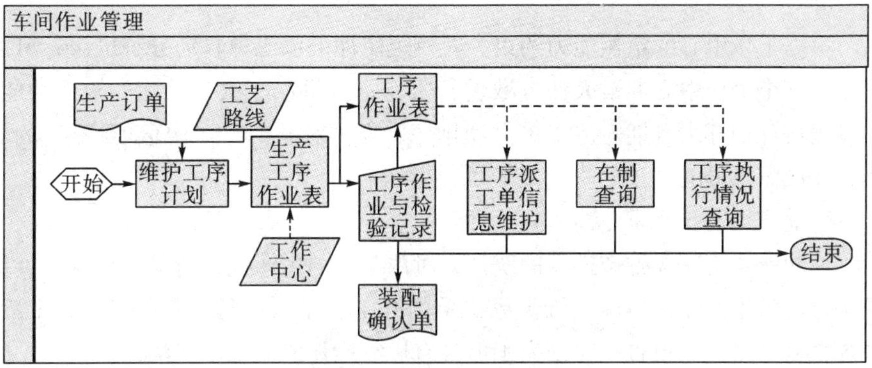

图 4.49　车间作业管理图示

A. 解决方案要点：通过系统，可依据设备有限能力编制作业计划。通过系统的运行调度员、班组长可对生产任务进行原材料检查，确认任务下达。并对任务进行跟踪查询，确保任务按时完工。管理人员通过系统提供的查询功能可以随时查看车间的待开工、已开工、预计完工、已完工等任务，加强监督力度。实时查询任务所需的原材料库存情况，以确保任务实施的可行性。实时查询车间生产、完工情况，并通过网络完成报表传递工作。

B. 生产作业管理系统包括：

a. 作业计划编制。

编制车间作业计划之前，定义加工车间的工作中心及其工作能力；根据未开工的任务，按加工项目的工艺路线，自动生成车间任务在各工作中心的加工工序，并根据任务的投入/产出日期计算出每道工序的最早开工/最早完工，最晚开工/最晚完工四个日期；对编制后的作业计划，若其工艺路线发生变化或加工日期需要变化时，以人工维护与重排形式调整作业计划；对编制完毕的车间作业计划按特定规则进行优先级计算，计算每道作业工序在各工作中心上先后加工的顺序数，供管理人员参考。

b. 开工条件检查。

系统提供了在任务下达前检查物料、能力、工装工具和工艺文件（未来实施该模块后和集成应用）的模拟功能，根据检查结果，管理人员可以适当调整物料清单、工艺路线和加工的工作中心。

c. 派工单维护。

维护由工序计划生成的派工单，包括修改、删除、冻结和解冻；手工添加指定生产订单的派工单。

d. 工序派工。

根据工作中心的定额能力约束，对每道工序的派工单自动分解班次；可以对每天每个工作中心的最大任务数进行限制；提供修改派工单优先级的功能，并可以按计划开工日期对派工单自动排序；提供对派工单“转移/委外”的功能；完成派工单的“下达”。

e. 派工单完工维护。

该功能主要完成生产进度的统计，对派工单的生产执行情况进行维护，记录每班次的生产完成情况；维护派工单的开工、完工状况；末道工序完工后，系统自动生成完工报告；对已完工但没有后续操作的派工单取消完工。

f. 进度查询。

实时查询车间正在生产的任务（包括下达任务、开工任务、完工任务）数量、完工入库数量。

（3）建议可追溯的质量管理体系

质量管理系统主要实现采购（含外购件、材料等）、制造过程、产品完工等环节进行质量检验管理和质量信息的收集、统计、分析，向企业的各级管理人员提供企业各环节的质量检验与控制信息、质量不合格处理方式及处理意见、提供质量统计及分析报告、质量发展趋势，使各有关部门能够及时了解质量信息及存在的问题，以便及早采取预防措施，避免不必要的损失，提高产品质量。

质量管理是企业管理的一个重要组成部分，也是“用友 ERP”闭环系统的一个重要组成部分。质量管理系统主要通过对原材料（含外购件、外购材料等）质检信息、半成品质检信息、产成品质检信息以及产品质量检验信息的记录，实现质量检验结果与物流过程的同步。在此基础上，实现质量信息的汇总、统计、分析，向企业的各级管理人员提供企业各环节的质量检验与控制信息、质量不合格处理方式及处理意见、提供质量统计及分析报告、质量发展趋势，使各有关部门能够及时了解质量信息及存在的问题，以便及早采取预防措施，避免不必要的损失，提高产品质量。

质量管理业务流程如图 4.50 所示。

建设质量管理系统将实现以下管理目标：建立质量信息的实时共享、统一存储和处理机制；对产品全生命周期，包括研发、供应、生产、售后等环节产生的质量信息进行统一收集管理；在全部质量数据集成的基础上，支持质量问题的追溯处理；提供多种可扩展的分析质量工具，支持质量的持续改进过程；提高质量增加企业的市场收益，同步降低质量成本。

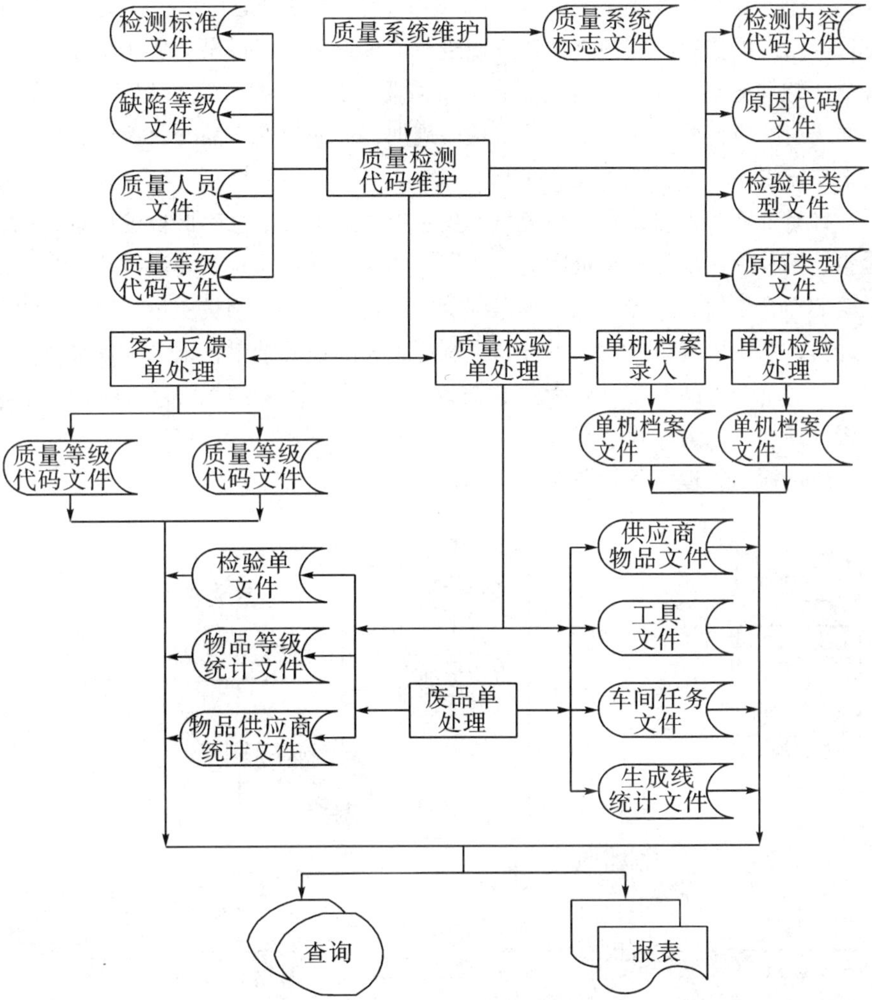

图 4.50　质量管理业务流程图

①质量检验数据管理。

完成质量检验基础信息的设置和定义。为实现质量管理信息化必须对质量检验种类、检验标准、检验结果、检验等级、售后质量故障等进行编码，一方面方便使用人员使用，另一方面方便按各类代码进行质量统计与分析。

②业务过程检验管理。

与采购管理、生产管理、库存管理等实现信息集成，完成各类质量检验申请单的维护或自动生成、快速传递；固化外购物资（原材料、毛坯、标准件）入厂检验、自制件检验流程，完成原材料入厂检验、外购毛坯检验、半成品检验、工序（过程）检验、产成品检验等质量信息的登记与维护，实现原始质量检验信息的快速归档与查阅，方便进行质量追溯；提供事务提醒功能，在送检单（或请验单）生成的同时，自动将需要检验的信息发送给相关检验人员，以便快速响应检验请求，缩短质量检验周期，进而提高产品交付速度，快速响应客户需求。

针对外购和外协物资，系统可实现：根据送检单信息生成检验信息，记录检验结果；确认物料检验批次的有效期、库存期和再检期，确认检验结果；对检验的不合格信息进行处理；根据到货检验记录，统计到货质量状况。针对生产过程，系统可实现：记录零件每个制造工序的检验结果；记录零件最终检验结果；对不合格品确定是否返修、补救、报废等；根据工序和零件检验记录，分析统计加工制造质量状况。

质量检验管理流程如图 4.51 所示。

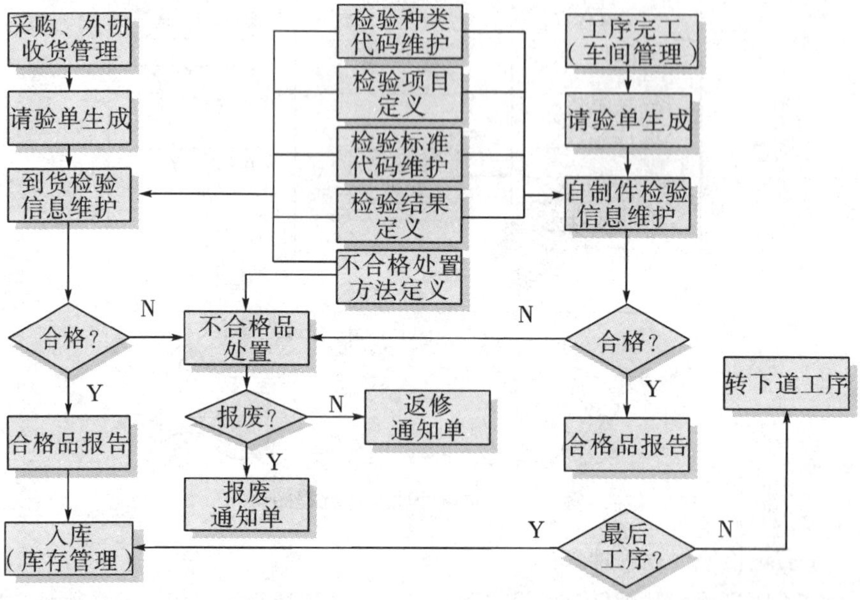

图 4.51　质量检验管理流程图

③全程质量追溯管理。

质量管理系统与采购、库存、生产管理等系统结合应用的基础上，系统伴随采购和生产过程的质量检验管理即建立了质量追溯的线索。如图 4.52 所示。

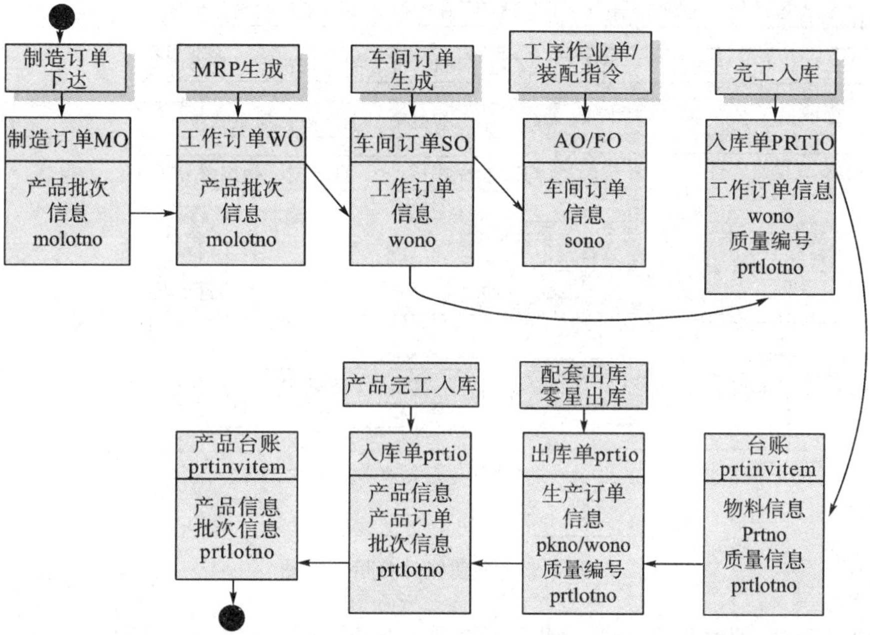

图 4.52 质量追溯的线索图

当发生质量问题时，从产品的合格证信息追溯到配套单，从配套单追溯是产品制造问题还是原材料问题，从原材料的采购单追溯到供应商的某个批次的原材料或外构件。同时，根据对原材料或外构件的批次追踪，正向追踪相关成品和半成品，实现质量的正向跟踪。

④质量统计分析管理。

系统可实现按照型号、批次、生产单位、制造设备、故障类型进行质量统计，在此基础上进行质量分析并生成分析报告，如图 4.53 所示。

⑤质量故障提示管理。

首先针对操作作业、设备等原因所造成的、频度较高的故障进行分类，针对需要提示的故障进行编码，与型号、工序编号对应，在生成派工单时作为一个属性值标注在派工单中，实现对操作人员的提示。

（4）建立自动化的成本管理系统

成本管理系统的应用将帮助客户实现：以标准成本制度为基础平台设计，将成本核算与管理融为一体，力求体现成本的事前预测与控制、事中核算与监督、事后分析与考评等全过程、全方位的成本核算与管理。简化和淡化成本计算方法的多样性与复杂性，减轻成本核算与管理的系统设计与工作负担，使成

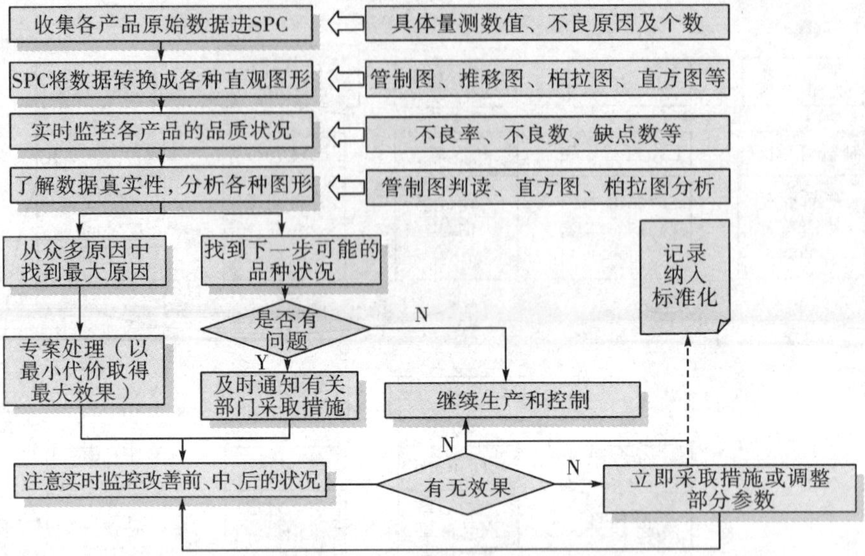

图 4.53　质量统计分析管理图

本核算与管理过程更加清晰明了。促进企业成本管理与核算各项工作（如成本核算与管理基础、物流、价值流、信息流等）的优化再造，进一步提高成本管理水平。实现成本管理系统与财务、生产、库存、销售等系统全面集成。

我们提供的成本管理的流程包括事前模拟与计划、事中控制和周期性实际成本计算与核算及事后考核的四个层次。总成本管理的流程如图 4.54 所示。

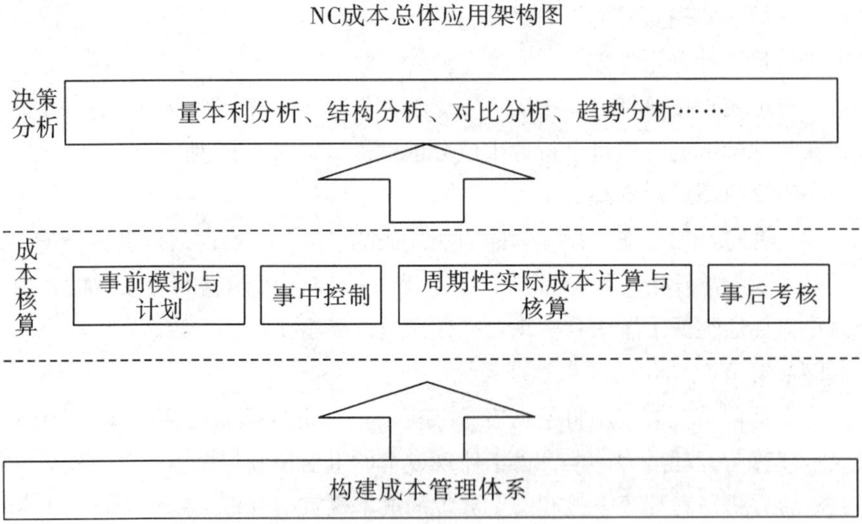

图 4.54　NC 总成本应用架构图

事前模拟与计划：通过设置成本计划，设定标准产品成本和目标成本，来对总成本进行计划和考核依据设置。这部分内容要和生产过程的工艺路线、材料采购价格等因素相关。

事中控制：要通过完工率、材料投入比例、作业量控制比例以及生产制造系统的相关参数进行控制。

周期性实际成本计算与核算：通过实际生产资料的材料投入、作业量投入、完工统计、在产品统计和废品等实际耗费，结合生产过程中发生的人工、应收账款、设备耗费、存货核算等辅助成本进行成本归集与分摊，最终在会计期末计算出生产产品的各项成本明细数据。

事后考核：按照目标成本和标准成本来分析实际成本的发生情况，通过比较差异成本分析得出考核依据。成本考核可以按照整个单位进行采购成本中心、制造成本中心及分厂生产中心的分项成本考核。

①成本管理模型建立。

成本管理模型、成本核算模型，对应到系统中即为成本资料的设置，包括物料清单、工作中心、工艺路线、成本中心、成本要素、成本动因、联副产品分离定义、内部转移价定义、物料主文件。系统设置如图 4. 55 所示。

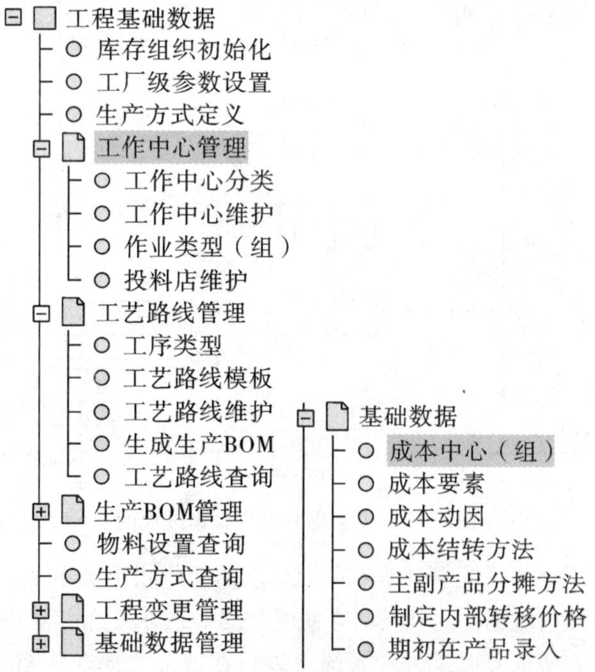

图 4. 55　系统设置图示

②标准成本规则定义。

标准成本是指在充分调查、分析和技术测定的基础上，根据企业现已达到的技术水平所确定的企业在有效经营条件下生产某些产品所应当发生的成本。

施行标准成本制度的主要内容包括：制定各项目成本标准；积累实际成本资料；进行成本差异分析及账务处理；对可控因素，采取有效措施以纠正偏差，对不可控因素，则要考虑修订标准。

标准成本包括：标准成本类型设置、标准价格库设置、标准成本计算、标准成本分析、标准成本查询及固定费用预算。标准成本设置的目的是用来和实际成本进行比对分析，从而确定出实际成本的绩效考核比较值。对标准成本的价格可以在系统中进行维护；设置完成后，通过标准产品计算产生产品标准成本。

③成本数据自动取数。

实际成本的设置及计算包括成本的归集设置及分配设置。在我们的成本管理系统中，通过成本收集及分配规则的设置，系统可以自动计算成本数据，最终得出成本数据。同时通过实际成本的耗费可以计算成本实际成本的耗费。实际成本资料收集过程如图 4. 56 所示。

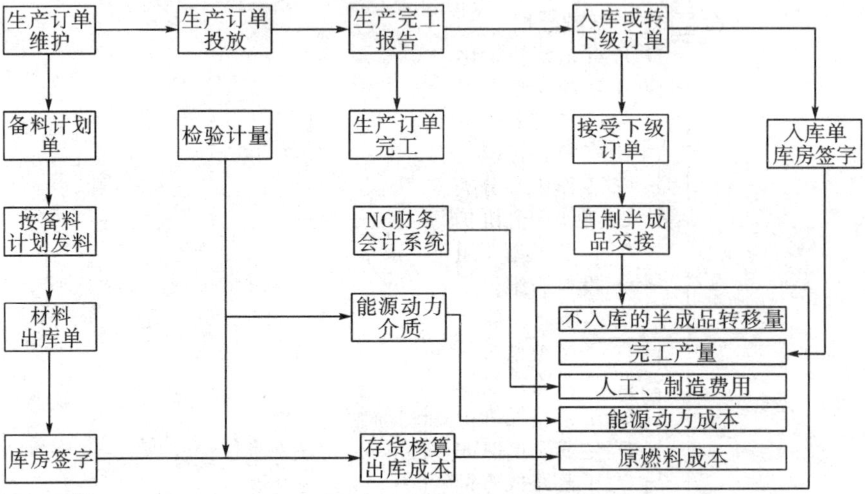

图 4. 56　实际成本资料收集过程图

系统支持从存货系统中自动将存货核算的相应物资成本的数据采集出来，也支持手工填制的数据，这种灵活方便的数据采集方式给实际工作中的成本收集带来了极大方便。除此之外，系统可以从在产品入库单中自动提取在产品成本。

④实际成本数据的自动处理。

NC 实际成本的计算流程如下：投入产出数据核查、成本中心费用结转、成本分配、辅助成本交互分配及成本结转。如图 4.57 所示。

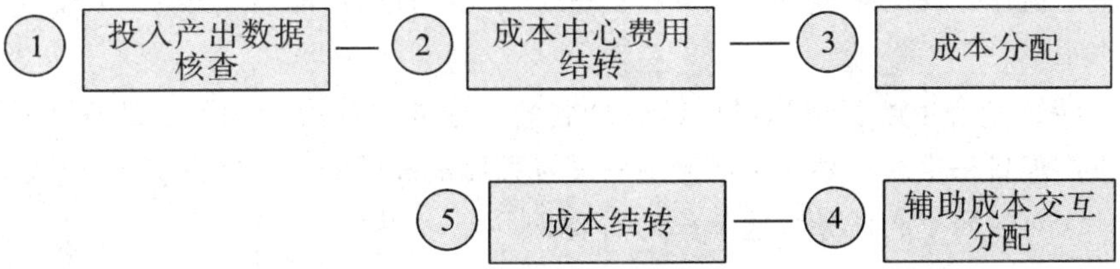

图 4.57 NC 实际成本的计算流程图

成本归集的基础数据采集，通过对在产品投入的基础物资资料从系统中提取相应数据进行成本材料数据归集。

成本数据归集以后，需要对成本数据进行成本中心分配结转设置。

完成设置后，系统可以自动按照成本中心进行费用结转，将费用结转到相应的成本中心，完成实际生产过程中的成本向成本中心的归集及结转。

结转完成后，再按照成本中心及成本要素、成本动因将归集的实际成本分配到各个成本中心的具体成本要素数据。

如果在产品生产过程中存在相关联的联副产品，可以按照辅助成本交互分配功能进行分配。

⑤成本监控与成本分析及考核。

系统可以按照日成本进行监控：实时监控成本计划的执行情况；随生产订单的进行，同步核算订单成本。

- 变动费用：

外购物料=实际耗量×实际价格

自制物料=实际耗量×标准价格

- 固定费用：

固定费用=产量×标准或计划费率

成本分析及考核的内容包括量本利分析、结构分析、对比分析等。

4.2.1.3 应用价值总结

本解决方案重点实现以下管理价值：

(1) 建立以总部的 ERP 管理需求为重点，建立符合“ZSF”管理要求的物资准备、生产计划和执行控制、质量跟踪控制、成本核算管理模式。

（2）以信息共享为手段，实现设计、工艺、物资、生产、质量管理的协同，提高企业整体运作和管理效率。

（3）以物资规范管理、完工管理、质量管理、成本管理为基础，实现客户生产运作管理的规范化，减少物资资金占用、提高产品质量水平、降低总体成本水平。

（4）结合生产管理和供应链管理思想，建立以流程驱动的、从任务计划—生产准备—生产计划—生产制造—质量控制的高效的生产体系，提高产出效率，应对科研生产任务快速增长的需要。

4.2.2 “ZSF”DMS扩展应用

4.2.2.1 “ZSF”门店业务扩展核心需求分析

（1）售后服务管理问题

现状描述：“ZSF”目前的动力产品零售售后比较多样化，农机产品需要上门服务，派出专门的技术人员现场维修，当前技术人员并没有将所有的维修产品挂账，所以从管理上产生了一些不必要的混乱；发动机产品则需要保留在门店，然后运回动力服务部进行技术检测，最后经过检测确定维修或者更换，故中间经过的时间较长，严重影响了客户对产品的满意度。

分析与建议：由于现有的服务网络在农机等产品的维修服务能力上有所欠缺，导致大量服务工作需总部驻外人员现场完成。这给今后的“ZSF”服务体系带来很大的机遇，如果处理恰当，这部分业务将是今后“ZSF”体系中很重要的一部分利润来源。

建议在现有旗舰门店建立农机维修团队（依托于动力服务部的驻外人员），设定专门的农机产品维修配件库存，加快市场反应能力，抢占市场。通过信息系统设立农机维修知识库等交流平台，共享维修技术，提高门店的服务水平。

（2）售后服务工作监管与标准化

现状描述：“ZSF”目前的动力产品售后服务没有一套相对完善的管理机制，人为主观判断的情况比较多，特别是门店技师现场维修服务的随意性较大。技师为了方便，本来可以通过维修解决的问题，却建议客户更换部件，从而提高了维修价格，加大了客户对动力产品维修业务的抵触性，严重影响了客户对产品的满意度。

分析与建议：该部分业务会影响到“ZSF”门店管理的稳定性，虽然目前

"ZSF" 正处于建设发展的初期，但还是要逐步完善整个监督体系。

建议建立完善的维修技术资料库，不定期的在 "ZSF" 总部进行售后服务技术交流，提高技术人员的专业服务水平；将客户服务评分纳入技术人员的绩效考核，规避一些不良风气。

（3）投诉及其处理

现状描述："ZSF" 目前的整车业务投诉管理比较松散，没有将业务投诉处理量化、没有形成相应的奖惩机制，因此技术人员在处理业务问题方面态度比较消极，反馈信息也比较被动，从而造成客户投诉的时间周期长等现象。

分析与建议：作为一个服务品牌，客户满意度是一个非常关键的指标，而客户投诉处理的情况，又是对客户满意度有着极大的影响的。客户投诉处理是和终端用户发生联系最好的渠道，通过这个渠道可以了解终端用户的实际需求，找到管理提升的关键点。

建议在信息系统中设计相应投诉处理业务流程，通过自动提醒功能主动提醒各业务岗位参与投诉处理各环节。系统设计相应投诉处理分析报表，使管理者可以很方便地监控投诉处理情况，为决策者决策提供数据支撑。

（4）通机销售市场权责划分

现状描述："ZSF" 目前的通机销售权限没有完全独立，上级公司动力可以销售通机，并不完全对市场进行统一掌控；通机的售后服务与产品的售后服务存在一定的差异；通机的售后服务除了打包服务外，还有国家补贴、技术人员外派等。

分析与建议：通机销售业务目前在上级公司中所占比重不大，但是市场前景比较广阔，为了更好地满足市场需求，两种销售渠道并存将长期存在。

建议尽快确定 "ZSF" 和原有通机销售体系的职责划分，以及在 "ZSF" 网络没有全部铺开的情况下销售业务过渡的方式。

（5）商业模式与销售价格管理

需求理解：目前，上级公司体系的零配件销售是采用传统经销商代理、门店直销、直营店和合营店向下属加盟店批发混合销售模式。对于上级公司生产加工发动机的配件市场零售由 "ZSF" 统一对外销售，但机车的配件市场没有统一，即由原经销代理商和 "ZSF" 共同销售经营。但是，现在直营店、加盟店的批发和零售价格体系没有统一。如果市场价格体系不统一，将来会出现窜货现象。

由于上级公司服务和产品销售实行代理制，渠道经销商的经营能力参差不齐、进货渠道无法有效管控，市场需求不能得以真实反映。经销商订货数量小、随机性强，无法形成批量采购和运输，致使采购成本和物流运输成本较高，从而使销售价格提高；而销售价格提高则会制约经销商的销售积极性。

分析与建议：针对目前的渠道销售问题和价格问题，考虑到零配件的市场风险，在过渡期，建议重点规范“ZSF”能掌控的销售体系，清晰商务模式，如分销批发模式、连锁零售模式、分销零售混合模式，统一“ZSF”内部的价格结算体系和对外的市场销售价格体系。

4.2.2.2 “ZSF”DMS扩展应用系统支撑

(1) 强化客户开拓及关怀管理

客户是有生命周期的，见图4.58。客户维系的时间越长，对“ZSF”和门店的价值越大。由此可见，无论是门店还是“ZSF”都希望尽可能延长客户的生命周期，使客户成为自己忠实的客户。

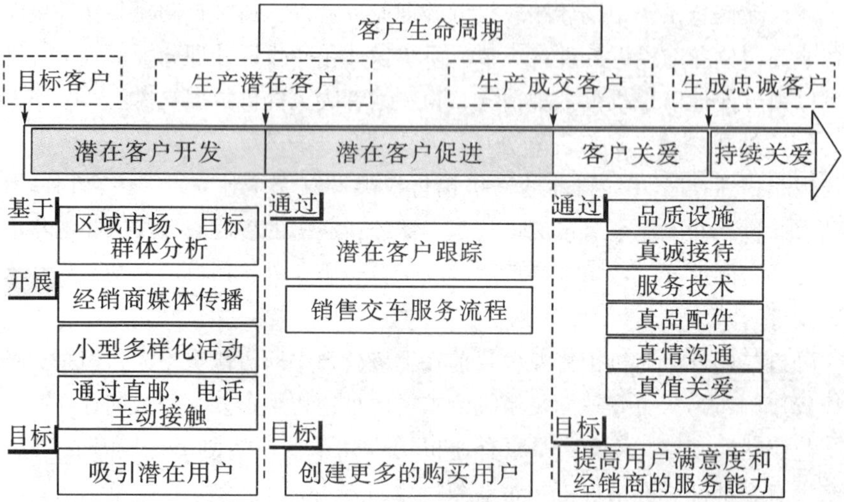

图4.58 客户生命周期图

DMS系统中将客户关系分为两个阶段：第一个阶段，客户开拓。通过各种渠道获得潜在客户，并促进客户成交，成为保有客户的过程。第二个阶段，客户关怀。通过客户关怀、回访、投诉处理等各种方式维系与客户的关系，创造服务机会的过程。

下面分别从客户开拓和客户关怀两个方面具体阐述DMS系统客户关系管理相关业务流程和系统功能。

①客户开拓能力的提升。

门店的销量由三个关键因素组成，即集客量、留档率、成交率，门店的销售能力和市场占有率也需从这三个方面进行提升。见图 4. 59。

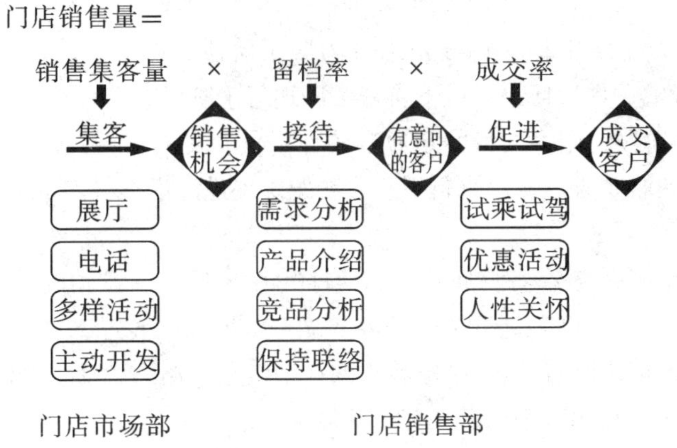

图 4. 59 门店销售量计算图示

为了提升这三个指标，DMS 系统定义了如下潜在客户管理流程，见图 4. 60。

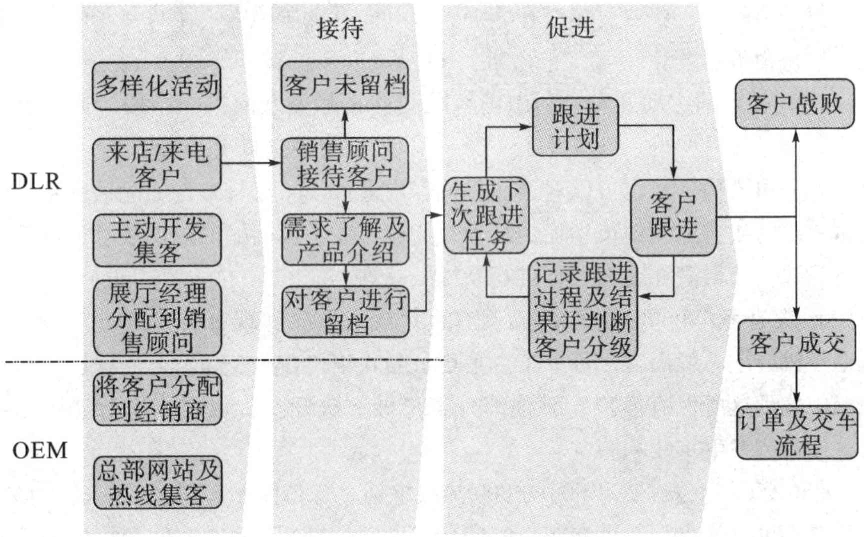

图 4. 60 潜在客户管理流程图

集客主要是指门店和“ZSF”通过各种方式收集客户从而制造更多的销售机会，当客户来店、来电后销售顾问通过对客户的接待，将潜在客户进行留档，并通过制订跟进计划的方式对有意向的客户进行跟踪和销售促进，直至该客户成交或战败。

通过上述流程的管理，“ZSF”能从门店的集客量、留档率、成交率等各个方面进行分析，对门店的销售能力进行有针对性的改进和提升。

用友 DMS 系统中将客户开拓细分为四个阶段，即集客阶段、跟踪促进、客户成交/战败、售后回访。以下将详细阐述每个阶段的管理重点和功能。

A. 集客阶段。集客的目的是通过各种手段发现潜在客户，并留下有意向的潜在客户的联系方式，以进行下一步的跟踪促进。潜在客户的来源大致分为以下几类：

a. 展厅接待：潜在客户通常会主动打电话到 4S 店了解情况，或直接到 4S 店看车、选车。对这些来店/来电的客户做产品介绍、竞品对比，并做需求分析，尽可能地记录所有来店/来电客户的详细信息，作为后期跟踪促进的基础。展厅接待是所有乘用车获取潜在客户的最重要手段。

b. 多样化市场活动：展厅通常受到地理位置、辐射范围、不够主动等多种因素的限制。为弥补这些不足，门店需要开展多样化的小型市场活动，可以接触和收集到更多的潜在客户信息，作为展厅来店/来电客户的延伸和补充。通过举办展会、新产品发布、新店开业、大型试乘试驾等多种方式，即可向潜在客户介绍品牌、获取更多潜在客户，也可向有意向的客户做进一步的促销跟踪，加快销售速度。

c. 销售顾问主动开发：利用销售顾问的人际关系网络介绍所带来的客户的购买需求相对明确，成交率较高。可以从某些渠道获知批量目标客户的信息，如公司团购等，也可以对这些目标客户进行产品资料邮寄、电话联络、邀约试乘试驾或参加其他市场促销活动，通过这些手段接触，根据接触反馈情况进行筛选，获得潜在客户，再进行系统跟踪。

d. 保有客户转化：通过门店现有客户或竞争品牌现有客户的重新开发获得销售机会。一般而言，每个车主平均每隔 6 年就会买一部新车；我们可以在系统中找到这些保有客户，对这部分客户做二次开发，也可能进行二手车置换，还可能发生重复购买。

e.“ZSF”下发：“ZSF”的 800 热线电话、宣传网站，以及统一的市场调查活动都可以收集一些潜在客户的信息，通常“ZSF”将这些信息按地域不同下发给不同区域的门店，具体接触可以由门店来操作，由门店记录跟踪情况。

以上五种来源的开拓方式都有区别，用友 DMS 系统客户关系管理模块都提供了完整的功能来支持这些业务的实现，相应业务流程如图 4.61 所示。

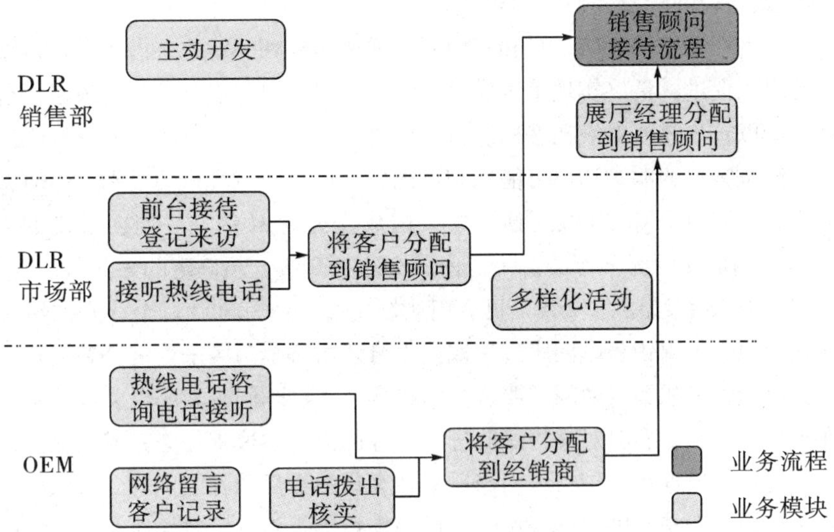

图 4.61 客户关系管理图

其主要功能描述如表 4.9 所示。

表 4.9 客户管理功能一览表

执行角色	功能点	功能描述
门店	来店/来电流量登记	记录来店/来电客人的来店时间、人数、离店时间、接待顾问等信息，作为流量统计和销售顾问建档的依据。
门店	潜在客户建档	将接待所获客户信息录入系统，建立潜在客户的档案，包括姓名、联系方式、意向车型、竞品情况及其他细节，并初步对客户进行分级。未获取客户信息的来店流量设为无效接待。
门店	主动开拓客户建档	将市场活动或主动开拓的潜在客户录入系统，可选择客户来源，以便于后续分析。
门店	展厅流量分析	分析展厅来店/来电的流量、有效流量比率（留档率）。
“ZSF”	潜在客户录入	将从网站、市场活动中获得的潜在客户录入系统。
“ZSF”	潜在客户分配	将从“ZSF”获得的潜在客户分配给各地门店。
门店	潜在客户分配	将从“ZSF”获得的潜在客户分配给销售顾问进行跟踪。
门店	分配客户建档	根据跟踪结果建立潜在客户档案或将分配客户设为无效。
“ZSF”	展厅流量分析	分析各门店的展厅流量情况。
“ZSF”	分配客户状态查询	查询所有分配给门店的客户是否跟踪、跟踪结果、当前客户状态等。

B. 跟踪促进阶段。

获得潜在客户的联络信息和意向后，需要销售顾问对这些潜在客户再做进一步的跟踪促进，最终实现销售成交。潜在客户意向强烈与否决定跟踪促进的频度，所以首先需要对潜在客户进行分级管理。

一般按客户的购买达成可能性和可能成交周期确定客户的级别。一般将客户分为H，A，B，C，N级。预计3天内成交的为H级，一周内成交的为A级，15天内成交的为B级，一个月内成交的为C级，不确定的为N级。

用友DMS系统中，“ZSF”可为门店制定统一的标准，每个级别的潜在客户在几天内必须由销售顾问跟进一次。也可以由每个门店来指定。到期自动生成任务提醒，提醒销售顾问需要进行潜在客户跟进。同时系统也会提醒销售经理在每日晨会、夕会时对销售顾问进行任务的部署和检查任务完成状况。

销售经理根据每个销售顾问当前潜在客户的数量和各级别的分布状态，可以初步预估各个销售顾问能否按时完成销售指标，并有针对性地安排销售顾问的任务和进行指导。比如对潜在客户较少的销售顾问要安排在客流量较大的时段进行展厅值班；对潜在客户保有量较大的销售顾问则重点指导如何提升促进客户成交的能力。

客户跟踪结果反馈：销售顾问对客户进行跟踪后，将跟踪结果记入客户档案，包括意向级别变化、客户提到的同类竞争品牌，以及可能购买的时间、预计金额、试乘试驾等。记录整个跟踪过程，同时销售顾问可以修改下一次的跟踪时间。系统会根据新的意向级别做下一次的跟踪提醒，直至成交或战败。

根据跟踪频度可以评估销售顾问的工作主动性，了解客户成交或战败的原因，通过跟进的类型，比如试乘试驾率、再回展厅次数等方面可以了解试乘试驾或其他活动对于促进成交的作用。

此环节中，门店销售经理能通过各种数据反映销售顾问的销售能力、当前状态，从而有针对性的指导销售顾问，进行资源准备、发起市场活动等。无须等到每月结束时才知道任务是否能完成。比如，较典型的报表如有意向客户管制表以及销售顾问意向看板。

同样，这些数据也可帮助“ZSF”对门店销售能力的评估提供数据参考。“ZSF”可以统计全国或区域的潜在客户的总量情况、各个级别的分布，以及潜在客户对车型的意向分布，为生产计划的制订提供一定的参考，以及指导门店的销售工作。

C. 成交/战败阶段。

潜在客户跟踪的结果将是成交或战败，如果成交，则交付定金，生成客户订单，并进行配车、交车、代理保险、上牌、装潢等销售服务，并将客户资料上报“ZSF”。如果战败，须经销售顾问申请、案例分析、战败原因总结，销售经理确认后方可结案。具体操作流程如图 4.62 所示。

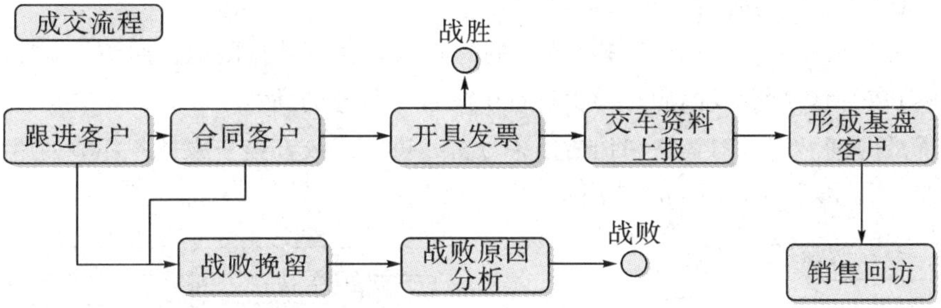

图 4.62　成交流程图

用友 DMS 系统的主要功能如下：

客户成交：标记客户成交，生成客户订单，记录客户成交主要因素，转到门店销售管理流程直到客户交车。

战败结果记录：潜在客户若战败，需要销售顾问填写战败的原因、战败品牌、战败车型等信息，以便以后对其进行原因分析，总结经验。销售顾问确认后提交销售经理审批。

客户战败确认：战败的客户需要由销售经理做战败确认。战败原因有多种，如品牌竞争力不强、服务质量差、价格没有优势等几类。销售顾问在做战败原因总结时，需要详细记录战败的原因，如果客户已购买了其他品牌车辆，还要详细记录战败的车辆信息。销售经理根据战败原因，做战败确认。可以直接确认战败，也可以将战败的客户重新分配给其他销售顾问进行继续跟踪，以试图挽留。

意向客户合并/重新分配：第一种情况，当多个销售顾问跟踪同一个意向客户时，可以先由销售经理进行客户资料合并，整合出一份详细、准确的客户资料，然后由其做客户的重新分配，由指定的销售顾问做跟进；第二种情况，原来的销售顾问离职，遗留下来的客户需要重新分配给其他人继续跟进，则由销售经理将这部分客户分配给其他销售顾问进行跟踪，防止客户流失；第三种情况，战败确认后再分配。

客户资料上报：交车服务完成后，门店需将最终准确的客户资料、销售价格、销售日期等情况回报“ZSF”，作为后续服务保修的依据。

客户成交分析：每个销售顾问留档客户的成交率直接反映销售顾问的销售能力，结合销售顾问的客户接待总量、客户留档率、客户成交率能全面反映销售顾问各个方面的能力。同样“ZSF”也可以通过这些指标来评估每家门店的销售能力，得出区域平均水平、门店销售能力排名等促进门店明确定位，提升销售能力，更好地开拓市场。

D. 售后回访阶段。

客户成交后，需在“ZSF”规定的时间内对客户进行回访，回访是调查潜在客户对销售顾问及门店在销售过程中的各项服务的满意度，并提示客户首次保养的时间。通过对客户回访的结果分析，进一步改善销售服务各环节的服务质量，其主要流程如图 4. 63 所示。

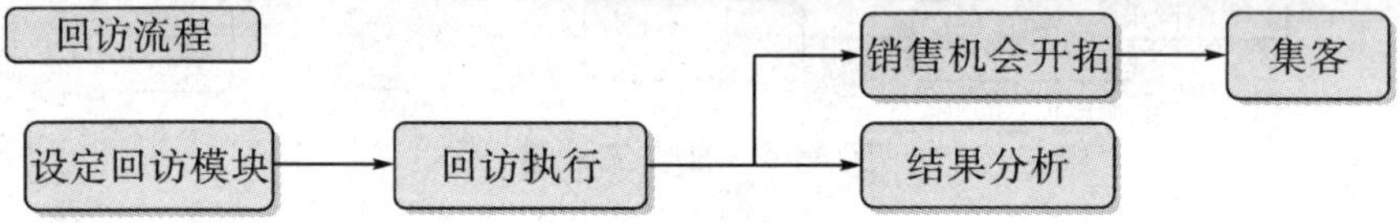

图 4. 63　回访流程图

用友 DMS 系统的主要功能如下：

设定回访模板：回访前根据回访目的设定相应的问卷和回答选项，预先设定问卷的主要目的是便于分析结果。

回访记录：通过电话回访，记录客户的回复情况和感受。

回访分析：销售经理或客服经理可以根据回访的结果统计客户满意度。按每个销售顾问进行客户满意度的对比、排名，或对销售服务各环节的客户满意度进行统计分析，以指导销售过程的改进和优化。

“ZSF”统计分析：“ZSF”也可以收集每个门店回访的结果，为对比统计的方便，“ZSF”可以设定回访的模板，门店只能增加问题，不能修改其中的问题。这样，“ZSF”收集的回访结果才有统计意义，可以按门店进行统计分析，以指导和评估各门店的客户满意度。

②客户关怀能力的经营。

客户关怀的主要目的是在客户购车后，保持与客户的联系，主动对客户进行关怀提醒，解决客户在使用或维护过程中的问题，提高客户的满意度和忠诚度，获得尽可能多的客户服务机会。客户关怀包括如下几个方面：

A. 客户车辆信息统一视图。

所有客户关怀的基础是能联系到客户，所以保持客户信息的不断更新和完整是重要的基础。在用友 DMS 系统中，所有客户的相关信息都将记入客户的统一档案中，包括车辆信息、客户开拓阶段促进信息、维修记录、回访记录、投诉记录、参与的销售或服务活动等。形成完整统一的客户接触历史，而且无论客户在哪家门店修车或接受服务，其维修记录都会记入客户档案，供相关部门进行统计分析。其他门店也可以调用授权范围内的信息，比如能看到修理故障、更换配件、维修时间，但看不到负责的门店和金额信息。

对门店来讲，需要时能查询到客户的维修历史，可以协助判断当前的故障。对“ZSF”来讲，有了完整的客户档案，才有了客户关怀、回访、调查、客户分析的基础。

B. 客户主动关怀。

客户提醒的主要的目的有两个：一是联络客户的感情，使客户在需要服务时能找到你；二是开发服务机会，用友 DMS 系统中提供了大量的手段来支持门店和“ZSF”对客户的主动关怀。下面将分别描述这两类客户关怀。

客户联络型有以下类型：在客户的重大节日发感谢函、祝福短信等。年检提醒：在客户车辆到期需要年检时，主动致电或短信通知客户，提醒客户不要逾期，避免带来使用不便。销售活动邀约：可在全体客户中选择合适的客户参与市场活动，如试乘试驾、车友会、新品发布会等。售后服务活动邀约：为提升客户品牌忠诚度，创建服务品牌，“ZSF”经常会举办免费检测、换油、夏日清洗空调或修车送小礼品等活动，门店可借此机会通知开展服务活动范围内的客户，增强与客户的联络。

服务机会开发型有以下类型：保养提醒：根据客户上次保养时的里程和时间来推断下次需要保养的时间，提前致电或发短信给客户，提醒客户应该在约定的里程时对车辆进行保养，以保障车辆的使用寿命和安全状况。保险到期提醒：根据客户购车办理保险的时间可以推断其需要续保的时间，提前致电或发短信给客户，提醒客户续保，表示愿意随时为客户服务，现在保险佣金是门店重要利润来源之一，除主动关怀提醒，还需要提供有竞争力的条件和便利以吸引客户续保。

C. 客户调查回访。

“ZSF”或门店都会不定期对客户进行满意度调查，在销售或维修完成后均需对客户进行回访。通过对客户回访或调查的结果分析，进一步改善销售服务各环节的服务质量。

用友 DMS 系统的主要功能如下：

设定回访模板：回访前根据回访或调查目的设定相应的问卷和回答选项，预先设定问卷的主要目的是便于分析结果。

回访记录：通过电话回访，记录客户的回复。

回访分析：销售经理或客服经理可以根据回访的结果统计客户满意度。按每个销售顾问或服务顾问进行客户满意度的对比、排名，或是对销售服务各环节的客户满意度进行统计分析，以指导销售或服务过程的改进和优化。

“ZSF”统计分析：“ZSF”也可以收集每个门店回访的结果，为对比统计的方便，“ZSF”可以设定回访的模板，门店只能增加问题，不能修改其中的问题。这样“ZSF”收集的回访结果才有统计意义，可以按门店进行统计分析，以指导和评估各门店的客户满意度。

D. 客户投诉抱怨。

客户如果对销售或服务过程不满意，可以向门店或“ZSF”进行投诉，用友为门店和“ZSF”提供投诉处理模块来协助客服人员跟踪和处理客户的投诉。投诉处理流程如图 4.64 所示。

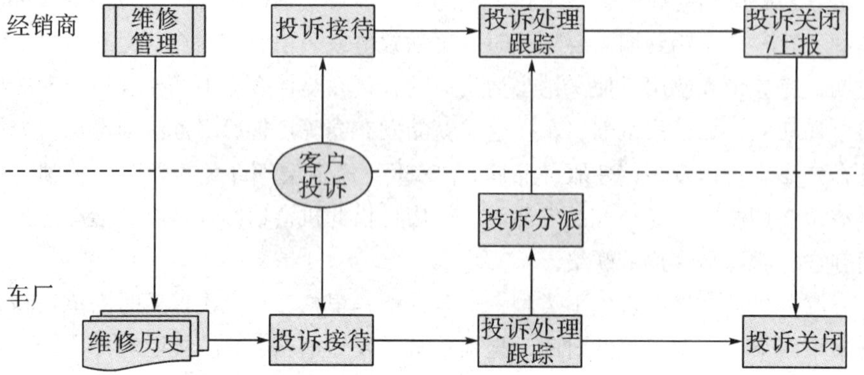

图 4.64　投诉流程图

主要功能描述如下：第一，“ZSF”投诉记录：客户可以直接向“ZSF”进行投诉抱怨。“ZSF”在接到客户投诉时，通过系统直接查询到客户的档案、相关维修历史或销售记录。记录客户投诉事项、原由。第二，投诉分发：如果需要其他相关部门处理，则将投诉分发给相关部门，如果需要将这些投诉分配给门店协助处理，则将投诉分发给指定门店。第三，投诉处理结果录入：相关业务部门或门店经过与客户的联络处理后，将处理结果录入系统，表示处理结束，如未结束则可继续分发给相关部门。第四，投诉关闭：客服中心经过与客户的确认后，将投诉关闭，或继续分派给相关部门和门店重新进行处理。第五，门店投诉记录：门店接到客户投诉时，记录投诉事项、原由。第六，门店投诉处理：门店接到“ZSF”指派的投诉处理任务或客户直接投诉，与客户联络处理，将处理结果录入系统。第七，门店投诉关闭/上报：门店处理完投诉后，如果是“ZSF”指派的投诉，则将处理结果上报“ZSF”；如果是直接投诉，客服人员经过确认可以直接关闭。

投诉分析：门店或“ZSF”人员通过对投诉的统计分析，发现销售和服务中的不足，进行有针对性的提升。

（2）门店车辆库存管理方案

门店库存管理从车辆发运至门店后的收货管理、库存核查、库存在库管理、车辆出库等业务的流程图如图 4.65 所示。

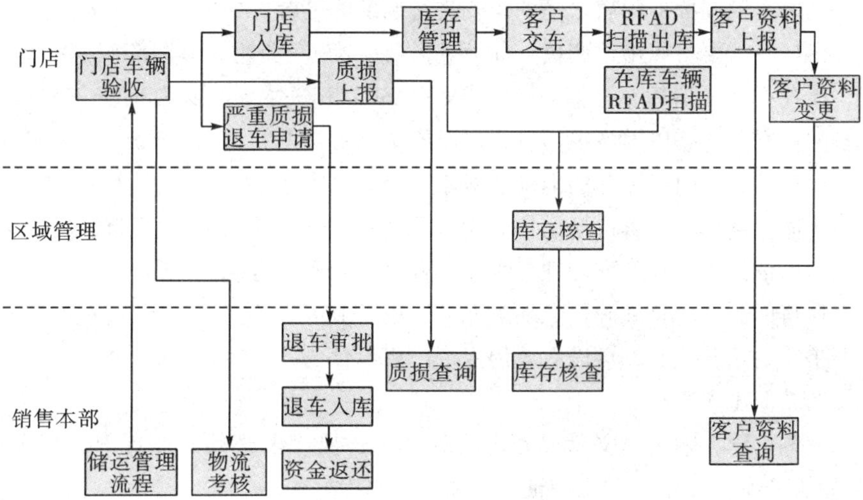

图 4.65　门店库存/客户上报流程图

①整车入库管理。

门店在途车辆跟踪，车辆从“ZSF”发车后，门店即可跟踪到车辆的已发车和在途信息，方便门店预估车辆到达时间，以便更精确地告知客户预交车时间。

验收入库：车辆到达门店后，门店对车辆进行接车 PDI 检查，提交验车检查报告。验收合格：车辆入库，上报车辆到货信息（车辆信息、到货时间、地点、验收人等）。验收不合格，有损伤：物流质损。与承运商交涉，协商修理，在系统中提交质损报告并执行车辆入库操作，上报车辆到货信息。生产性缺陷。对于非不可修复的车辆，一般要求门店暂时收货，提交质损报告及相关索赔报告，进行新车索赔操作；对于不可修复的车辆，与销售部门协商，提交退车申请，“ZSF”同意后做退车出库，并启动后续的资金返还等业务。

到货确认方式：IC 卡的运单管理，通过刷卡进行到货确认，系统同步更新车辆状态为门店在库；纸质运单，由门店在运单上对到货车辆进行验收、签字、盖章确认；同时需要在系统中做验车入库动作，系统将车辆状态变更为门店在库。

②整车库存管理。

门店仓库管理：门店的仓库管理同“ZSF”的仓库管理类似，也分为实物库、虚拟库。仓库：仓库是车辆仓储的主要对象，不同的仓库具有不同的物流性质，仓库的类型在用友 DMS 系统中有多种定义，且用户可以根据实际需要扩展。

门店车辆调拨：门店之间的车辆进行调剂的平台。如果门店有滞库车，其他门店如有需要可以申请调拨，此业务需要“ZSF”批准，以防跨区域窜货。

库存查询（滞库车查询）：门店及“ZSF”相关人员可以随时查询到库存车辆的位置、状态以及库龄信息，对滞库车进行重点关注和促销。

库存核查：门店库存的准确性对于“ZSF”具有非常重要的意义。掌握当前市场库存信息，了解市场销售状况，用于指导下一阶段的生产与销售参考；但如何保证门店库存的准确性一直以来都是“ZSF”的难题，因为存在种种原因，使得门店的库存准确信息缺乏保证；用友 DMS 系统利用目前先进的技术，结合丰富的业务经验，可以有效地保证门店库存的准确性。

③整车出库管理。

车辆出库，顾名思义就是车辆出库作业；出库前必须有业务部的提车单（由财务签字、盖章）和出门证，才能进行出库操作。

门店库管人员在拿到出库的相关凭证后进行出库前的 PDI 检查，记录 PDI 的检查结果，在得到客户确认车辆没有问题的情况下，将车辆正式交予客户，并在系统中提交出库 PDI 检查报告，确认车辆出库。

车辆出库主要包括采购退回出库、交车出库、借进借出、门店置换出库。

（3）门店整车销售管理

销售业务是指门店对终端客户销售车辆相关的业务，包括整车销售以及车辆装潢、精品销售、保险代办、牌照代办、税费代办、按揭代办、旧车置换等销售附加业务，以及财务对销售款项的审核、收款登记、支出登记、结算、毛利统计等业务。详见图 4.66。

①整车销售管理。

客户合同：销售顾问在对潜在客户进行跟进并最终促成销售后，一般会先和客户签订客户合同，并由客户交纳一定的定金（也有不交定金的情况）。客户合同是书面形式的协议书，由当地行政管理机构统一印制，随着地域的不同，客户合同的格式也有一定的差异。在用友 DMS 系统中，不管控车辆客户合同，只登记客户合同的编号和签订日期信息作为销售单据的查询依据。

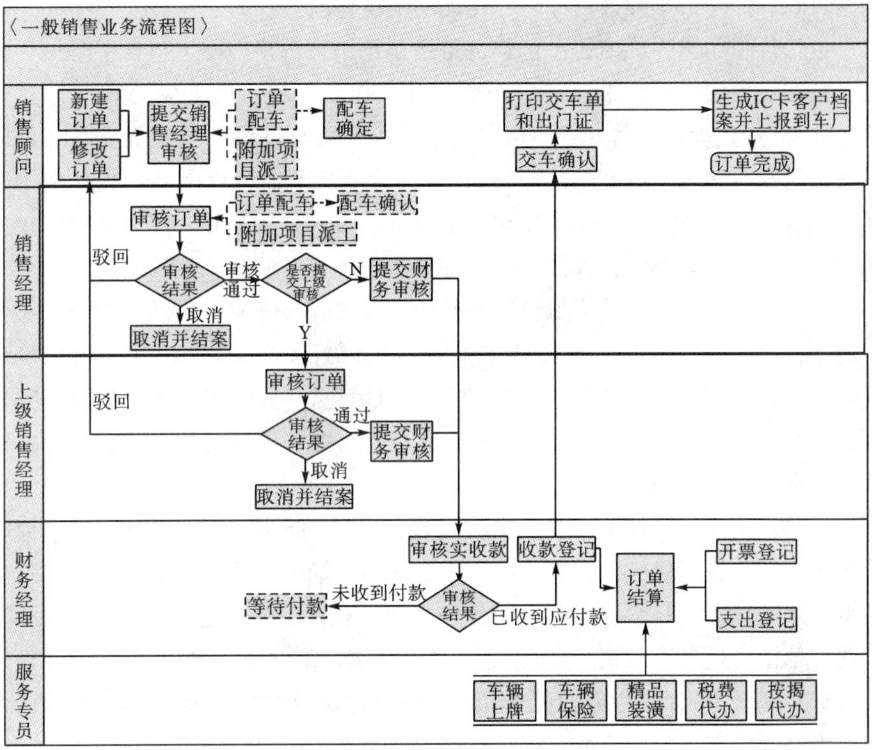

图 4.66　一般销售业务流程图

客户订单：客户订单不同于客户合同，用友 DMS 系统主要以销售订单为依据来管理整个车辆的销售业务。客户订单包含了客户信息、销售内容、销售价格、折扣信息、赠送金额等主要内容，客户订单分为一般客户订单、为二级网点代做的客户订单、委托其他门店交车的客户订单、门店之间的调拨订单等，不同类型的销售订单信息结构会有所差异，并且有着不同的业务处理流程。销售订单一般要通过销售经理审核、财务收款审核后才能交车。在销售车辆时，可能会发生某些附加业务，如车辆装潢、精品销售、牌照办理、保险办理、税费办理、按揭办理、二手车置换等，附加业务信息也是以客户订单的形式来记录和传递。

服务订单：服务订单是门店在给零散客户做单独的装潢、续保等业务时，系统中创建的订单。服务订单的内容包括客户姓名、客户电话、联系地址、车牌号码、VIN 码、装潢内容、数量、价格、折扣、总价、应收款和实收款部分。服务订单是有别于客户订单的另外一种业务模式，当门店整车销售的客户补做装潢、保险、车牌等业务时，在此功能中体现。

包牌价和非包牌价销售：包牌价是指车辆销售价格中固定包含了牌照、保险、税费三项费用，订单总额为购车款和其他附加项目的金额总和（除这三项之外）。按包牌价销售时，门店需要给客户开购车发票及服务费发票（即附加项目的收费和办理成本的差额）。非包牌价就是车辆售价中不包括任何附加项目的费用，订单总额为购车款和每个附加项目的金额总和。一个客户订单中的销售车辆，要么都是包牌价、要么都是非包牌价。

订单配车：客户订单可由销售顾问或者销售经理来配车，当客户要购买指定的某辆车时，一般由销售顾问直接配车，并做配车确认操作（表示已确认具体的车辆）。如果客户只指定车辆配置和颜色，并不确定具体要购买哪辆车，那么，可以是销售顾问不做配车确认操作，或只输入建议 VIN 码，而由销售经理来配车并做配车确认。

订单审核：客户订单一般由销售经理、上级销售经理、财务经理来审核，销售经理和上级销售经理的审核内容主要包括车辆销售价格、交车方式、付款类型、赠送总额、开票方式等，财务经理的审核内容主要包括收款和欠款等。一般订单销售经理审核后直接提交到财务复审，但对于特殊订单（如金额巨大或折扣超低等），销售经理可选择性地提交给上级销售经理审核通过后，再由上级经理提交到财务复审，财务复审也就是确认应收款是否收到，并决定是否可以交车出库。如果客户订单不能通过审核，销售经理和上级销售经理可以直接驳回或直接结案取消客户订单，但财务经理不能驳回或直接取消客户订单。

财务收款、开票、支出登记：客户订单通过销售经理或者上级销售经理审核后，财务随时可以做收款登记，收款登记只登记收到款项的总额。财务根据交车方式和已收到的款项来确定是否可以交车出库，如果收到的车款不够交车条件，则等待客户来缴纳车款。财务根据客户订单的“预先开票”标记来决定是否可以在客户付清款项前给客户预先开票。财务在系统中登记和购车或附加业务相关的所有发票信息（代办的不登记）。对于和销售相关费用的支出，如客户佣金、牌照办理成本等，财务在系统中做支出登记，这将会是统计销售毛利的重要依据。

客户交车确认：在财务同意交车或者销售经理委派代交车订单后，由销售车辆的销售顾问来执行最后交车给客户的过程，并做交车确认操作，此时销售顾问可以打印提车单和出门证，经财务签字、盖章后，作为仓库车辆出库的凭证。交车确认后，系统自动生成用户（成交客户）资料，并将用户（成交客户）资料上报“ZSF”。

②退/还车处理。

订单中途取消：如果客户订单还处于草稿状态，此订单可直接作废，一旦客户订单被提交审核，那么此订单就不能再直接作废，只能通过取消申请单来申请取消，并说明取消原因和取消后应收的各项金额，申请单需要销售经理和财务经理审核。销售经理和上级销售经理可以在审核不通过的情况下直接取消客户订单。

车辆出库后销售退货：如果车辆销售出库后，需要退货，也是通过退货申请单来申请退货。退货申请单应说明退货原因和退货后应收金额，退货申请单也需要销售经理和财务经理审核，仓库根据审核后的退车申请单来做退车入库。

车辆销售出库前再换车：在销售车辆还未出库的情况下才可以换车，一旦出库就不能再更换，只能走销售退回流程。换车时，如果客户订单还没有提交财务复审，可以由销售经理直接修改订单内容（重新配车）和价格，再提交财务复审；如果已经提交财务复审（有可能财务已经通过复审并同意交车），销售经理仍可以修改订单内容（重新配车）和价格，但此时会对车辆做“换车”标记，对于有“换车”标记的车辆，仓库不能出库，必须在财务重新做收款审核后才能出库（财务做收款审核后，会清除“换车”标记）。

（4）门店售后服务业务

售后维修服务业务流程是指门店在售后服务过程中接待、服务客户的过程。售后维修服务业务流程主要包括以下几个环节：预约招揽、客户接待、问诊估价、车间管理（维修派工、车间作业时间管理）、结算及交车（业务结算、收款、取消结算、交车）、修后跟踪（修后跟踪、客户投诉管理）等相关环节。详见图4.67。

售后维修业务一般有如下类型：普通维修、三包维修、服务保养、车辆保养、事故车维修、服务活动车辆维修、售前车（PDI）检查、售前车维修等。

以上不同的维修类型，收取的维修工时单价可以根据实际情况进行单独设置。

在此过程中“ZSF”可以对门店通过用友DMS系统提供相关信息支持，如门店通过用友DMS系统查看“ZSF”车辆的维修历史、客户信息的跟踪等。

①服务参数设置。

维修项目管理：定义车辆维修的维修项目主要包含如下信息：车辆类型、维修项目代码、维修项目名称、标准工时、派工工时等。维修项目代码：系统

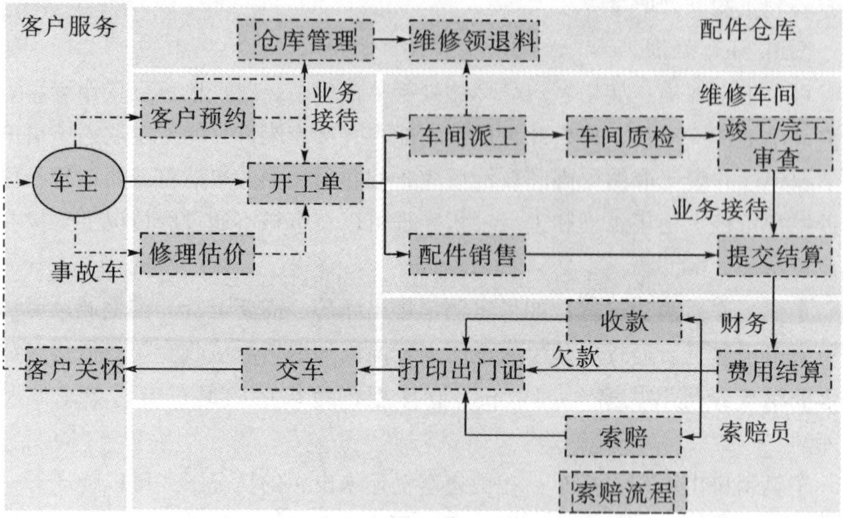

图 4.67　售后维修服务业务流程图

提供编码规则，并要求用户按照系统设定的规则进行定义。标准工时：维修的标准工时，根据标准工时向客户进行收费。派工工时：实际维修工时，系统根据派工工时统计维修工的绩效。

维修套餐管理：对于一些常见的维修项目（如换三滤），可以定义为维修套餐，在开工单时可以选择车主需要服务的维修套餐。维修套餐主要包含如下信息：套餐名称、套餐费用；维修项目列表；维修配件列表。

②预约管理。

预约管理即实现客户到门店进行车辆故障维修、定期保养等的提前时间预定，门店业务接待根据其作业容量受理客户预约，合理安排接待客户的时间以及相关资源的准备。

预约接待：登记预约客户、车辆信息，并安排预约时间以及维修资源（人员、维修配件）。如果发现部分配件库存不足，则进行缺料登记，以便仓库进行配件准备和缺料跟踪。

缺料预约跟踪：对有缺料的预约单的配件库存情况进行跟踪，方便业务人员及时发现当前库存可以满足的预约客户，并通知相应客户进厂维修。

③接待管理。

业务接待即实现客户到门店进行车辆故障维修、定期保养、售后专案活动等业务的管理，由业务接待开具问诊表，然后交由服务顾问进行估价。详见图 4.68。

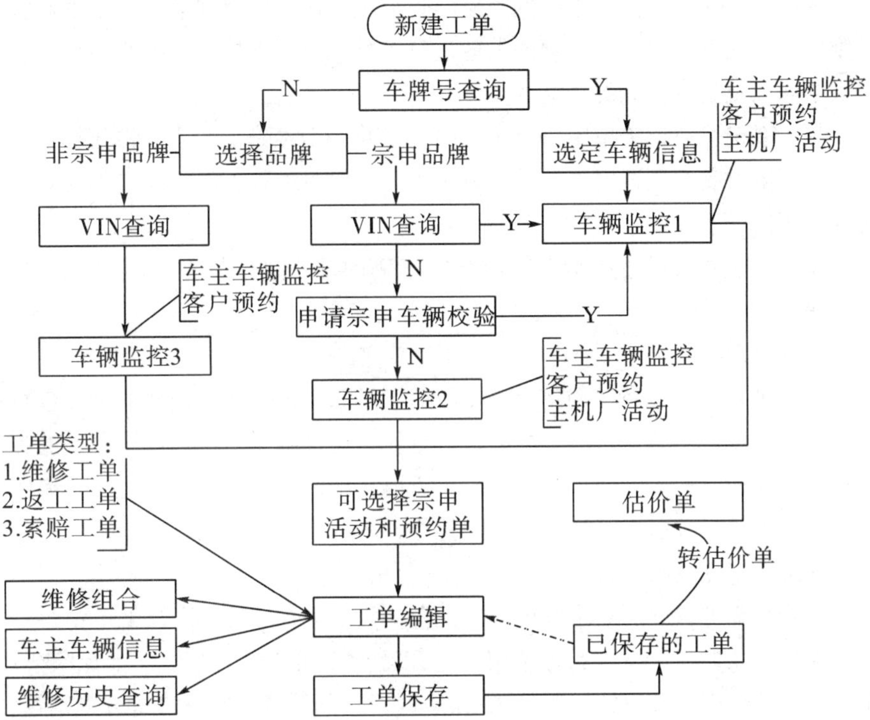

图 4.68　业务接待流程图

开工单：登记即时进行保养、维修的车主和车辆的相关信息（车主名称、联系电话地址、送修人、牌照号、表上里程等）、保险公司信息以及本次维修的项目、维修配件、其他服务项目等，并打印任务委托书。系统会根据客户和车辆的信息对接待人员主动给予提醒，如客户可以参加某项免费服务活动或客户上次有欠款尚未结清等。对于三包期内车辆的维修项目和配件，需要标记为索赔项目或者配件。标记为索赔项目或者配件在结算时不收费。并可以对这些索赔项目进行索赔申请。工单中每一个维修项目（工时、配件、其他费用等）设置不同的收费的对象（如保险公司、车主自付费、第三方责任人等），以便在结算时根据收费对象分别进行结算。

修理估价：对于一些事故车的维修一般都是通过打包价进行维修，一般保险公司会要求门店出具一份估价单。

④车间管理。

车间管理即实现门店车间的日常维修业务进行分派维修工（技师）。并同时可以对维修工（技师）的绩效进行考量。

维修派工：对维修工单中的维修项目分配维修技师，并设置每个维修技师的维修工时，以便对维修技师的绩效进行考量。可以支持单个维修项目一人或多人维修以及整单派工的功能。

完工登记：登记工单中每一个维修项目每一个维修工的实际操作维修开始时间、结束时间、是否完工、是否返工等，以便对维修工的实际工作绩效进行统计分析。

车间作业看板：显示车间当前维修车辆的维修进度，方便客户（业务人员）进行跟踪。

⑤维修发料。

车辆进入门店维修并创建维修工单后，维修工根据需要维修的项目进行检修，在检修过程中需要对部分配件进行更换，通过维修发料来登记更换的配件信息。质保期内的车辆如果更换配件，需要在配件上标记索赔标记。更换的配件如果未入账，可以进行修改和删除操作，否则只能进行退料操作。

⑥维修结算及收款管理。

维修结算可以分别对维修工单、配件销售单进行结算。维修工单中每一个维修项目（工时、配件、其他费用等）设置为不同的收费对象（如保险公司、车主自付费、第三方责任人等），在结算时对不同的收费对象进行分别结算。

结算模式：由于不同地区维修行业管理部门（简称 行管处）对维修企业收费的标准（项目、内容、单价）不同，以及不同的门店对维修收费计算方法不一样，需要用友 DMS 系统提供能自定义结算项目公式的功能，以满足全国各地不同门店的需求。结算模式定义完成后，可以根据不同的维修类型自动选择不同的结算公式。

预收款登记：门店对部分客户在维修发生前将会收取一定金额的费用；对一些大客户给予一定授信额度，下次在维修结算时，可以不收现金而直接使用预收款。

结算处理：门店对维修完成的工单进行结算及收款，并对部分特殊客户未付款的车辆自动进行欠账处理，并将维修工单上报“ZSF”，形成“ZSF”车辆维修历史。

门店在进行结算时，除了对于一些本单位购车或者签约的客户按照预先设置固定的折扣率进行结算外，还可以对客户进行折扣优惠，以及对每个结算员的折扣权限进行授权管理。

交车管理：车辆完成维修并进行结算处理后，系统打印结算清单，并将车辆的状态设置为已交车。

收款登记：对进行欠款处理的结算单进行还款登记来冲销欠款单据。可以使用预收款、现金等方式收款。

⑦保险续保管理。

保险业务管理是为了方便门店对客户购买保险的情况进行跟踪和管理，主要包括保险登记业务管理、续保提醒和保险信息查询。

保险登记：保险登记分为客户在门店处购买保险的登记以及客户在他处购买保险的登记。登记的主要内容包括车辆 VIN、车主编号、车主姓名、保险公司、险种、保险金额、保险登记日期、保险有效起始日期、保险受益人信息等。

续保提醒：续保提醒是指对保险即将到期的客户开展主动提醒业务，系统可以定期对保险即将到期的客户进行筛选，并生成续保提醒名单，交由门店给用户主动打电话或发短信关怀，以达成促进客户来店完成续保。

保险信息查询：保险信息查询是基于保险登记中的数据，在客户接待（尤其是事故车客户）时方便接待人员查看客户的保险情况，并在结算时检查客户的保险险种和保额。

⑧关键业务报表。

营业收入报表：统计业务期间内门店维修业务营业收入情况，以及各车型、收费项目对营业收入的中所占的比率，了解各车型、收费项目的贡献度。

分车型维修业务报表：按车型分组统计业务期间内维修业务收入情况，主要包含：工时费、材料费、附加费用、辅料管理费、其他费用、结算金额、收款金额、欠款金额。

经营日报表：统计门店维修业务每日的进厂台次、出厂台次、保修台次、结算金额、收款金额、欠款金额等相关 KPI 信息，以便门店店长能综合了解企业的经营状况。

维修工绩效报表：统计业务期间内每个维修工的维修台次、维修工时信息，以便分析各个维修工的绩效情况，作为维修工发放工资的参考依据。

业务接待绩效报表：统计业务期间内每个前台业务接待的每日接待台次、结算金额等相关 KPI 数据。

保险业务报表：统计业务期间各保险公司的维修工单结算信息，包含维修车辆、维修日期、维修材料费、维修工时费、其他费用、维修金额、欠款金额等，作为和保险公司对账的参考依据。

（5）门店配件管理

门店配件管理主要是对门店维修业务过程中配件业务的管理，主要包含：

销售管理、采购管理、到货入库管理、仓库管理、出库管理、盘点管理、库存管理、索赔管理、财务管理、零部件属性管理。业务流程如图 4.69 所示。

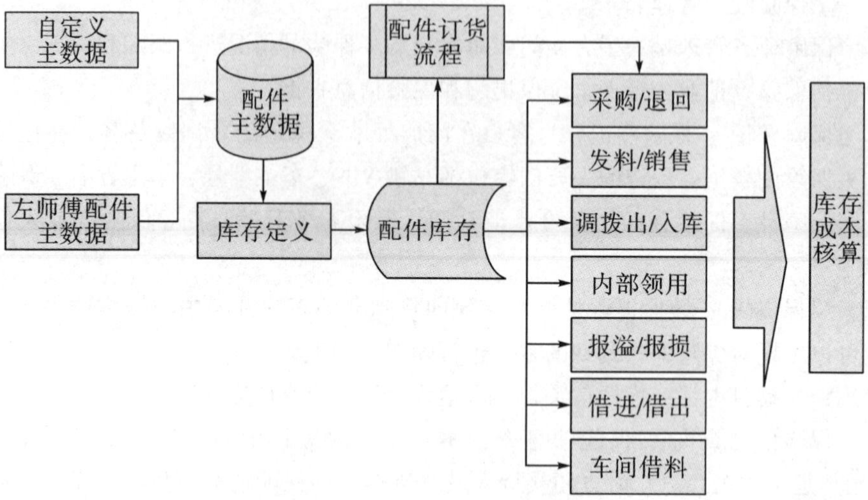

图 4.69　门店配件管理流程图

下面将分模块详细阐述其系统的功能。

①入库管理。

采购入库：采购入库是指向“ZSF”或第三方供应商采购的配件到货后的入库作业。如果是向“ZSF”采购，配件到货时会同时下发电子货运单和装箱清单，4S 店先签收货运单，然后根据签收的货运单做采购入库。如果是向第三方供应商采购，则 4S 店不会收到电子货运单，此时，人工签收后可直接做采购入库操作。

调拨入库：调拨入库业务是指在不同单位或者同单位不同仓库间的库存配件拨出业务，调拨业务会生成调拨入库单或调拨出库单及流水账，并由系统自动产生应收应付账款信息。调拨入库模块主要用于查询、新建、修改、作废调拨入库单，以及调拨入库时的入账作业，还可打印调拨入库单。

销售退回：销售退回业务是指配件销售后因一些例外情况需要退货，如因质量问题客户需要退回已经购买的配件。销售退回是配件销售的逆向流程。

借进登记：借进登记业务是指某些配件在暂时缺少的情况下临时向别的单位借进配件时的入库业务，这个业务的后续操作为借进归还或者借进注销后转采购入库。借进登记模块主要用于查询、新建、修改、作废借进入库单，以及借进入库时的入账作业，还可打印借进入库单。借进业务不影响系统配件库存账面库存，但是会在配件可用库存上体现。

借出归还：借出归还业务是指4S店向外部单位借出配件后，外部单位归还时的入库登记业务。借出归还依赖于4S店的借出出库登记单，没有借出出库登记单不能做借出归还入库登记操作。借出归还子模块主要用于配件借出归还入库登记单的归还入账、打印等操作。

配件报溢：在进行盘点或者其他业务的过程中发现配件实物库存和账面库存量不一致（大于）时，通过配件报损来调整配件的账面库存量。配件报溢子模块用于查询、建立、修改、报废、打印配件报溢入库单，以及报溢入库单的入库入账等操作。

②出库管理。

维修领退料：维修领料是指由维修行为产生的配件出库业务，维修领料依赖于维修工单。维修领料子模块主要用于维修领料时的出库发料单（工单维修材料清单）的查询、编辑、出库入账、退料入账、打印等，除此之外还可以按流水号重新打印出库发料单、查询工单维修项目和配件套餐等。

维修领料的配件在入账前，可以直接删除；入账后则通过维修退料操作。

配件销售：门店销售配件通常有两种方式：一是由维修行为产生的维修配件销售，这种销售方式依赖于维修工单来做维修领料出库；二是不由维修行为产生的直接零售，这种销售方式可以根据销售工单做配件销售出库，也可以不依赖任何工单直接做销售出库业务。

门店配件销售依销售渠道划分，可以分为外销、内销。对于未入账的配件销售订单进行查询和修改，对于已经入账的销售订单只能进行退料处理。

采购退回：采购退回是指4S店采购配件入库后，对部分或所有配件退回给配件供应商的出库业务。如果是向“ZSF”退货，则只能根据退货申请单来做退货出库；如果是向第三方供应商退货，则可以直接退货出库。订货退回模块主要用于配件订货退回出库单的查询、建立、编辑、导出、打印、出库入账等。

调拨出库：调拨出库业务是指给4S店之间或者同一个4S店内不同仓库之间调拨配件时的出库业务。

调拨出库模块主要用于查询、新建、修改、作废调拨出库单，以及调拨出库时的入账作业，还可打印调拨出库单。

内部领用：内部领用业务是指车间内部领用库存易耗物料，易耗物料的结算方式可能不同于一般配件。内部领用后不能再退料。

内部领用子模块主要用于查询、建立、修改、删除、打印内部领用单，以及内部领用单出库入账等操作。

车间借料：车间借料一般是指车间技师在不确定的情况下向仓库借用配件进行测试时的出库业务，如果工单中有车间借料的配件在结算前需要先归还才能结算。

借出登记：配件借出登记业务是指对已存档的外部单位、客户或内部员工借出配件的出库登记业务。配件借出登记子模块用于查询、建立、修改、删除、打印借出登记单、借出登记单出库入账等操作。

借进归还：借进归还业务是指4S店对借进外部单位的配件的归还出库登记，借进归还依赖于4S店的借进入库登记单，没有借进入库登记单不能做借进归还出库登记操作。借进归还子模块主要用于配件借进归还出库登记单的归还入账、打印等操作。

配件报损：在进行盘点或者其他业务的过程中发现配件实物库存和账面库存量不一致（小于）时，通过配件报损来调整配件的账面库存量。配件报损子模块用于查询、建立、修改、报废、打印配件报损出库单，以及报损出库单的出库入账等操作。

销售单结算开票：对已经入账的销售单进行收款、开票处理，对于未付款的客户自动进行欠账处理。

采购发票登记：对于已经到货的配件销售单打款后进行付款登记，并对“ZSF”开出的发票进行登记开票金额及发票号。

③库存管理。

门店可以对本公司的所有配件定义配件的存放信息（库位）、库存数量、配件销售价、配件成本价、配件库存数量等相关信息。库存管理主要包括：

库存、库位管理——用友DMS系统支持多仓库的库存管理模式、门店通过库存、库位管理定义仓库存放的配件品种存放区域，支持库存金额、安全存量的定义。

成本价管理——系统自动计算每一个库存配件成本价（支持移动加权平均法、先进先出法），对于部分配件如果成本价发生异常，可以手工的方式调整配件的成本价。

销售价（批量）调整——单个调整或者批量调整的方法调整库存配件的销售价。

④盘点管理。

盘点业务流程如图4.70所示。

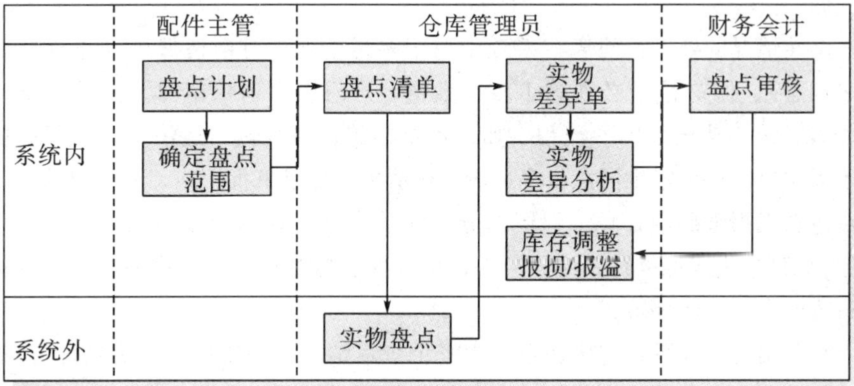

图 4.70 盘点业务流程图

配件主管根据本公司业务现状制定盘点方法、盘点周期；仓库管理人员按照盘点计划定期进行盘点，盘点时首先确定配件的盘点范围后打印盘点清单、系统将自动锁定盘点的配件。

锁定的配件系统自动控制不能进出库业务。仓管人员根据盘点清单进行实物盘点，并产生实物差异量；系统将盘点实物差异量录入系统，并进行盘点差异分析；系统自动对配件进行解锁；盘点结果由财务进行审核确认。

库存实物盘点一直是仓库管理的重中之重，也是衡量仓库管理好坏的标准之一。根据盘点范围的不同，盘点的方法主要分为以下几种：第一，缺料盘点法：当某一物料的存量低于一定数量时，由于便于清点，此时做盘点工作，称为缺料盘点法。第二，定期盘点法：又称闭库式盘点，即将仓库其他活动停止一定时间（如一天或两天等），对存货实施盘点。一般采用与会计审核相同的时间跨度。第三，循环盘点法：又称开库式盘点，即周而复始地连续盘点库存物料。循环盘点法是保持存货记录准确性的唯一可靠方法。运用此方法盘点时，物料进出工作不间断。用友 DMS 系统支持缺料盘点法、定期盘点法、循环盘点法等常见的盘点方法。

⑤索赔管理。

配件索赔是指门店针对少发或者破损的那部分配件向“ZSF”进行索赔，多发的部分申请保留或者退款。

配件索赔有以下类型：

多装：实际收到的配件数量比货运单多或者收到一些货运单之外的配件。

少装：实际收到的配件数量比货运单少或者未收到货运单内的一些配件。

质损：实际收到的配件有损坏的情况，与物流交接现场就能发现的配件质量问题。

多装情况的处理：门店在系统中登记多运情况，可申请保留（不保留的代表回运），保留数量必须等于多运数量。当门店申请保留时，如果审批同意，多运转“补充订单”流程，如果审批拒绝，多装转回运清单；当门店申请不保留时，如果审批同意，多运转回运清单，如果审批拒绝，退回申请，门店可重新提报索赔申请单。保留部分，则系统自动对多运配件生成“补充订单”，该订单进入标准订单流程（在订单流程中视为DCS已审批通过，订单直接进入配合、装运环节）。

少装情况的处理：门店在系统中登记少运情况，根据情况指定处理方式，若退款，则生成退款请求，更新门店的相应账户并向后台ERP系统发送该请求以完成相应的ERP业务操作；若处理结果为补货，则系统自动对少运配件生成“特殊订单”，该订单进入标准订单流程（在订单流程中视为DCS已审批通过，订单直接进入后续操作流程）。

质损情况的处理：门店在系统中登记质损情况，要有一个质损描述的字段；“ZSF”进行审批，可选择是否对质损件进行回运，根据情况指定处理方式：退款或补货。若退款，则生成退款请求，更新门店的相应账户并向后台ERP系统发送该请求以完成相应的ERP业务操作；若补货，则系统自动对质损件生成“特殊订单”，该订单进入标准订单流程（在订单流程中视为DCS已审批通过，订单直接进入后续操作流程）回运与否并不影响审批进行，“ZSF”可以根据实际情况决定何时审批，可以在收到回运配件之后，再进行审批，也可以在发出回运指令后即审批。

⑥主数据管理。

门店配件主数据主要包含两部分数据：

主机厂下发的配件主数据：是指主机厂将所有供货的配件信息（如配件代码、配件名称、订货价、索赔价、销售限价、替代配件、销售限价、门店指导价等）通过系统（或者光盘）下发给门店，以便门店在维修、订货时参考。主机厂下发的配件主数据也可以通过配件电子目录管理（EPC）系统来查看。

第三方配件主数据：对于维修过程中需要用到的一些主机厂不供货的维修配件（如一些标准件、汽车装潢材料、润滑油等），门店需要向第三方供应商采购。

“ZSF”可以通过系统对每个门店外购的情况进行监控。

⑦关键业务报表。

配件收发存月报：统计配件的期初、期末存货数量、成本以及月度出入库数量、成本的统计。此报表反映了每一个库存配件的异动情况，一般用来作为门店财务进行配件存货记账的依据。

配件出入库单据查询：查询配件出入库的这种单据（如配件销售、配件调拨、借出借进、维修领料等），并可以对所有查询的单据进行统计和打印。

滞留件查询：根据设定的滞留参数，统计满足滞留条件的配件清单，以便了解门店配件库龄的分布以及滞销配件清单。

配件销售排行：查询统计期间内畅销配件的清单，并可以按照销售数量或者销售来排名。

配件流向及流量查询：跟踪分析单个配件流向的客户以及出入库的时间、数量，并统计单个配件统计期间内的出入库情况。

4.2.2.3 应用价值总结

本解决方案重点实现以下管理价值：

（1）帮助“ZSF”门店推动客户开拓进程，促进客户成交；

（2）通过客户关怀、回访、投诉处理等各种方式维系与客户的关系，创造服务机会；

（3）通过门店业务服务的系统化管理，提高流程的标准化管理水平，提高客户的满意度；

（4）完善整车、整机、配件销售管理，实现业务经营范围的全覆盖。

4.2.3 “ZSF”连锁经营扩展应用

4.2.3.1 “ZSF”连锁经营业务扩展需求分析

（1）市场服务活动过程管理

现状描述：“ZSF”目前的市场服务活动虽然有丰富的策划、安排、组织的活动管理经验，但是没有制定比较严格的管理制度，而且活动没有通过市场考察，服务活动收到的效果甚微。

分析与建议：摩托车或农机的客户群体更多地分布在乡镇，地区消费观念等差别较大，同样的市场活动在不同的地区带来的效果有很大差别。同时，经销商普遍素质不高，很难严格执行车厂的要求。

建议“ZSF”今后下放部分活动策划执行的权限给区域管理中心，由各区域根据各地实际情况开展服务活动。同时，活动费用必须在系统中进行申报结算，总部根据信息填报的完整程度决定是否结算活动费用。

（2）客户服务协同联动的问题

现状描述：“ZSF”目前的客服中心的呼叫中心系统由金鸡鸟公司开发，拥有15个座席，没有高级和普通之分；呼叫中心不具体执行电话转接功能，采取先确认、后回复的模式，媒介是电话、短信、论坛等；客户中心管理系统（CRM）采用的是单机版，客户资料来源主要通过门店—区域中心—总部的模式层层收集，媒介主要是客户质量三包卡，存在信息收集杂乱无章、信息传递不及时等主要问题。

分析与建议：客户信息是企业最重要的数据之一，从与潜在客户接触到订单成交客户数据上报，维修客户管理等整个车辆全生命周期过程中所有的客户信息进行闭环管理，对企业非常有价值。

建议通过信息系统建立一个完整的客户信息档案，为每个和客户接触的业务点提供相应的系统功能进行支撑，方便客户服务中心快速识别客户。并能对客户数据进行统计分析，设定相应的客户回访策略，提高客户的满意度。

4.2.3.2 “ZSF”连锁经营扩展业务信息化系统支撑

（1）车辆保险管理

保险业务管理是为了方便门店对客户购买保险的情况进行跟踪和管理，主要包括保险登记业务管理、保险提醒和保险信息查询、保险结算等。

①保险公司信息维护。

保险公司信息维护主要是对各个保险公司的基础信息进行维护。

②客户信息维护。

客户信息维护是对客户的基本情况进行登记、查询，主要包括姓名、联系电话、地址、爱好、车辆信息、承保情况、维修记录等。

③险种信息维护。

险种信息维护主要是对险种分不同保险公司进行价格、优惠额度的区分。

④保单业务接待。

保单业务接待在系统中主要是保险接单员为客户提供咨询，根据不同车型、车价进行保费试算，对不同车型、险种进行保险办理，加保业务办理，根据购买保险的时间（是否当月）开展退保业务，并且对需要打折的保单业务进行逐级审批。

⑤手续费结算。

手续费结算是指按照不同保险公司进行结算，其中给客户折让的部分金额直接从手续费中扣除，不计入结算金额。

⑥承保明细管理。

承保明细管理是指根据时间区间对门店的保险金额、保单数量、折扣金额、各保险公司的手续费情况等数据进行分类统计和综合统计，并且对各保险公司的手续费是否结清进行区分。承保明细管理方便门店对具体保险公司的保险业务的分析，和不同保险公司进行结算。

⑦保险到期提醒。

保险到期提醒是根据门店登记的客户保险开始和到期时间进行筛选，通过电话回访、短信发送、对客户进行保险到期提醒，促使客户回店完成续保。记录回访员的提醒记录，方便进行查询、统计。

⑧车辆续保管理。

车辆续保是调用客户的原有承保记录，通过时间筛选查询历史出险记录并进行分析，推荐更加适合的险种，算出续保所需金额，并完成续保。

（2）信贷管理

在购买商品车过程中，客户提出汽车消费贷款申请，由信贷部门对客户进行跟踪家访、资质审核，并记录相关缴费情况。针对资质允许的客户通过贷款申请、跟踪记录客户的还款情况，以便查询客户贷款历史和及时还款提醒。

①金融公司信息维护。

保险公司基础档案管理，各个保险公司都可设置贷款方式和利率情况。

②客户信息维护。

查询客户信息，显示每位客户历次贷款情况，并将客户信息更改记录留存。

③业务受理。

在系统中记录客户贷款时产生的各种费用，如金融服务费、保险保证金、抵押费、家访费、保险费等，在系统中可以查询收费历史。

④业务咨询。

客户在系统中自己计算不同车价贷款所需费用以及月还款情况。

⑤业务接待。

客户对咨询信贷业务，在系统中记录每次沟通情况，可以对有记录的客户进一步跟踪。所有客户跟踪历史可以查询。

⑥缴费。

显示业务受理页面记录的金融服务费、保险保证金、抵押费、家访费、保险费。针对这部分费用进行收款作业，记录详细的收款金额、发票等情况。

⑦贷款申请。

填写汽车消费贷款申请书，并将申请书内容记录入系统，以方便统一管理和查找。

⑧家访记录。

客户填写家访申请书后，相关人员对申请贷款人进行家访，核实信贷申请书内容是否属实，并对客户贷款资质做进一步确认。

在系统中记录家访的详细情况，以便贷款审核时作为参考。

⑨贷款审核批复。

根据客户汽车消费贷款申请书和家访记录，审核客户贷款资质，决定是否通过客户汽车消费贷款申请。

⑩战败追踪。

统计信贷战败的客户的战败原因、客户流向等信息，帮助信贷部门分析客户战败情况。

⑪信用管理。

客户汽车消费贷款申请同意后，根据贷款信息自动生成客户的每月还款计划，并且记录客户每月实际还款和逾期情况。

⑫还款提醒。

每月根据还款时间、是否逾期等条件，筛选出相应客户群。针对此类客户通过电话、短信等方式提前通知客户还款时间、还款金额。

⑬客户信贷材料。

客户贷款过程中需要与贷款机构、车管所之间寄送相关材料。在系统中记录贷前贷后资料的寄送、抵押情况，以便客户信贷资料的管理、查找。

⑭贷款缴费情况汇总。

统计每笔贷款业务的贷款情况，如车型、车价、首付款、贷款额、期限、方式、现转贷客户；缴费情况，如首付款、金融服务费、保险保证金、抵押费、保险费、家访费。并对缴费情况汇总统计。

（3）二手车管理

①车辆评定。

车辆评定是根据不同品牌、车型、车况等基础信息并且结合车辆维修、索赔历史建立评定体系。

②二手车信息。

二手车信息是对客户的姓名、电话、地址、意向车型进行登记，可以通过姓名、手机、意向车型进行客户数量的查询、统计，方便门店进行二手车的收购与卖出。

③鉴定估价表。

鉴定估价表对客户信息，包括车主的姓名、电话、地址、客户类型，以及车辆的车牌号、车架号、行驶里程、车况、品牌、车系车型、车辆配置，是否有划痕、凹凸等信息进行分析，给出评估价格，对车辆进行收购。

④二手车销售表。

通过销售顾问跟进潜在客户，达成销售意向，建立销售表。销售表包含客户名称、客户类型、签约日期、合约编号、预交车时间、合约金额、开票方式、付款方式、品牌车系车型、车牌号、配置等基本信息。同时加入附加项目，包括：车用精品、装潢项目、装潢材料、服务项目；合成财务信息。车辆价格、精品金额、装潢金额、保险金额、订单总额等。以便财务进行审核管理。

⑤日常费用。

日常费用是统计门店的日常开销，包括用油、维修、洗车、装具等。

⑥车辆库存管理。

车辆库存管理记录门店现有二手车数量、各台二手车的具体信息，包括质损状态、配置、颜色等。同时可以通过各台二手车的库龄情况判断是否属于滞销车，主动提醒门店对滞销车采取不同策略。

4.2.3.3 应用价值总结

本解决方案重点实现以下管理价值：

（1）实现对摩托车增值业务的系统化管理，提高标准化程度；

（2）通过增值业务管理创造差异化营销，促进主营业务的业绩增长；

（3）实现“ZSF”销售、服务的全覆盖，体现“一体化”解决方案。

4.2.4 “ZSF”集团资金管理

4.2.4.1 “ZSF”资金管理核心需求分析

（内容略）

4.2.4.2 “ZSF”集团资金管理系统支撑

（1）建立适用于“ZSF”的资金管理模式

①建立可配置的多级结算中心。

可建立总部—门店两级的资金管理模式，在总部建立资金结算中心，见

图 4.71；也可建立总部—区域中心—门店的三级管理模式，在总部建立一级结算中心，管理区域资金；在区域建立二级结算中心，其下级单位成为该分结算中心下属的结算单位，可以比较独立的管理资金；其他版块都作为“ZSF”结算中心直接管理；所有结算中心都属于财务部的下级专门部门；如果需要跨分结算中心调度资金可以通过“ZSF”结算中心调度完成。

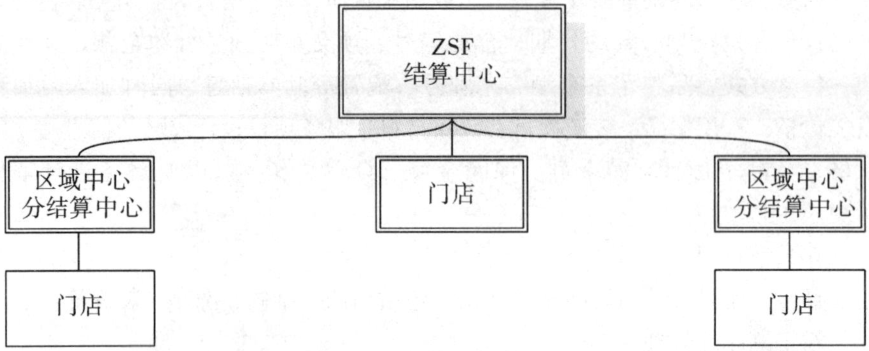

图 4.71　结算示意图

采用多级结算中心的模式有如下好处：第一，三级单位之间的资金流动比较少，内部管理比较容易；第二，符合“ZSF”一直以来的管理习惯；第三，减少了集团统管的难度，提高集团管理效率。

②内部不同资金采用不同管理方式。

资金管理模式主要有以下几种：第一，资金监控模式；第二，统收统支模式；第三，收支两条线模式；第四，预算驱动拨款模式。针对“ZSF”的不同资金的特点，以上四种资金管理模式在未来的管理中都会并存使用。

（2）掌握门店资金的流量、流向和存量

资金是企业的命脉，有效地通过对现金流的监督、控制和预测，实现对企业主要经济活动的安排和控制，防止企业发生支付危机，保持现金流动的均衡性，并通过现金流动有效控制企业的经营活动和财务活动，获取最大收益，更成为集团企业财务管理的核心内容。

根据“ZSF”对全集团资金过程管理程度的要求，“ZSF”应采用“一体化”的资金管理模式。“一体化”的应用模式，即“资金预算平衡资金需求、资金结算处理日常业务、财务核算反映业务结果”，通过把资金计划、资金结算、资金调拨、财务核算的有效结合，实现了资金全面监控。通过把结算单位的日常业务处理和集团总部资金业务处理有效结合，实现了全集团资金管理业务流程的一体化，详见图 4.72。

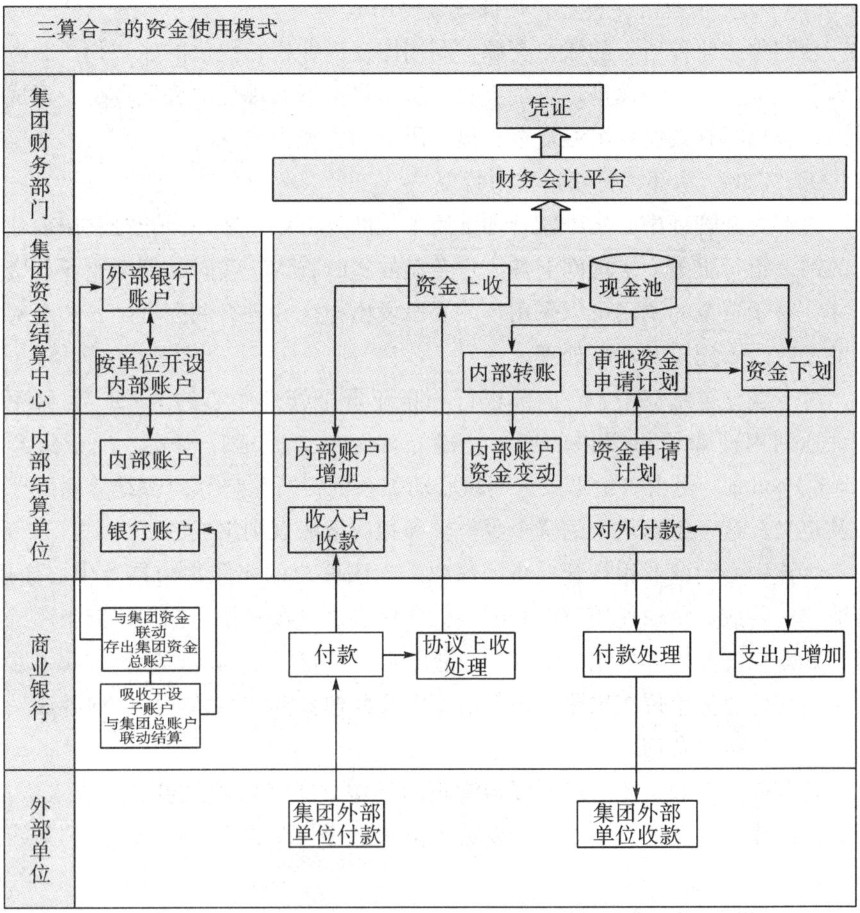

图 4.72 资金管控流程图

图注说明：

（1）总部构建集中的资金预算、资金结算、财务核算处理平台。

（2）基于现金集合库的模式，在指定的协议银行为各单位开立外部账户。

（3）在总部资金管理中心建立起下级单位的内部账户，反映各单位在总部的资金的情况。所有银行账户的收入、支出、上收、下划都在内部账户中反映出来。

（4）对外收款时，下属单位收客户往来款到收入户，企业会计进行会计核算处理。

（5）银行根据总部签订的协议进行资金的开户，定期将资金上收到总部总账户。

（6）下属企业定期上报资金申请计划，提交总部资金管理中心审批。

（7）总部资金管理中心审核下属单位资金计划，平衡资金需求，调度资金，下划资金到各单位支出账户。

（8）下属企业进行对外付款，相关业务单据自动生成会计凭证。

（9）总部资金管理中心的结算业务自动生成结算凭证、会计凭证。

(3) 挖掘企业沉淀资金，降低资金使用成本

总部集中监控所有的账户资源，利用协议商业银行提供的账户扫户服务将下属单位银行账户余额进行资金上收，从而集中下属单位的分散资金，形成企业的资金池，有效挖掘沉淀资金，提高内部融资能力。

①“ZSF”总部银行账户集中管理。

总部资金管理中心集中监管各下属单位的外部银行账户。充分利用商业银行的网上银行服务，实现网上各账户余额的实时查询，实时掌握全企业的资金头寸，对于资金的调用可以采用行政手段发出指令，进行调配资金，实现对资金的上收、下划以及转账处理。

对于建立了结算中心、内部银行等企业资金管理中心的“ZSF”，可更加充分地利用商业银行提供的服务，建立现金集合库运作模式。现金集合库（Cash Pooling）是由一组形成上下级联动关系的银行账户和内部结算系统账户及其定义在这一组账户上的资金收付转和相应记账规则组成的。

结算中心到商业银行开立集团账户，集团账户的主账户由结算中心使用，分账户由各成员单位使用，以集团一级分户账账户账号作为标识控制集团二级分户账账户的开立和使用。结算中心总账户用于定时上划各成员单位收入账户资金、与各成员单位支出账户进行清算以及办理日常的结算业务、向各成员单位基本账户拨付费用。

各单位的二级子账户按照资金管理的具体方式和要求又可分为收入账户、经营支出账户和发展支出账户。成员单位在银行开设的账户采用收支两条线的形式。

②“ZSF”资金上收管理。

总部对成员单位收款后的资金上划方式采用主动归集的方式。在上收的具体方法上采用逐笔自动上划的方式，见图 4.73。

(4) 平衡各区域中心、门店的资金需求

通过资金计划管理系统预测集团整体资金需求，根据资金余缺状况统筹规划投融资活动，平衡各成员单位的资金流动，满足集团经营活动对资金的需求。

①“ZSF”资金计划管理。

总部资金管理中心如资金管理部、结算中心，制订资金收支计划的形式和具体计划指标；资金收支计划的项目全部与资金的实际收支相关；总部资金管理中心分行业定义的资金收支计划样表，即不同行业的样表可以不同；总部资金管理中心能够对不同单位、不同收支项目、不同银行使用资金收支计划项目

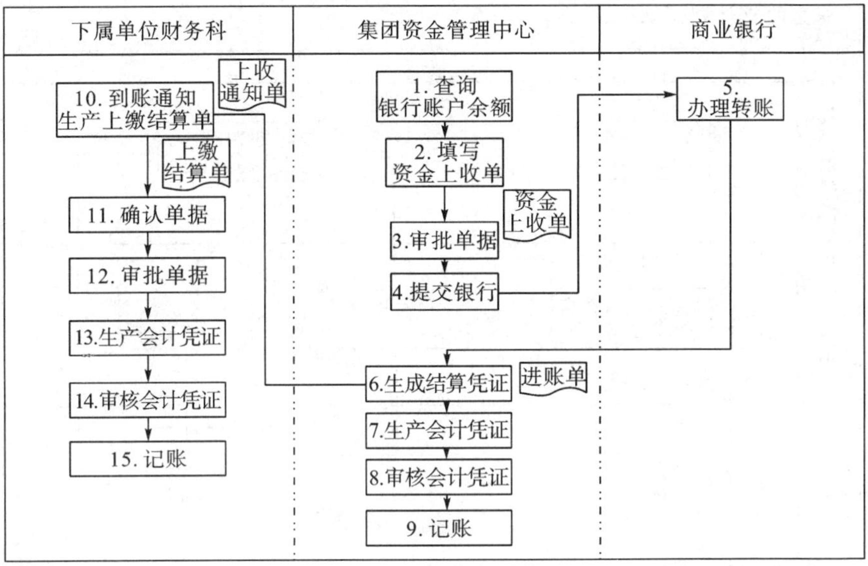

图 4.73　**主动归集示意图**

指定进行资金下拨时专门的银行账户；资金收支计划的数据支持由成员单位手工填写；资金收支计划填写完毕后根据不同系统参数的不同可以进行上报前的修改；资金收支计划上报到总部资金管理中心，形成按资金计划表类型的汇总表；总部资金管理中心对需要下拨的资金收支计划按“计划表类型+日期+银行类别”的规则生成批量下拨单。总部资金管理中心对资金收支计划的查询分析取计划数据与实际执行数据进行对比，具体可见图 4.74。

②“ZSF”资金的汇总平衡。

总部将下属单位资金计划汇总，综合读取各业务环节的收付款业务，通过资金在时间轴上将要发生的流入、流出来确定资金的缺口或盈余，为规划资金的使用提供详细资料，见图 4.75。

(5) 减少门店内部交易产生的手续费支出

①“ZSF”内部结算账户设置。

总部和其下属成员单位均为独立的法人时，双方均在商业银行开立实际账户，集团账户交总部资金管理中心管理，作为结算业务主账户或称一级结算账户，总部下属单位开立的账户作为二级结算账户，资金在开立的两级结算账户之间由协作的商业银行或者由总部资金管理中心自己根据需要或约定进行的上收和下拨。总部为其参加集中结算的下属成员单位在总部结算系统中建立对应的内部结算账户，用以记录一级、二级账户之间的债权债务关系。

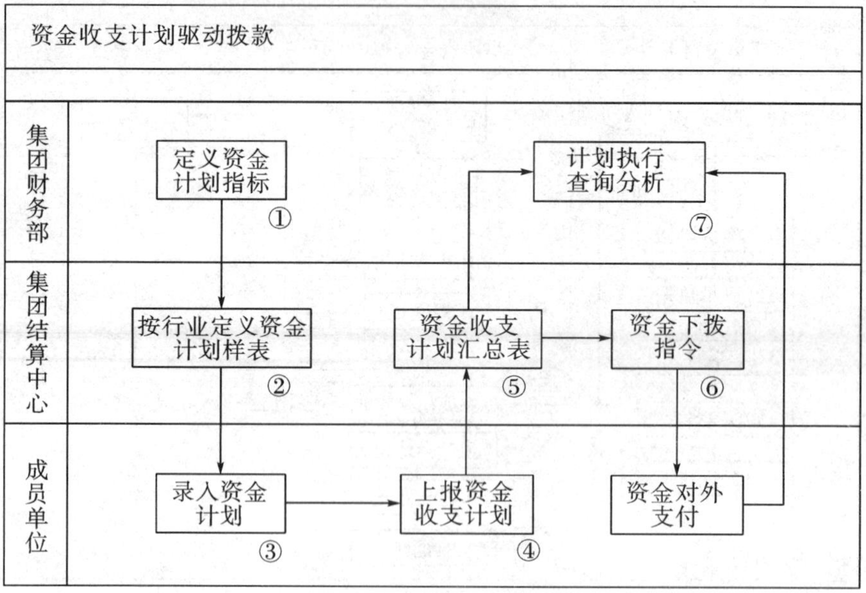

图 4.74 资金收支计划驱动图

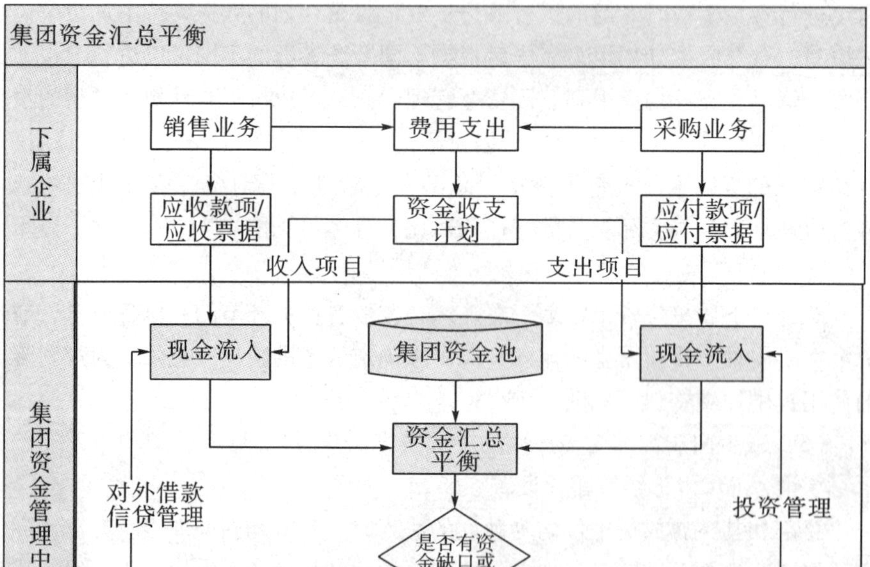

图 4.75 资金汇总平衡图示

在下属成员单位从系统外收款时，资金经过二级账户上划到一级账户，总部结算系统增加该二级账户对应的内部结算账户余额；在下属成员单位向系统外付款时资金经过一级账户下拨到二级账户，总部结算系统减少该二级账户对应的内部结算账户余额；在下属成员单位向系统内部转账时，总部结算系统增减涉及交易的两个二级账户余额，而资金始终在外部的一级结算账户中未进行任何移动。

②“ZSF”内部转账业务处理。

对于内部单位之间的资金流动，在具体业务处理中以内部委托收付款书为起点，总部资金管理中心进行内部账户的资金转移，实现账动钱不动。详见图 4.76。

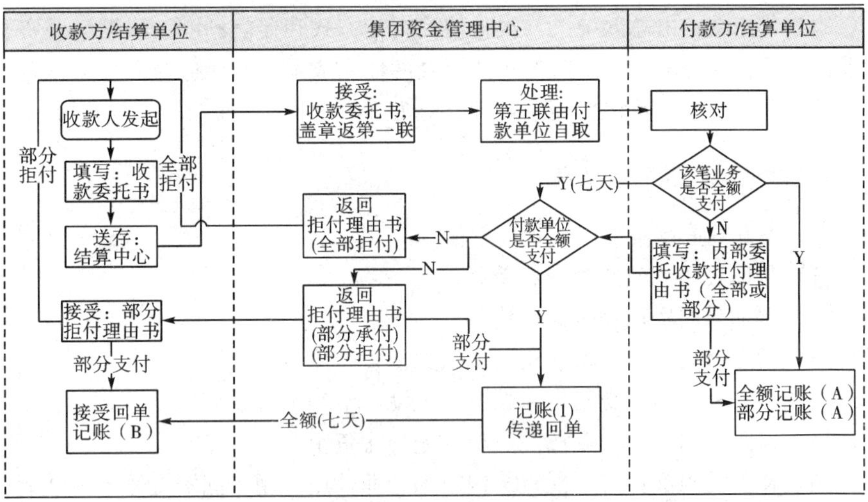

图 4.76　内部转账业务示意图

具体流程如下：收款方发起，填写内部的委托收款书，如收款单位、收款方内部账号、付款单位、应收金额等；委托收款书通过总部资金管理中心转付款方进行承付确认；付款方通过远程结算进行委托收款书承付，确定是否承付、部分承付还是拒付；对于承付的委托收款书总部资金管理中心进行内部账号转账，实现“账动钱不动”；收款方根据承付后的委托收款书进行确认，根据业务单据生成会计凭证；付款方从总部资金管理中心下载付款通知书，生成付款单，根据业务单据进行会计处理。

（6）防止门店资金的体外循环

NC 资金管理系统结合商业银行的网上银行服务可为总部资金管理中心实时提供各账户的资金流向、存量情况，满足总部实时监控全部资金头寸的需求；对资金账户进行最大付款金额的控制、大额支出自动预警有利于总部资金管理中心对重大资金运行情况的实时监控。

NC资金管理系统还提供了银行对账单自动下载功能和银行存款日记账与银行对账单的自动对账功能，保证了银行对账的及时性和对结算单位资金流量的及时监控，防范结算单位资金的体外循环。

（7）有效利用商业银行的优惠金融服务

“ZSF”下属多家企业，虽然地域跨度不大，但还是需要依赖商业银行的结算系统，总部企业才能完成跨结算单位归集资金，根据发展需要对整体资金进行统筹规划。

利用商业银行遍布各地的营业网点和银企互联的网络系统，跨越地域局限，实现对各地区成员单位的集中管理；与商业银行协商更便利的服务方式和优惠的收费标准；由总部统一与银行协商授信方式和授信额度，根据集团资金需求选择适合的融资方式，降低集团资金的使用成本；选择适合的金融投资产品，增加资金使用效益，提高企业理财能力。

4.2.4.3 应用价值总结

本解决方案重点实现以下管理价值：

（1）帮助公司有效监控资金使用；

（2）帮助公司实现资金集中优势；

（3）帮助公司提高资金使用效率，加快资金流动率；

（4）减少公司内部交易带来的资金流动，节约金融使用费；

（5）保障公司内部企业按照资金计划使用资金；

（6）在公司内部针对不同资金内容和企业性质使用不同资金管理方法。

4.2.5 “ZSF”全面预算管理

4.2.5.1 “ZSF”预算管理核心需求分析

需求分析：目前的预算管理主要是基于门店网点拓展过程中的预算模式，主要以资本性支出预算和费用预算为主。旗舰店的投资预算在80万元左右（包括设备、装修、租金、流动资金、常备库存量等），直营标准店的投资预算在30万和50万元之间。

分析与建议：预算管理是企业防范经营风险的重要手段。预算管理一定是一个体系化的工作，包括预算编制机构、考核机构的设置、预算编制流程的梳理、预算控制模式的定义（刚性、柔性、弹性）。“ZSF”在扩张的同时必须要建立全面预算管理模型，对业务经营成果进行预期，在此基础上与实际执行情况进行对照，建立预算分析模型、盈亏平衡点分析、利润决策因素分析等模型。

4.2.5.2 “ZSF”集团预算管理系统支撑

构建集中的预算管理平台，建立集团统一的预算体系，核心是预算组织体系和样表体系的建立；通过系统固化预算编制、审批、调整、预算外审批流程；完成年度目标确定、预算编制、预算执行与控制、预算分析与调整全流程管理；与财务业务系统集成应用，获取执行数据，传递控制方案到业务系统指导业务开展；根据预算数据和实际执行情况进行统计，形成各种统计报表，见图4.77。

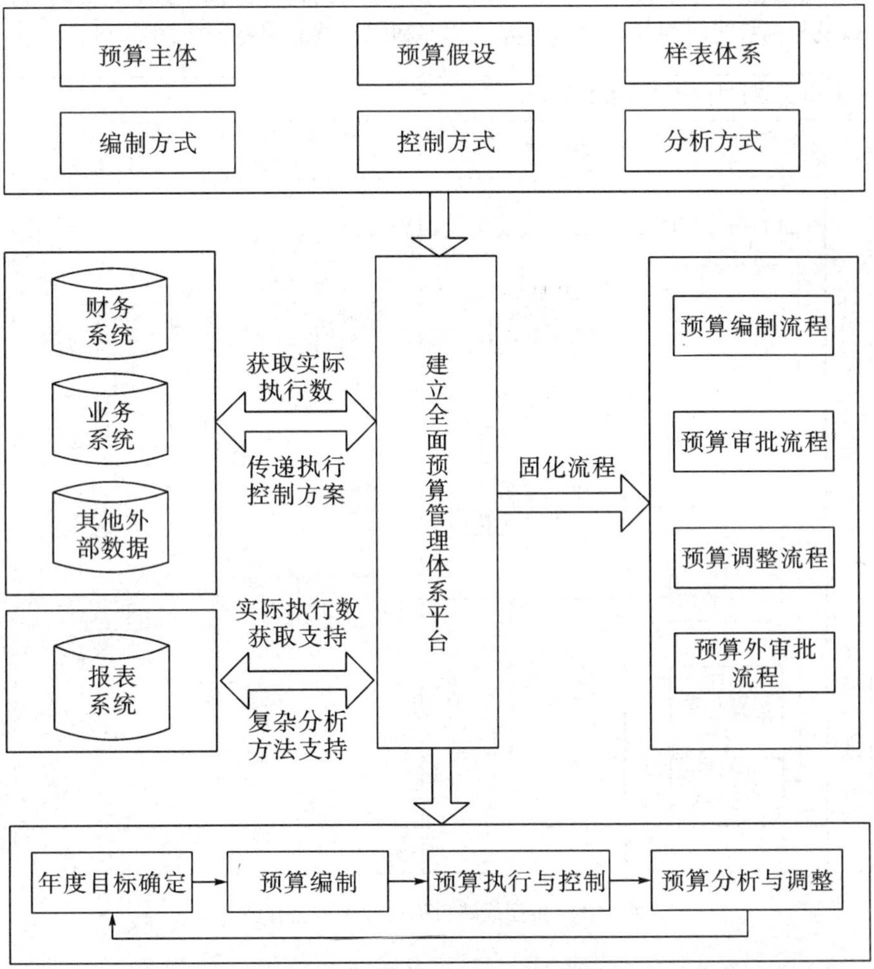

图4.77 集团预算管理支持系统图

（1）如何帮助“ZSF”有效落实战略目标

战略是企业根据外部环境长期的变化趋势制定的目标，预算目标是集团公司战略目标在本期内的行动计划和财务计划。战略目标是预算目标的导向，引导着年度预算目标的确定。

①“ZSF”战略目标有效落实流程。

集团在对外部环境的长期趋势预测的基础上，结合企业内部实际情况制定总体发展战略，确定预算管理模式。如经营领域、资源配置方式等。各子公司或事业部根据不同的市场竞争环境，将集团的战略具体化，形成细化的战略目标和经营目标；各部门在自身的职责和权限范围内制订作业计划，通过各部门的协同达到公司总体经营目标；集团根据汇总后的预算目标数据进行符合性测试以及与标杆进行对比，寻找差异，调整和完善战略目标。见图 4. 78。

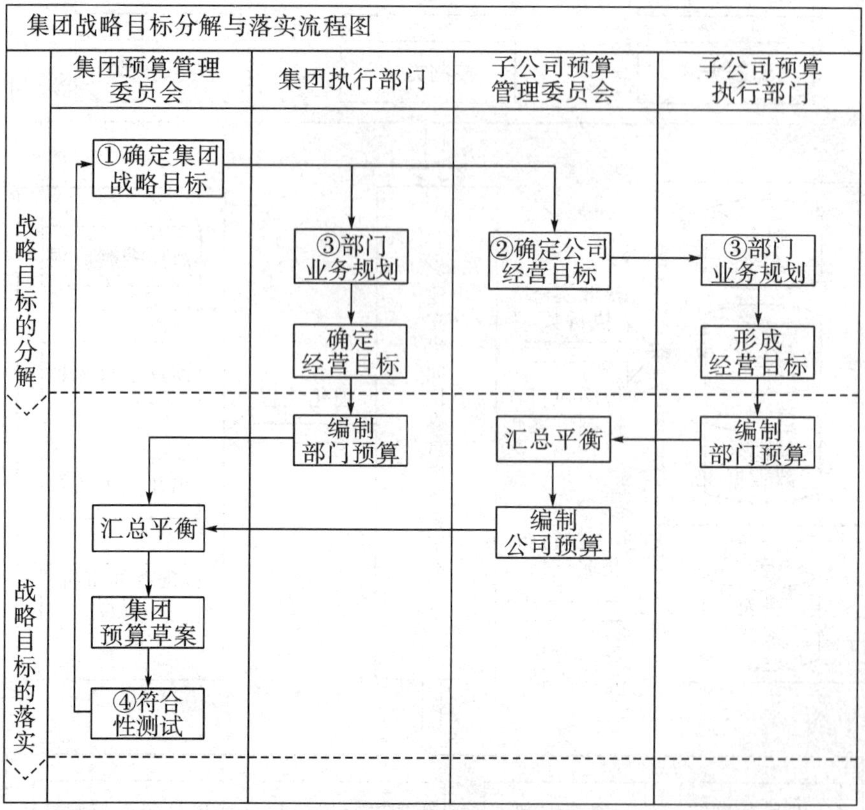

图 4. 78　集团战略目标有效落实流程图

②根据“ZSF”的特点确定适合的预算管理模式。

“ZSF”的组织结构是实现企业经营战略目标的基础和保证，也是全面预算管理得以实施的载体。集团需要根据预算性质、组织结构、总部职能、对下属公司的管控方式不同，决定采用何种预算管理模式和何种编制程序。

预算管理模式有三种：集权制的预算管理模式、分权制的预算管理模式、混合性的预算管理模式。

此外，由于“ZSF”的子公司并不是很多，若使用集团化的软件进行管理，管理的幅度还处在集团公司可以全面控制的范畴内，建议主要采用“自上而下”预算编制模式。

集团总部根据战略管理需要，结合集团股东大会意愿、市场环境进行制订，各子公司或分部只是执行体，预算编制、批复权限在总部。

③建立“ZSF”多层次责任中心，明确控制和考核对象。

预算的责任中心是在组织内部具有一定权限，并能承担相应的经济责任的内部单位。全面预算管理的责任中心和集团的组织结构有着对应的关系，组织结构的类型决定了预算责任中心的布局。

根据责任中心的权责范围，预算责任中心分为三个层次：投资中心、利润中心、成本费用中心。不同的责任中心的预算内容也不同。

投资中心：是最高层次的预算责任单位，即是对资产具有经营决策权和投资决策权的集团总部。

利润中心：指对成本、费用、收入负责，最终对利润负责的责任单位。

成本费用中心：指仅有一定的成本费用控制权，因而只能对其可控成本费用预算负责的责任单位。比如集团的资金管理部、审计中心等。

④“ZSF”预算体系的建立。

为保障预算目标的分解和落实，必须将预算目标具体化，预算体系的建立过程就是预算目标落实的过程。集团企业需要建立一套规范的预算体系：

A. 确定预算内容。

预算内容是预算目标的细化，预算目标的具体事项均应在预算内容中加以体现。预算内容应该涵盖企业经营业务和财务的全部，一般由业务预算、财务预算、资本预算构成。预算内容的确定需要体现全面性和系统性原则。

详细的预算内容根据“ZSF”的实际情况确定。

B. 安排预算内容的编制。

将预算内容的编制工作落实到具体的责任主体上，各责任主体根据其职责权限的不同匹配不同的预算内容。企业在安排预算编制时可能在预算主体范围内随机分配，可打破集团组织结构层次的限制，规划设置不同的预算内容，包括归口管理、自上而下、自下而上、混合等多种编制模式。

C. 确定预算编制方法。

根据预算内容的不同从成本和效率的角度综合考虑采用不同的预算编制方法，包括固定预算、弹性预算、定期预算、滚动预算、零基预算等编制方法。

（2）如何帮助“ZSF”快速准确地编制预算

预算编制的过程是集团分配和协调资源的过程。由于下属单位众多、数据计算量大，在集团企业进行预算编制的过程中周期长、成本高、编制质量差等问题是一个普遍现象。

用友 NC 全面预算管理系统通过规范基础信息、规范预算编制/预算审批/预算调整/预算外审批流程、自动汇总平衡、结合“三算合一”系统等手段可有效地提高预算编制的质量和效率。

根据集团企业的类型不同，在预算编制中采用不同的预算编制流程，具体见图 4.79、图 4.80 和图 4.81。

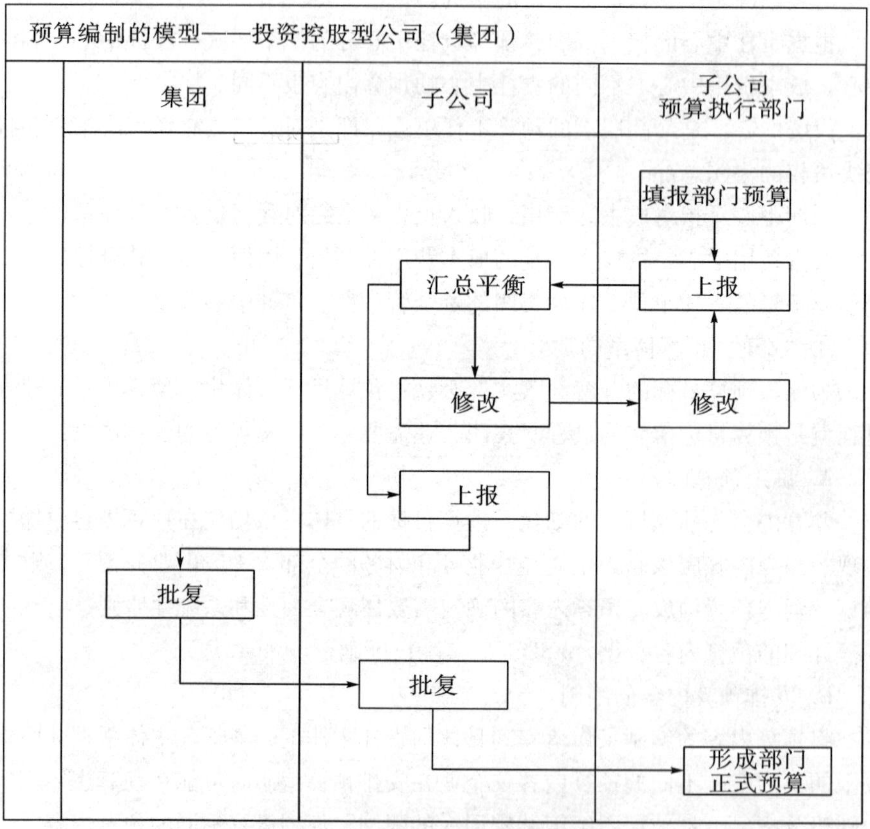

图 4.79 自下而上的预算编制流程图

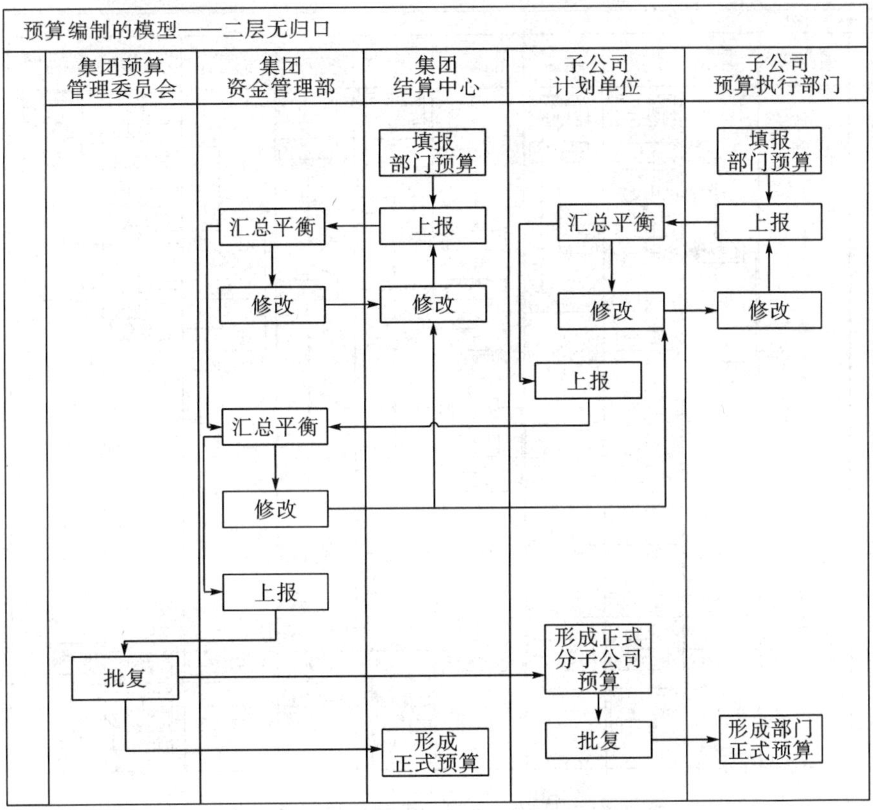

图 4.80　二层无归口管理预算编制流程图

提高预算编制的效率，需要注意四个方面的内容：第一，预算指标关联：可按照不同预算指标之间存在的关联关系设置关联公式，减少重复录入，做到一次录入、多方使用。第二，划关联：针对不同周期的相同预算指标，可以通过建立关联计划，自动均分数据生成更小周期单位的预算数据，节省预算编制工作量。第三，预算编制的导航设置：根据预算样表之间的关联关系，可以图表方式直观地观察预算编制过程的先后顺序，从而指导预算编制。第四，中间层自动汇总平衡：在预算编制过程中，根据预算体系分配，中间级预算数据可以直接汇总下级单位预算数自动编制生成，从而提高预算编制的效率，降低编制人员工作强度。

（3）如何使“ZSF”预算得到有效的贯彻和执行

准确合理的预算本身并不能改善经营管理、提高企业经济效益。只有认真严格执行预算，使每一项业务的发生都与相应的预算项目联系起来，才能真正达到全面预算管理、指导企业经营的目的。

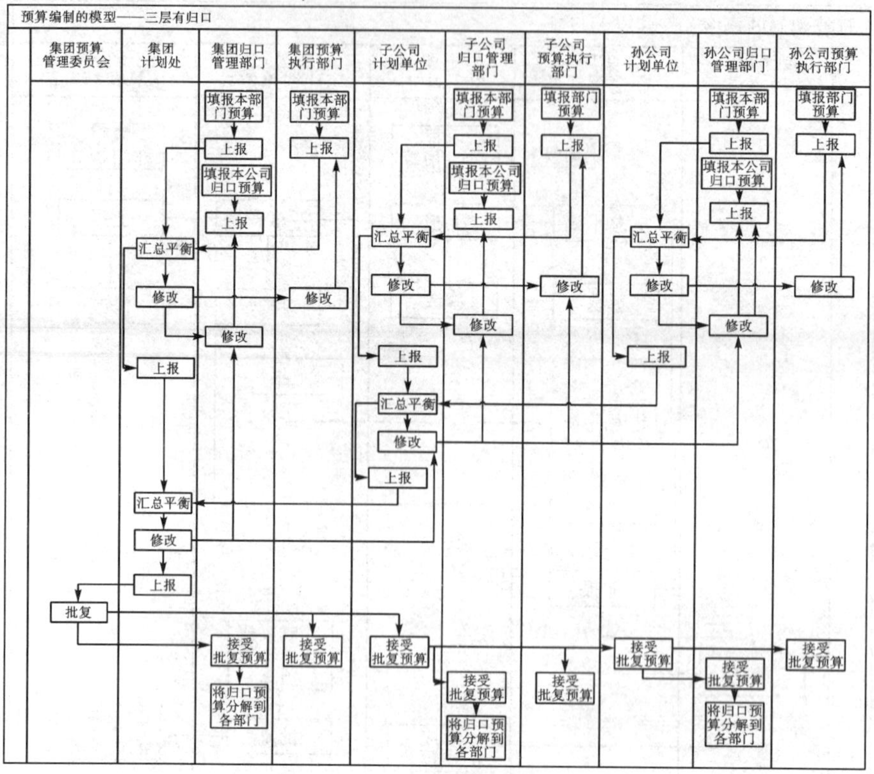

图 4.81　二层有归口管理预算编制流程图

①根据“ZSF”预算性质确定执行方案。

不同的管理层级确定不同的指标。不同的管理具有不同的管理职能，其关注的内容不同，根据预算组织中不同地位的组织职责范围划分预算指标内容。

不同的指标确定不同的执行方案。控制类方案主要针对成本费用类预算项目，在业务发生时进行硬性控制。支持滚动额度、累计额度、绝对金额、完成百分比、单项控制、组控制等多种控制方案。针对一些考核类预算目标可以设置预警方案，在达到临界条件时进行警示，以便采取措施调整目标或调整经营策略。

②及时获取“ZSF”预算执行数据。

为满足预算调控的需要，必须及时获取准确的实际执行数据，为预算执行监控、分析、调整提供技术手段。系统可设置自动定时从财务业务系统读取执行数据；支持手工录入、Excel 导入实际执行数据；中间层执行数据可以实现自动汇总，提高工作效率；自动生成预算执行数与执行数对比分析报告。

③规范“ZSF”预算执行和调整过程。

通过规范预算执行和调整过程，维护预算的严肃性，端正预算编制态度，逐步提高预算能力，增强预算准确性。

用友 NC 系统支持三种预算调整方式：第一，直接调整：对预算样表上的预算指标数据直接进行调整，不留痕迹。第二，调整单调整：对选定预算指标数据进行调整后，用友 NC 系统会自动生成一张调整单，并记录其调整前数据、调整后数据以及调整数据。第三，调剂单调整：可选择位于不同预算样表的多个预算指标进行调剂调整，用友 NC 系统会自动生成调整单，并记录每一个预算指标调整前数据、调整后数据以及调整数据。

由于预算调整属于非正常事项，而且牵扯面较多，对其他相关部门也可能会产生重大影响，所以对于预算调整的审批权限应该严格划分。一般来讲，预算调整的审批权限应集中于预算委员会，尤其是涉及预算目标责任的调整。

④建立“ZSF”配套的预算管理制度。

为了保证预算的约束性，企业还需要编制配套的预算管理制度，对预算的编制、执行、调整、考核等进行要求，并根据下属单位的实际执行情况进行奖惩考核，以保证预算的顺利贯彻和执行。这些制度包括预算管理岗位责任制度、预算报告制度、预算编制原则、预算审批制度、预算调整制度、预算控制制度、预算考评制度、预算外审批制度等相关制度。

（4）如何有效支撑“ZSF”的考核和评价体系

企业绩效考核体系是将企业经营目标执行情况与员工薪酬制度挂钩的一套体系。全面预算管理是对企业内部各级责任中心目标的确定以及对执行结果的分析和评价体系。它具有预算内容全面、预算人员全面的特性，因此全面预算管理成为支撑企业绩效考核体系的重要基石。

以预算指标作为考核标准：可以采用单一指标和复合指标作为考核的标准指标；可定义多重具体目标。

以预算分析报告作为考核的依据：每个预算单位每月按规定的格式和内容编制预算管理报表。对预算项目实际发生额及其差异进行计算和分析，并详细分析差异产生的外部原因与内部原因。通过各预算单位定期将实际经营结果与年度预算的比较，并向集团提供统一的预算分析报告，从而使集团及时判断各责任中心的经营状态。

通过预算考评和预算调整影响企业经营活动，实现过程控制。在企业经营目标的实施过程中，通过预算考评信息的反馈及相应的调控，可及时发现和纠正实际业绩与预算的偏差，从而实现过程中的控制。预算编制执行考评作为一个完整的系统相互作用，周而复始的循环以实现对整个企业经营活动的最终控制，预算考评既是本次循环的终结又是下一次循环的开始。

（5）如何构建与“ZSF”全面预算管理相匹配的财务业务系统

全面预算管理属于管理会计范畴，采用责任会计核算方法。责任会计核算是以预算责任主体为对象，针对其经营活动及预算执行情况所进行的日常记录和反应，其服务于内部。责任会计核算系统的构建有双轨制和单轨制两种模式。

单轨制：就是将内部责任会计核算与对外财务会计核算体系融合在一起的会计核算体系。即根据国家统一的会计准则或会计制度的要求编制的对外报告的财务报表，根据内部责任会计要求编制的对内报告的业绩报告。

双轨制：就是将内部责任会计核算与对外财务会计核算区分开来分别进行，各自根据不同的财务要求、不同的方法来进行会计资料的归集和数据计算，因此需要设置两套凭证、账簿、报表及核算程序。

由于责任会计和财务会计核算方法存在很大差异，对同一笔业务的描述不同，因此采用单轨制不能满足责任考核的统计需要，而双轨制虽然核算比较清楚，但是两套账同时使用给财务人员带来很大工作量。

具体采用单轨制还是双轨制要结合“ZSF”的现状和以后发展的要求确定。

用友NC全面预算管理系统与财务业务系统紧密结合，实现报告账簿与核算账簿的分离，支持企业建立双轨制或单轨制的会计核算体系，通过多账簿技术，实现两套账簿之间凭证的自动传递。

4.2.5.3　应用价值总结

本解决方案重点实现以下管理价值：

（1）帮助“ZSF”企业有效落实战略目标；

（2）帮助“ZSF”快速有效的编制预算；

（3）使预算在“ZSF”得到有效的贯彻和执行；

（4）有效支撑“ZSF”的考核和评价体系；

（5）构建与全面预算管理相匹配的财务管理系统。

4.2.6 “ZSF”人力资源管理

4.2.6.1 “ZSF”人力资源管理核心需求分析

通过对“ZSF”人力资源管理现状的初步交流调研，并结合对连锁企业人力资源管理业务的理解，我们分析“ZSF”人力资源管理核心需求主要体现在人力资源行政体系和培训支持体系两大方面。

（1）人力资源行政管理体系核心需求分析

①确保制度流程的贯彻落实。

问题描述：“ZSF”管理团队主要由上级公司动力集团和上级公司机车集团两部分的人员组成，这给管理规范的标准化工作带来困难。存在指令的下达流程效率、统计格式标准化、统计数据不一致等问题。以销量统计为例，机车出具的数据和“ZSF”出具的数据存在差异，这对薪酬发放有很大影响。

需求分析：从目前“ZSF”人力资源管理现状来看，其已经初步具备了较为明确的人力资源管理制度和流程规范。目前核心问题在于这些制度要求与流程规范如何才能在公司实现良好的贯彻与落实。因此，对于“ZSF”目前的核心需求主要分为以下两个层面：第一，通过对“ZSF”人力资源管理现状和业务的全面深入理解，协助“ZSF”人力资源管理团队，完善人力资源管理制度，优化人力资源管理流程。第二，需要通过信息化系统将制度政策要求以及流程规范在系统中进行固化，通过系统对待办事务进行提醒，对延期事项、异常事项进行预警，并自动生成口径统一的统计分析数据。

②建立面向终端的招聘管控。

问题描述：对于公司来说目前在人员招聘方面压力较大，区域中心人员主要从当地招聘，门店人员的招聘权限也是下发到终端，总部进行审批管理。

需求分析：大量建店的过程中人员缺口是个问题，找到合适的人才，并留住优秀的人才是人力资源部的重要任务。而从调研情况来看，目前“ZSF”在进行人员招聘时，其关键困惑点就在于如何识别合适的人才、吸引合适的人才，分析招聘的有效性。因此，对于人力资源部来讲，其关键核心需求主要分为以下两个层面：第一，建立科学的人才识别分析模型。人力资源部要根据业务部门实际需要，与业务部门一起分析业务、匹配人岗标准、预测人才需求、制订招聘预算和招聘计划，并进行入职审批的最后把关。第二，实现对招聘有效性的全面分析。主要是对招聘计划完成率、人员流失率等关键指标的完成情况进行分析，不断修正人力资源管理工作。

③实现薪酬福利的多级管控。

需求理解：目前“ZSF”的薪酬福利管理属于三级结构，人力资源部负责制定薪酬福利的构成，并进行薪酬请款的审核；分公司提报人力资源规划表、薪酬福利方案、考核标准、计提率，并编制薪酬预算；各门店执行分公司发下来的薪酬福利方案，具体发放由门店自己决定。薪酬的发放还需要与薪酬预算进行对比，可发放范围为90%~110%，低于90%的时候以借资的方式补足90%，次月扣除。

需求分析：“ZSF”薪酬福利管理的重点在于两个方面。第一，标准的制定。也就是薪酬福利制度、薪酬福利模式的设计，不同的岗位等级、不同的地区、不同的门店，需要制定对应的薪酬标准和区间范围，这一权限应当集中在总部，在人力资源发展战略的指导下进行设计，区域中心可以在区间范围内进行个性化调整。第二，薪酬发放的管理。根据一系列的计算公式得出应发薪资数，并与薪酬预算进行对比，杜绝超预算风险。因此，这就需要集团化的人力资源管理系统很好地解决标准制定和薪资总额控制的问题，通过预警功能完成总额控制。

④提升绩效的考核激励作用。

需求理解：“ZSF”在绩效管理方面，对于职能部门、区域中心、门店的组织绩效模式基本成型，绩效指标体系由总部集中管理，绩效目标数字由下级向上级报送，由上级对下级考核结果进行评估；但是目前在员工绩效管理方面的PBC更多只是在总部实行，并流于形式，并未真正起到考核和激励的作用；考核结果的应用模式单一，主要体现在薪酬方面。

需求分析：设计合理的绩效激励模式，可以借鉴类似行业或者类似经营模式的企业的绩效管理模式，激发员工的积极性。以区域中心为例，前期的考核重点应当在于和市场占有率相关的一些指标，如门店网点部署目标完成情况，在后期逐渐向收入、利润等财务指标倾斜。

在传统管理模式下，面子分、印象分尤为常见。如果缺乏客观的评估依据和相对私密的评分机制，绩效管理很容易流于形式。在这方面，“ZSF”可以借助绩效管理系统解决结果数据自动取数、结果评估、保密管理和绩效考核进度监督的问题。

PBC个人绩效承诺是一种不错的绩效模式，是一个比较“聪明”的绩效管理模式，尤其适用于以销售运营为核心的开拓性企业，运用得当会对企业发展产生很大的促进作用。

因此，对于“ZSF”而言，目前其在绩效考核方面的核心需求主要体现在以下几个方面：第一，通过引入全球先进绩效考核最佳应用实践，并结合“ZSF”所处行业现状以及其管理特性要求，完善现有的绩效考核管理体制；第二，通过信息化系统的固化作用，落实绩效考核流程，逐步实现组织绩效和全员绩效。并提高绩效与薪酬、员工晋升、培训等内容的协同能力。

（2）培训支持管理体系核心需求分析

①缓解扩张阶段的培训压力。

需求理解：从 2013 年规划的 50 家店到未来的近 4 000 家店，人员将达到数万人，传统的培训模式几乎无法应对如此大规模、高速度的扩张。

需求分析：对于客户来说，“ZSF”门店之所以和其他的修理厂不同，很大程度上是因为人的不同，技术实力的差异，高质量的培训对“ZSF”的扩张来说很重要。对于“ZSF”来说，需要建立可复制的培训体系，并且在必要的时候抓大放小，优先保证重要的培训事项的管理。在培训模式选择上，有条件的话首先采用体验式教学方式，其次是案例式教学，最后才是授课式教学方式。因此，对于“ZSF”而言，在培训支持体系方面，其核心需求之一就是要通过信息化系统，加强对培训师资团队组建、培训课程开发、培训工具创新以及培训的考核；在培训执行过程中需要结合网点的拓展进度，制订合理的培训预算和培训计划，并加强实践反馈的管理。实现从培训计划制订到发布，到参训人员考勤管理，到考试考核，到结果记录，到统计分析过程管控。实现对于异常行为（如计划延期、缺勤）进行预警，并杜绝人工作弊现象。

②提高培训课程开发深化能力。

需求理解：培训课程主要分为技术类和运营类，培训方式主要以集中培训为主，目前培训课程的开发责任主要在总部。

需求分析：在现有的思维上再往前走一步，同时从员工发展的维度考虑课程的开发，新员工、老员工对培训课程的需求是有差别的，所以需要形成培训课程二维表，横向是课程分类、纵向是员工类型。因此，对于“ZSF”而言，其培训支持的核心需求之一就是通过对现有培训课程体系执行情况的全面分析，并结合各区域中心实际运营需求，实现培训课程的创新，采用培训自学课件、在线大学堂、卫星培训中心、系统自动化培训、考试系统建立等新型的培训方式全面拓宽员工能力成长学习渠道。

③实现培训支持与人力资源管理协同应用。

需求理解：目前已经初步建立了培训工作和培训考核的联系，培训的结果影响人员定级和薪酬福利。

需求分析：培训直接影响“ZSF”门店竞争力，需要高层领导关注，因此，对于“ZSF”而言，其需求之一就是要建立从上至下的培训责任组织，搭建总经理—总工—培训部—区域中心—店长的多级责任体系。

4.2.6.2 “ZSF”人力资源管理系统支撑

通过上一章节对“ZSF”人力资源管理核心需求的分析，我们发现，其需求内容不仅包含咨询方面的需求，也包含管理信息系统方面的需求。因此，本章节主要从人力资源行政管理和培训支持管理两个方面对“ZSF”人力资源管理信息化系统方面的需求进行系统支撑阐述。

（1）人力资源行政管理业务

①建立灵活的机构管理模式。

组织机构管理实现包括“ZSF”总部和各下属区域运营中心、维修中心以及门店的完整框架，并管理整个企业组织演变的过程；清晰地定义出企业组织结构，包括划分下属区域中心、门店、设置部门与岗位、岗位和部门的隶属关系、岗位与岗位之间的汇报结构、岗位的数量、岗位的性质级别、岗位的职责和要求、有效地管理企业的空缺职位。能实现组织机构树、图、表的信息查询分析。

针对“ZSF”连锁运营管控平台项目建设目标我们认为组织机构管理可以应用在“ZSF”总部以及下属区域运营中心、维修中心等成员单位（包括未来的四级成员单位：维修店）组织架构、岗位设置、编制等的管理，并应用在下属成员单位中，逐步实现对下属企业的组织机构信息与业务管控，形成一个“ZSF”本部化的人力资源信息管理体系。

综合分析，我们总结“ZSF”组织机构管理目前及未来可能的管理流程与管理内容，如图4.82所示。

对于“ZSF”组织结构管理来讲，其典型应用主要体现在以下几个方面：

人员需求与人员编制之间的关联：在提交人员需求时，会自动比照人员编制、在岗位人数与需求人数之间的关系，并对因此产生的超编情况进行提醒。

历史组织架构的记录：系统将提供对历次组织架构的变化做记录，在将来的任何一个时间点都可以查看历史的组织架构图。

组织机构复制：对于“ZSF”而言，快速的扩张，其实也是组织机构的复制。对于组织的结构及组织对应的岗位设置也基本是一致的，这需要系统能支持快速的组织复制。

自动生成岗位说明书：对于“ZSF”来说，各个岗位的描述都需要文档化、电子化。系统支持自动生成岗位说明书。

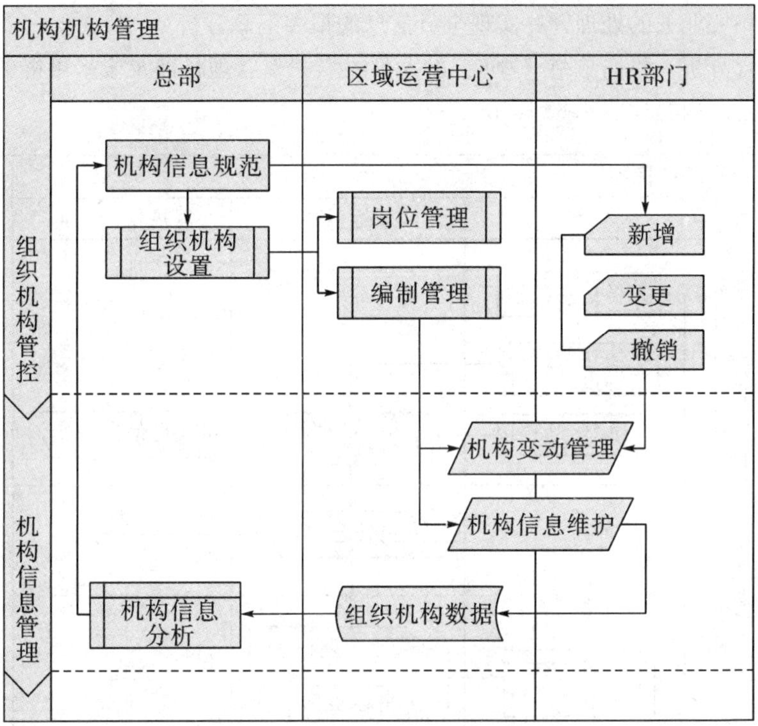

图 4.82　组织机构管理流程图

②实现对人事组织关系的动态管理。

人事组织关系管理主要是指可分类或在同一界面查看员工在企业工作期间的所有信息（包括各类基本信息，如姓名、年龄、联系方式等，以及记录员工的教育培训经历，奖惩、合同、休假、绩效考核、薪资福利、家庭情况等其他信息）；根据企业实际需要自定义员工档案项目；试用期员工转正提示；跟踪管理员工从进入企业到离职全过程的历史记录，包括薪资变动、职位变动、奖惩情况等；可挂接与员工相关的各类文档，如 Word 文件、WPS 文件、Excel 文件、扫描文件等；提供多种不同形式的员工信息报表；系统自动提示员工生日、试用期满、合同期满，灵活处理人员的转正、离职、退休等；强大的定位查询及模糊查询功能，能快速、方便地从众多数据中定位某一员工。

针对“ZSF”项目建设目标，我们认为人事组织关系管理必须是包含“ZSF”总部、区域运营中心以及下属维修中心，甚至未来维修店的全员信息管理，全员管理的实现可以通过集中或分布式应用，前提是信息结构的标准统一。不同机构不同角色的用户分别在自己的职责范围内，登录系统实现对所辖范围内相关业务的处理，并实现全员信息的报表汇总分析。

综合分析，我们总结“ZSF”的人事组织关系管理目前及未来可能的管理流程和管理内容如图 4.83 所示。

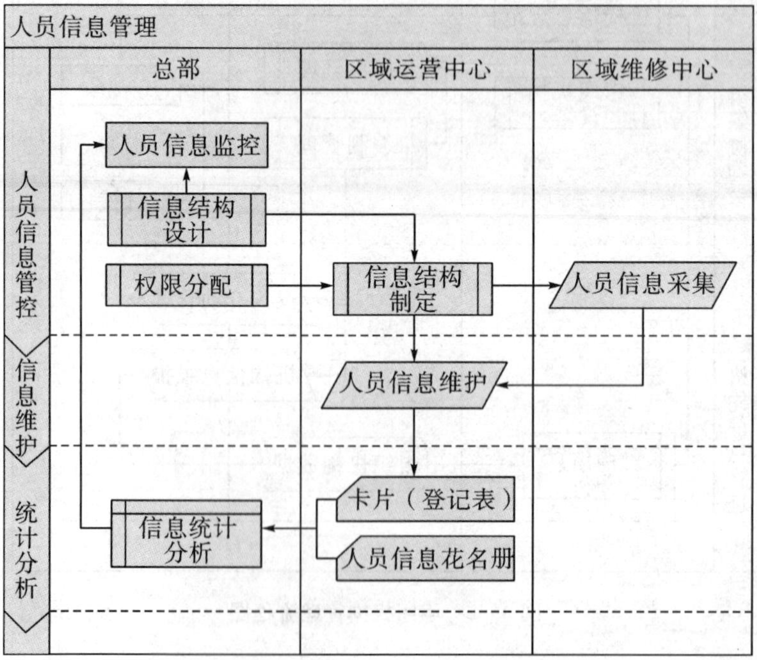

图 4.83　人事组织关系管理业务流程图

对于“ZSF”人事组织关系管理来讲，其典型应用主要体现在以下几个方面：

人员的各项信息大集中：通过人员信息管理界面，可全面查阅人员的各项信息，人员的信息内容可增加或减少，各关联信息也可以增加或减少。

人员可进行分类管理：根据“ZSF”的业务特点，将人员进行分类管理，如专业技术人员、经营管理人员等。

人员信息项可自定义增加：“ZSF”在对人员的信息管理上，有一些个性的要求，但可能系统并不包括这个项目，系统可提供由用户自行定义项目的功能。如增加“推荐人姓名”字段等。

灵活的报表工具及自动生成图表：在“ZSF”的人力资源业务中，人事相关的报表是必不可少的部分，系统提供了报表工具，用户可方便定义信息卡片、花名册、各种格式的统计表及图表。

实现多组织企业的内部异动处理：针对“ZSF”的多组织模式，在人力资源业务中，必将发生企业内部之间的人员调动，这种业务通过系统提供的跨变动业务则可直接进行处理，并使员工工龄保持连续性。

员工的变动流程化处理：针对“ZSF”目前的管理要求，不同级别的员工的异动，如岗位调整、晋升、离职等，需要按预定的业务审批流程自助式处理。在系统的审批流程定义中，用户可自定义审批流程，而且一个业务可以定义多个审批流程等。

自动生成异动报表：要满足“ZSF”的应用需求，系统可自动生成员工的异动情况报表，格式可自定义。

提供完整的合同管理业务处理功能：针对“ZSF”对合同管理的要求，系统提供了完善的合同业务处理功能，包括合同签订、变更、续签、终止、续签意见征询等。

对劳动的争议进行记录及管理：针对工作中发生的争议问题，系统可进行记录，并跟踪处理进展情况；也可以根据新劳动合同法的要求，结合企业的制度，定义补偿或赔偿金额计算规则。

快速生成电子合同：“ZSF”所处的行业注定是人员流动量大，办理员工入职、签订劳动合同也必然是一项重要的工作，但数量大、耗时多。不过，系统能提供电子合同管理，员工入职后能快速生成合同，打印出来直接签名即可完成合同签订工作。

自动发送通知：“ZSF”未来可能达到4万多人，合同的签订、续签、解除、终止等工作如果需要人工通知的话，要花很多时间，还好系统提供了自动批量的通知发送处理功能。

③建立内外供给平衡的招聘管理。

对于“ZSF”来讲，人员需求旺盛，人员招聘压力大。尤其是根据“ZSF”战略发展规划，未来的店面将会越来越多，因此，其对于熟悉门店运作业务的人才，尤其是管理人才的渴望将会成为“ZSF”人力资源招聘业务的一个常态。因此，对于“ZSF”招聘业务信息化来讲，就是要通过信息化系统的辅助作用，建立起其内外供给平衡的招聘管理体系。

针对“ZSF”项目建设目标，我们认为招聘的业务操作包括招聘需求管理、条件筛选、招聘过程管理、招聘记录等。系统可以记录每一次招聘活动的详细信息和每一名应聘者的详细信息，以人力资源管理信息系统数据库为基础，按照事先设定的条件自动进行基本条件的筛选，输出符合条件应聘人员名单。可利用系统发送邮件通知应聘人员，被录用人员信息自动流转至员工信息中心，也可将未录入人员转入人才库，作为企业后备人才。通过对各项招聘过程数据的积累，对招聘需求、应聘资源、招聘渠道、招聘方式等进行效果分析。

综合分析，我们总结“ZSF”的员工招聘管理目前及未来可能的管理流程和管理内容如图 4.84 所示。

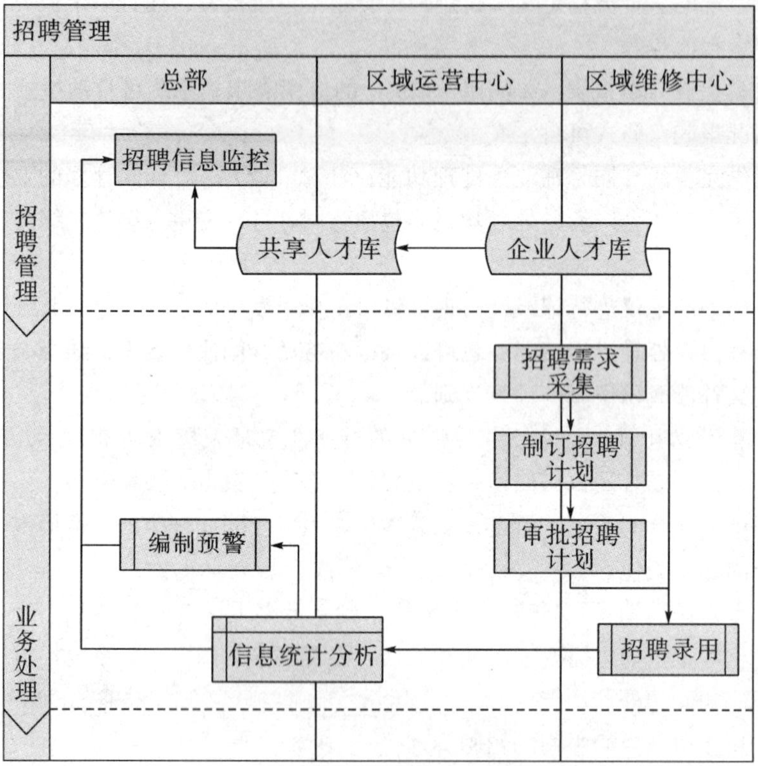

图 4.84　招聘管理流程图

对于“ZSF”招聘管理来讲，其典型应用主要体现在以下几个方面：

由缺编信息生成招聘需求：按照“ZSF”人力资源招聘业务的需求，当岗位出现缺编情况时，可自动生成缺编信息表，并根据信息表生成招聘需求，而且生成的招聘需求可修改。

从网站下载应聘者简历：企业可以向专业的招聘网站下载简历，或企业开发一个专业招聘网页用于给应聘者提交个人简历，这些简历信息都可方便地从简历传入系统中。

建立企业人才库，并自动过滤简历：可将应聘者资料放入人才库，将来要招聘时可从人才库中直接筛选简历等。

直接由简历或应聘资料生成人员档案信息：从应聘人员简历收集，到应聘的过程信息记录，到员工录取，再到员工入职并最终建立员工的信息资料，全部信息基本不需手工录入。

④实现科学的员工价值分配管理。

员工价值分配管理主要是依托于各区域运营中心或维修中心业务发展情况，对员工工作价值的分配业务。其主要体现在员工的薪酬、福利等方面。

员工价值分配管理主要是指能灵活设置不同类型员工的薪资项目及其计算方式；可自定义工资计算参数，分别计算每月工资表的每个项目；支持不同地区定义不同的计税方法，灵活管理上税方式；薪资调整批处理或指定个别计算员工薪资；能基于上月数据进行下月薪资计算，只需对变化部分进行调整；可对计算有误的薪资计算进行重算、纠错，薪资发放有误的可重新设置并执行相应处理；与考勤系统链接，根据员工考勤情况调整员工的薪资；设置不同的员工和领导查询功能；员工网上查询个人当月薪资及薪资历史情况、个人福利累计情况等；与 Word、Excel、Txt 格式文件实现数据完全互换；生成不同格式的薪资明细报表和统计报表；数据以与银行自动转账系统相容的数据格式输出，并储存于磁盘，方便向银行报盘；提供完善的薪资统计分析功能，为制定薪资制度与调整薪资结构提供依据。系统整体应用设计如下图 4. 85 所示。

构建“ZSF”员工价值分配管理子系统，主要包括工资总额管理、员工工资日常业务处理，与财务系统对接等，同时进行总部对各区域运营中心、各维修中心的工资总额执行情况的计划监控，人工成本控制，对各单位人工成本情况进行统计、分析、预警等，实现薪酬的全程信息化管理，实现“ZSF”系统统一规范、标准的薪酬管理体系。

对于“ZSF”员工价值分配管理来讲，其典型应用主要体现在以下几个方面：

薪资管控和体系建立：设置集团级薪资体系，包括薪资类别、薪资项目、薪资期间、薪资规则表、税率表、代发银行等。在各单位都是相同的薪酬发放方案的前提下，集团级薪资类别可直接分配给下级单位使用，而不必分别设置，从而简化用户操作，同时也满足了集团统一管控的需要。在实现设置公共薪资项目的名称及各属性的基础上，同时实现设置公共薪资项目的取数来源；实现薪资档案中对当前单位人员及跨单位引用人员的选择，实现对当前单位人员及跨单位引用人员薪资的发放；实现公司总部或为本单位及下级单位制定年度工资总额及各期间工资总额；在薪资发放时提供工资总额预警提示；实现按用户对薪资类别的权限分配。提供单位级薪资类别权限分配功能，集团级薪资

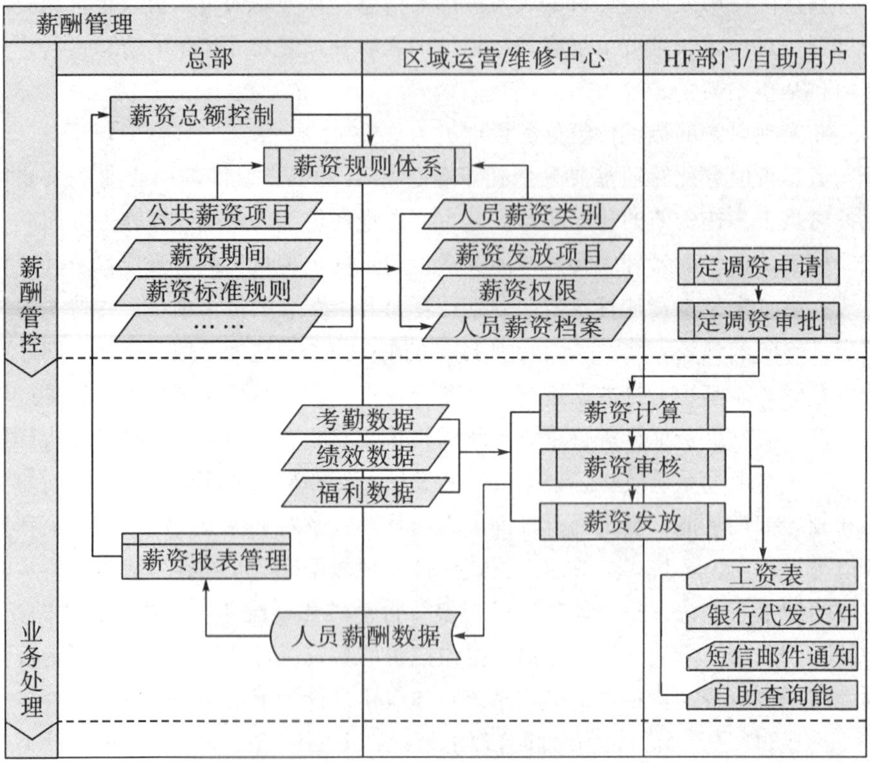

图 4.85　员工价值分配管理流程图

类别不必进行权限分配；实现公司内不同单位间多种薪酬体系设计，满足公司管理的灵活性要求；实现不同地区定义不同的计税方法。

薪酬总额管理：总部或某个有权限制定工资总额的二级单位为本单位及下级成员单位制定工资总额。年度工资总额要大于等于本年度下各期间的工资总额之和；下属成员单位可以读取到已经发布的本公司工资总额，但不能进行编辑处理；当下属成员单位超过所制定的工资总额标准时，可进行控制。控制的方式包括两种：强控制和提醒控制。当设置强控制时，超过标准后，将不能进行发放。

日常薪资处理：实现按照国家税务总局最新出台的新的年终奖计税规定和算法，在系统中预置“全年一次性奖金”薪资类别，按照新规定进行纳税计算；实现对薪资发放表、薪资统计报表按部门进行分页打印；实现为某薪资类别指定其所包含的薪资发放项目；提供对各薪资类别当前最新期间的查询；实现薪资的定调级管理；可灵活设置不同类型员工的薪资项目及其计算方式；可自定义薪资计算参数，分别计算各薪资期间薪资类别的每个项目；实现薪资调整批处理或指定个别员工调整薪资；系统进行期末处理，自动将本月数据结转到下月；可对计算有误的薪资计算进行重算，薪资发放有误的可进行重新设置并执行相应处理；提供完善的薪资统计分析功能，系统预制多种薪资查询、统计、分析工具，为制定薪资制度与调整薪资结构提供依据；实现生成不同格式的薪资明细报表和统计报表；薪资发放表中提供对各薪资项目是否显示的设置，不发放的期间可设置该项目不显示。

薪资发放的审批：薪资类别参数调整，增加薪资类别是否需要审批参数，当用户在需要审批和不需要审批之间进行切换时，应该满足下列条件：该薪资类别前一薪资期间已经结账，并且当前薪资期间处于未审核状态；薪资类别的审批方式切换后，如果用户反结账到上个期间则系统须将薪资类别的状态置回上一期间的状态；不需要审批的薪资类别不能够添加到申请单据中，在薪资审核功能节点中只有审核通过的薪资类别才能够添加到申请单据中，在同一个薪资期间中，审批中或者已经被审批通过的薪资类别（未进行取消发放操作的薪资类别）不允许加入到新的单据中，同一张申请单据中可包含多个薪资类别；在审批流程方式下，薪资类别一旦被加入到申请单据则该单据内包含的薪资类别将不再允许取消复审（或取消审核）；审批过程中可以对单据中的某些薪资类别审批通过，而对其他的类别审批不通过，审批流程结束后，审批未通过的薪资类别可被加入到新的薪资发放申请单中再次进行审批，最终审批人审批通过后的单据中包含的薪资类别才能够进行下一步操作（薪资发放）；一旦对某审批通过的薪资类别进行了取消发放操作后，该薪资类别会被认为未通过审批，此薪资类别必须再次经过审批流程后才能够进行发放；在薪资发放审批功能节点的界面中增加明细查询功能：可列出指定薪资类别中的所有薪资项目的详细数据（当前期间），提供薪资数据变动查询功能，将本期间数据与前一期间数据进行对比，列出所有发生变化的薪资项目和薪资数据，包括本期值和上期值。

人员变化提示：在薪资档案界面和福利档案界面中，业务人员可通过此功能按钮对本期间内发生变动的人员名单进行简单的查询。查询的时间范围包括：开始日期缺省为当前期间的起始日期，截止时间为期间结束日期，用户可以对时间范围进行调整。人员变化提示中能够查询出的人员有：未加入薪资档案（或福利档案）中的新进人员、已经加入薪资档案的离职人员、未加入到薪资档案（或福利档案）中并开始兼职的人员（含兼职、借用、交流人员）、已加入到薪资档案（或福利档案）中并结束兼职的人员（含兼职、借用、交流人员）。用户可在“新进人员”和“兼职开始”页签的人员列表中选中需要添加到薪资档案的人员，批量将人员添加到薪资档案中；用户可在“离职人员”和“兼职结束”页签的人员列表中选中需要从薪资档案中删除的人员，批量将人员从薪资档案中删除。

短信适配平台：利用短信适配平台，将每笔薪资信息按薪资专员定义好的格式，以手机短信形式传递至员工。改变了传统发放纸质工资条的形式，减少了薪资专员工作量，员工也能及时、方便地获得薪资信息。短信适配平台以系统中的业务逻辑为驱动，主动适配薪资等模块，为各产品提供短信收、发服务。短信适配平台的主要作用是作为业务系统与短信设备/短信网关/第三方服务提供商/移动、联通短信网关等连接的桥梁。

⑤实现员工价值的科学评估管理。

员工价值的科学评估指的是对员工工作业务的绩效考核管理。对于绩效管理而言，其是人力资源管理的重要组成部分，是一个围绕组织目标的达成而建立的促进组织目标实现的管理体系，包括组织/个人绩效计划的制订、绩效执行过程中的跟踪/辅导/监控/总结、考评方案的制定、绩效考评的组织实施、考评结果的反馈/沟通，考核结果的统计分析和业务运用等方面。

对于“ZSF”员工价值评估管理来讲，其典型应用主要体现在以下几个方面：

由用户自定义指标库：从调研来看，“ZSF”目前主要是总部的员工采用的是 PBC 考核模式，这一考核模式的关键在于考核指标的自定义。因此，这就需要系统提供绩效考核指标能由员工本人进行自定义。

考核量表自定义：每一个岗位或者每一个职务都会有不同的考核方式，涉及不同的考核指标，系统提供了由用户自定义的考核量表，量表包括对应的考核对象、每一个考核对象关联的考核评分人、每一个考核对象需要考核的指标及各指标的权重等内容。

通过互联网进行考核打分：对于“ZSF”，由于考核的对象分布在全国各地，所以考核时利用互联网直接打分。

支持直接维护考核结果：在绩效考核的系统中，可直接支持对每个人进行结果评定，并生成每个人的考核分数。

考核结果直接关联薪资系统：在计算薪资时，可直接提取绩效中的成绩数据，进行参与薪资的计算。

（2）培训支持管理业务

①实现基于员工能力提升路径的过程管理。

基于员工能力提升路径的过程管理，主要由培训部牵头，各业务组织单元参与，共同基于业务发展需要，编制员工能力提升需求，制定员工能力培训课程，完善内外部培训师资资源，管控培训实施过程，属于以落实管理制度和流程规范为核心的全程管理体系。

基于员工能力提升路径的过程管理主要包括规章制度管理、培训资源管理、培训管理、经费管理及学历教育管理，其中培训管理又分为培训计划管理和培训实施管理。

规章制度管理能够将制度分类管理，能够保存各种格式的制度内容，提供制度检索功能。员工可以通过自助服务浏览和下载各种规章制度。

建立符合企业当前现状及未来发展的培训信息，如培训计划、培训渠道、培训课程、培训方式、费用项目、培训机构与讲师、培训能力及能力类型等。建立的信息将在进行培训管理时调用，保证系统对业务发展的适用与灵活性。

在对培训实施内容记录的基础上，可以对培训渠道、讲师、方式、费用、员工培训情况等进行分析，员工参加的培训信息自动更新到员工信息中心，并可对组织或个人的参训情况进行查询。

针对“ZSF”培训业务需求的理解与分析，我们认为基于员工能力提升路径的过程管理包括培训需求、计划管理、培训实施、培训台账、培训分析统计与报表以及在线学习等诸多方面内容。培训管理示意图详见图 4.86。

对于“ZSF”员工能力提升过程管理来讲，其典型应用主要体现在以下几个方面：

网上发布培训需求调查：一般情况而言，每年底的时候，为了正确地对下一年度的培训工作制订更有针对性的计划，需要对各单位或部门进行培训需求的调查。

各种内部培训资源的管理：一般需求记录管理的培训资源包括培训机构、培训教师、培训资料、培训课程、培训设施等，并对各种资源的质量及效果进行评估管理。

培训计划可分解多个培训活动：年度需求调查—形成年度计划—制订培训计划—培训资源配置—场地选择—培训计划分按季度分解—动态调整培训计划—季度培训评估报告—生成培训名录—提交培训报告及统计报表。

对培训进行评估管理并记录评估结果：系统可对培训资料及培训效果进行评估管理。

自动生成员工培训档案：在培训结束后，系统可自动生成员工的个人培训档案，并更新员工信息中的教育培训记录的内容。

自动生成培训分析报表：可根据用户所需定义并生成培训方面的统计分析

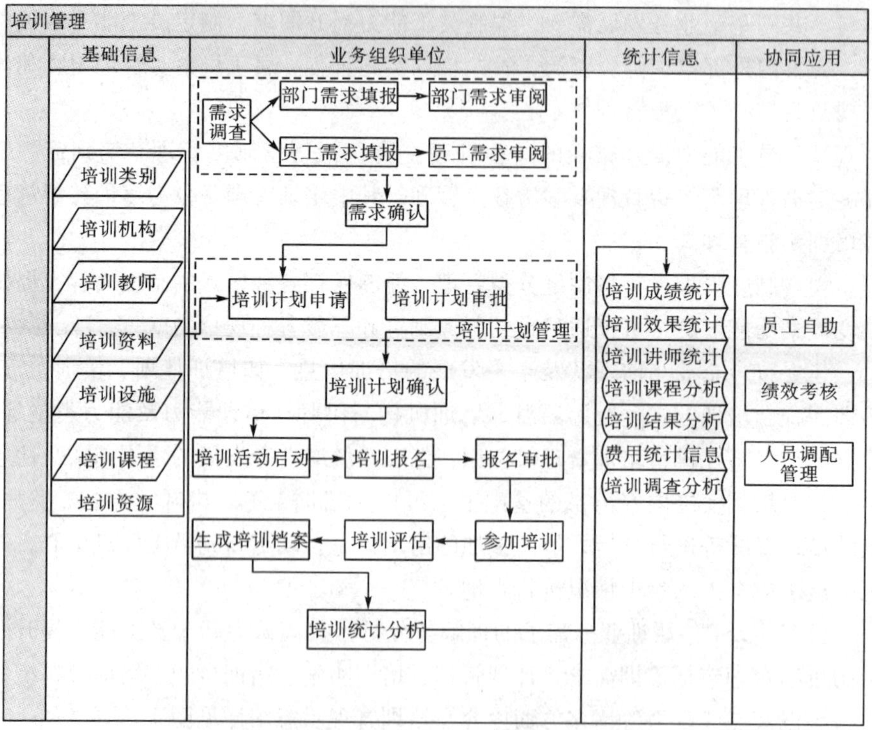

图 4.86　培训管理示意图

报表。

②建立员工自主学习和企业文化传播中心。

员工自主学习和企业文化传播中心是以员工学习成长和传播企业文化为载体的创新信息化系统，通过系统的搭建，它可以帮助“ZSF”实现员工在线学习培训课程、构建“ZSF”在线学习大讲堂，实现员工的自动化培训和在线模拟考试评估，全面拓宽员工能力成长学习渠道。

根据对“ZSF”培训部业务现状及需求的调研交流，我们分析认为，对于“ZSF”的客户来讲，“ZSF”门店之所以和其他的修理厂不同，很大程度上是因为人的不同，技术实力的差异，高质量的培训对“ZSF”的扩张来说很重要。因此，这就要求“ZSF”建立可复制的培训体系，将运营过程中的先进经验和知识能沉淀下来，并能在“ZSF”体系内部实现共享传播，实现自动的体验式教学、案例式教学。员工自主学习和企业文化管理流程示意图详见图 4.87。

对于“ZSF”员工自主学习和企业文化传播中心管理来讲，其典型应用主

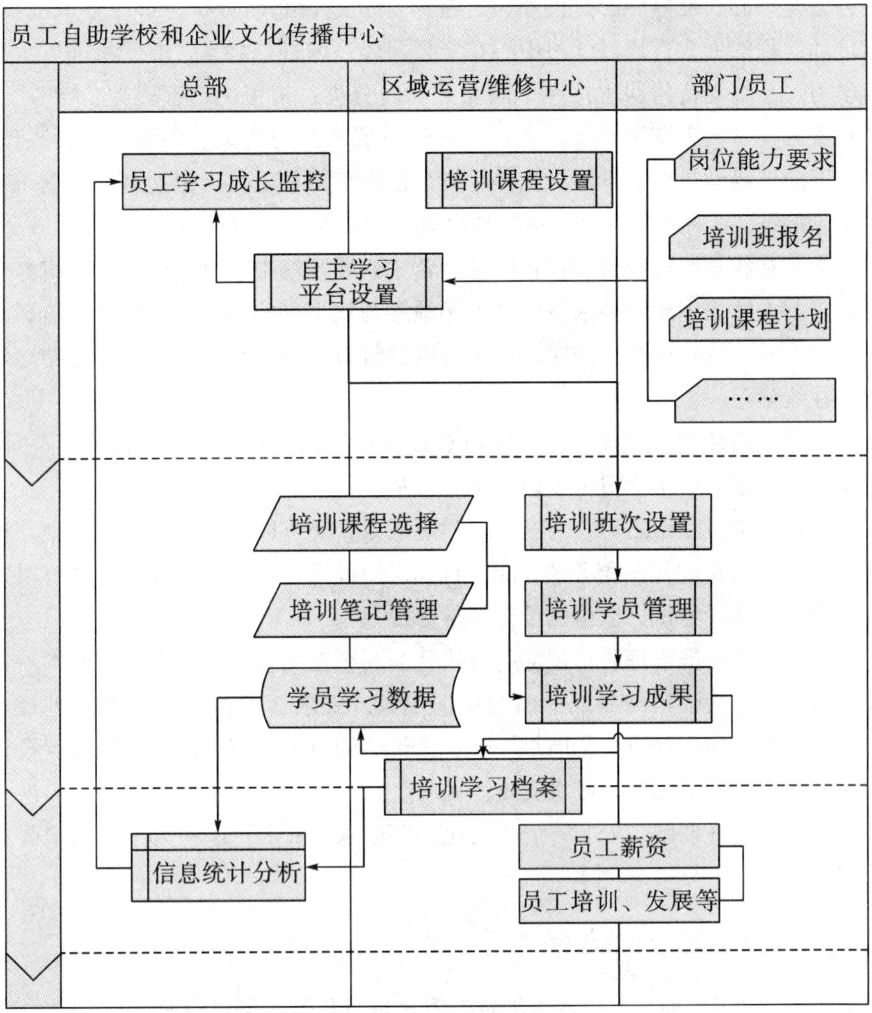

图 4.87　员工自主学习和企业文化管理示意图

要体现在以下几个方面：

培训课程资源管理：对于“ZSF”而言，其业务具有行业特殊性，客户之所以选在“ZSF”维修店进行维修，更重要的是对“ZSF”人员的技术能力的认可。而要让员工能力成长能跟上公司发展的步伐，顺应客户对维修人才的技术要求，就必须要在内部培养一大批技术纯熟、服务态度好并且技术能力不断提升的人才队伍。如果继续沿用原有的授课式人才培养模式，其人才的成长是完全不可能追上企业发展的步伐的。所以，对于“ZSF”而言，培训部就需要将各运营中心、维修中心好的案例、维修经验进行总结分析，形成知识沉淀，以培训课程的方式，通过学习中心在全公司体系内进行共享，方便新进员工持续学习。系统支持将课程按照不同业务部门分类：销售类、管理类、财务类、客户服务类、人力资源类等；也可按照学员层级分为初级、中级、高级课程，便于不同层级学员按需学习。支持企业自己内部课件上传，包括 Word、Excel、PPT、Flash、音视频等多种常用文本格式。

学员在线学习过程管理：各区域运营中心或维修中心可以根据人才培养计划，定制人才培训班，要求特定员工必须参与培训班的学习。可以规定培训必须学习课程和选修课程。同时，员工可以制订自主学习计划，选择合适的培训课程在线学习。

学员在培训学习过程中，可以随堂做学习笔记。教师可以进行课堂答疑。系统会实时记录员工学习进度以及学习成果。

学员在学习完毕之后，为了检验学习成效，还可以从模拟考试题库中，选择模拟考试试卷进行在线考试，测算自我学习成果。同时，培训部门也可以定期组织员工在线考试，以检测员工的学习成效。

企业文化传播管理：培训部门可以将公司企业文化、价值观、战略发展目标以及相关重大政策编制成专门的培训视频。要求新进员工必须在线进行学习。这样既能保证企业文化向每一个员工传达的目标确实落地，又能减少授课式集中培训所产生的其他成本支出。同时，这一方式，也可以方便员工多次学习，以便于更好理解“ZSF”企业文化，并融入“ZSF”这一大家庭，增强其归属感。

4.2.6.3 应用价值总结

对于“ZSF”而言，应用人力资源管理信息化的价值可以总结如下：

（1）全面人力资源管理

建立一种适合于多种人力资源管理解决方案的开放式平台：由用户自行定义多种信息数据项目；实现业务流程自定义与重组；管理工具以组件的形式灵活组配；通过战略模块控制不同层次的业务活动。

提供人力资源管理的全员参与平台，使公司人力资源管理工作从高层管理者的战略设定、方向指导，到人力资源管理部门的规划完善，再到中层经理的参与实施，最终到基层的员工自主管理，形成一个统一立体的管理体系。

（2）系统开放、转换灵活

能够通过客户化平台提供各种不同系统接口实现系统的开放和灵活，提供包括 Excel、XML 等不同格式的数据导入导出接口，方便与不同格式数据的灵活转换。

（3）强大的查询、统计和分析功能

能提供查询模板、查询引擎、查询统计、报表工具等不同的查询、统计、分析工具，同时根据规则进行结构分析、变化趋势分析等分析工作，实现强大的数据组合分析功能，实现数据的决策支持。

（4）信息共享、灵活对接

可以通过可扩展平台实现与外部系统的信息共享和无缝对接。从根本上扭转了相对独立的各系统之间信息无法共享的弊端，所有的信息由专人进行维护。通过制定相应的信息浏览、调用、修改权限，保证了系统相应的子模块信息只能在权限范围内被正确使用，从而实现了信息及时、准确、安全地显示在需求人员的桌面。

（5）纵向管理、高效便捷

通过应用人力资源管理系统，逐步实现公司人力资源管理上下一条主线，充分发挥总部人力资源部门对各分支机构人力资源部门工作的指导、协调和沟通作用。

建立员工自助公共信息平台，让人力资源管理向多层次延伸，增加人力资源管理工作的透明度，提高人力资源管理人员的工作效率，使他们从烦琐的事务中解脱出来，更加专注人力资源战略性管理工作。

建立了有效的集团管控体系，促进了集团规模效益和协同效应的充分发挥。ZSF 建设了创新的集团管控模式、优化了组织结构、规范了母子公司功能定位、再造了核心业务流程、强化了支撑体系，建立了有效的集团管控体系。一方面，集团应该成为最强有力的指挥中心，充分发挥战略管控作用，确保集团内各业务单元围绕共同的经营目标开展工作；另一方面，集团应成为高效率的资源调度中心，充分发挥统筹协同作用，高效配置集团内部资源，以实现各项资源高度地利用和共享；集团管控体系的建设与有效实施，极大地提升了 ZSF 的管控能力，激发了集团下属各业务单元的经营活力，实现了集团上下目标一致、资源共享、优势互补、行动协调和快速响应，集团资源利用率和管理效率显著提高，充分发挥了大型企业集团 1+1>2 的规模效益和协同效应。具体表现为：主业进一步做强做大；集团光伏产业集群竞争力明显增强；集团成本费用大幅降低，企业整体形象稳步提升。

提高了企业的抗风险能力，提升企业的规模和促使效益稳步增长，从而使现有资产价值稳步提升。集团管控体系的建立和实施，有利于提高 ZSF 资源统筹调控的能力。面对市场风险和重大突发事件时，ZSF能够通过集团化运作和高度统一的调度指挥以最大的效率调集大规模的人力、物力和财力，克服困难和圆满完成任务，从而有效地提升了集团的抗风险能力。

随着我国光伏产业呈现出大规模的整合之势，ZSF集团将成为行业发展的一个重要主体。目前来看，集团如何实施对被兼并企业的整合是ZSF面临的严峻挑战，而集团管控正是破解这一难题的有效手段。通过集团管控体系建设，ZSF集团一方面可以将被兼并企业纳入集团的管控体系中，并对其进行有效的管理；另一方面，在新进入企业中植入自身管控模式，实现集团和被兼并企业的有效融合与持续发展。

参考文献

[1] 王兴山. 协同、共享、服务：云环境下的集团管控新趋势 [J]. 中国总会计师，2011 (11).

[2] 孟化. 集团管控——企业扩张的必由之路 [J]. 现代营销：学苑版，2011 (9).

[3] 史瑞超. 论全面预算在集团管控的实践 [J]. 中国总会计师，2011(8).

[4] 白广洲. 处于稳定状态的中国企业集团管控模式 [J]. 企业研究，2011 (15).

[5] 任瑞清. 浅谈企业集团母子公司财务管控 [J]. 财经界：学术版，2011 (7).

[6] 任国伟，胡和平，苏若葵. 企业集团管控模式探究 [J]. 人力资源管理，2011 (6).

[7] 余丹丹. 集团企业如何选择跨地域子公司管控模式 [J]. 中国安防，2011 (5).

[8] 许丹，张记朋. 基于集团管控框架的财务管控模式研究 [J]. 现代经济信息，2011 (2).

[9] 施建刚，吴光东. 大型房地产企业集团管控模式研究 [J]. 中国房地产，2011 (2).

[10] 曹文侠. 企业集团管控体系建设浅析 [J]. 经济师，2010 (12).

[11] 丁铭华. 基于协同经济的企业集团管控路径研究 [J]. 经济管理，2010 (2).

[12] 王吉鹏. 集团管控四重奏 [J]. 中国机电工业，2009 (10).

[13] 何伦伦，张潇蔚. 浅议企业集团管控 [J]. 铁路采购与物流，2009(4).

[14] 黄锦泉. 集团管控模式选择的理论与实证分析 [J]. 厦门科技，2008 (4).

[15] 张宝伟，寇小玲，屠东兵. 企业集团管控模式研究 [J]. 全国商情（经济理论研究），2008（11）.

[16] JI Martinez, JC Jarillo. Coordination demands of international strategies. Journalof International Business Studies, 1990.

[17] Monks, Robert A. G. Corporate Governance in the Twenty-First Century, APreliminaryOutline, 1995, availableon - lineatwww. lensinc. com/Academic/papers/.

[18] Chow, C. W., Shields, M. D. and Wu, A. The importance of national culture inthe design of and preference for management controls for multi-nationaloperations [J]. Accounting, Organizations and Society, 1999, 24（5, 6）: 441.

[19] EF Gencturk, PS Aulakh. The use of process and output controls in foreignmarkets [J]. Journal of International Business Studies, 1995.

[20] WG Ouchi, MA Maguire. Organizational control: Two functions. AdministrativeScience Quarterly, 1975.

[21] JF Hennart. The transaction costs theory of joint ventures: An empirical study ofJapanese subsidiaries in the United States. Management science, 1991.

[22] H Birnberg. ORGANIZATION IS THE BASIS FOR EFFECTIVE PROJECTMANAGEMENT. Civil Engineering News, 1998.

[23] AD Cosh, A Hughes. The Anatomy of Corporate Control: Directors, Shareholders and Executive Remuneration in Giant U. S. and U. K. Corporations. Cambridge Journal of Economics, 2011.

[24] 贾生华，戚文举. 多元化集团管理模式选择 [J]. 浙江经济，2008(7).

[25] 吴光东，苏振民，柏树新. 大型房地产企业集团管控模式研究 [J]. 建筑经济，2008（2）.

[26] 孙春阳. 国内内部控制研究文献综述 [J]. 合作经济与科技，2007(20).

[27] 徐春杰. 我国企业集团母子管理控制模式选择 [J]. 理论前沿，2007（1）.

[28] 范容慧，刘二丽，蓝海林. 企业集团管理控制研究综述 [J]. 科技与管理，2006（6）.

[29] 杨雄胜. 管理控制实践发展的透视与思考 [J]. 中国注册会计师，2006（9）.

[30] 杨欢，易凯. 对加强内部管理控制建设的思考 [J]. 中南财经政法大学研究生学报，2006（3）.

［31］赵世君，汤云为. 论企业管理控制制度设计与实施中的协调与激励［J］. 财会通讯，2006（1）.

［32］姚俊，蓝海林. 我国企业集团的演进及组建模式研究［J］. 经济经纬，2006（1）.

［33］陈志军. 母公司对子公司控制理论探讨——理论视角、控制模式与控制手段［J］. 山东大学学报：哲学社会科学版，2006（1）.

［34］陈志军，胡晓东，王宁. 管理控制理论评述［J］. 山东社会科学，2005（12）.

［35］王吉鹏. 集团管控［M］. 北京：中国发展出版社，2006.

［36］张先治. 内部管理控制论［M］. 北京：中国财政经济出版社，2004.

［37］柯荣浦. 企业集团管理体制研究［M］. 北京：中国经济出版社，2004.

［38］张延波. 企业集团财务战略与财务政策［M］. 北京：经济管理出版社，2002.

［39］俞惠倩. 集团型企业基于信息化的管控模式研究［D］. 北京：北京林业大学，2011.

［40］何文华. 集团公司不同管控模式下人力资源管理模式研究［D］. 苏州：苏州大学，2010.

［41］彭颖霞. 大型企业集团管控模式的选择和设计［D］. 北京：北京交通大学，2010.

［42］蒋演. 基于管控模式的企业集团 e-HRM 研究［D］. 广州：暨南大学，2011.

［43］陈冶. 枫华集团财务管控模式设计［D］. 兰州：兰州大学，2012.

［44］郑小燕. 基于战略导向的企业集团财务管控模式研究［D］. 广州：暨南大学，2011.

［45］戴娟. T 集团人力资源管控模式与手段研究［D］. 长沙：中南大学，2012.

［46］张颖. XYZ 公司集团化管控模式设计［D］. 成都：西南交通大学，2012.